本书为：
云南省第二批“云岭学者”杨林教授主持项目成果；
云南省教育厅项目“高校行政执行力研究”成果；
全国教育科学“十二五”规划 2013 年度国家一般课题“人性的教育学意义及教育人性化的实践策略”（项目批准号：BAA130007）成果；
云南师范大学博士基金项目“美国批判教育学的范式”成果。

Criticism and Hermeneutics of American Critical Pedagogy

美国批判教育学的批判解释性研究

卢朝佑　著

科　学　出　版　社
北　京

内 容 简 介

本书从解释性和批判性的角度研究美国批判教育学，进而建构美国批判教育解释学的理论概念和分析框架。分析了解释、教育解释、教育模式的转向路由；探索了美国批判教育学的范式转换、典型形态、发展脉络及理论局限；阐述了美国批判教育解释学的理论基础、针对性、原则及兴趣等问题。

本书适合政府决策人员、教育部门行政人员、学校管理人员、教育研究人员、社会研究人员、教师及研究生阅读。

图书在版编目（CIP）数据

美国批判教育学的批判解释性研究/卢朝佑著. —北京：科学出版社，2018.1

ISBN 978-7-03-056204-3

I. ①美… II. ①卢… III. ①教育学—研究—美国 IV. ①G40-097.12

中国版本图书馆 CIP 数据核字(2017)第 323111 号

责任编辑：郭勇斌 周 爽 / 责任校对：杜子昂
责任印制：张 伟 / 封面设计：蔡美宇

科学出版社 出版
北京东黄城根北街 16 号
邮政编码：100717
http://www.sciencep.com

北京凌奇印刷有限责任公司 印刷

科学出版社发行 各地新华书店经销

*

2018 年 1 月第 一 版 开本：720×1000 1/16
2018 年 1 月第一次印刷 印张：10 3/4
字数：183 000

POD定价： 58.00元
（如有印装质量问题，我社负责调换）

序

批判教育学在美国是很重要的教育理论，在国际上也具有影响力。美国批判教育学产生于 20 世纪 70 年代，受弗莱雷、杜威及法兰克福学派批判理论等思想的影响，出现了许多如阿普尔、吉鲁、麦克拉伦、康柏等批判教育学家，融合了知识社会学、新马克思主义理论、后现代主义等，开辟了批判教育学研究的新领域。在批判教育学的旗帜下，各种理论竞相发展，这些理论对美国新古典自由主义、新保守主义等进行了猛烈的批判。美国批判教育学涉及一系列研究主题，提出了一系列主张，揭示了美国教育现实和社会现实，并产生了一系列研究成果。已有的文献资料显示，研究者对美国批判教育学的研究分散于对个别批判教育学家的学术思想研究上，研究文献资料也很丰富，但仍然缺乏对美国批判教育学的国别整体研究，《美国批判教育学的批判解释性研究》从国别研究的视角，把握美国批判教育学的整体发展情况，弥补了这一缺憾。

自 20 世纪四五十年代以来，批判理论和解释学开始成为两个重要的学术流派，并深刻影响了后来的学术发展态势。国内研究批判理论和解释学的文献甚多。“批判性”和“解释性”在批判教育学中是重要的关键词，二者之间不是敌对关系，存在着关联。有关批判性与解释性的区别，伯克有着出色的探讨，赫施对此也有所发展，但是关于批判教育学的批判性与解释性间的适切性和可通约性的研究非常缺乏。从文献资料来看，已有的研究聚焦于批判教育学的批判性视角，至于从批判教育学的解释性视角进行研究仍然显得贫乏。该书既从批判性视角也从解释性视角对美国批判教育学进行了尝试性探索，目的是在分析“批判性”与“解释性”间及“批判教育学”与“批判解释学”间的适切性和可通约性的基础上，突破性地建构美国批判教育解释学的理论概念和分析框架。

该书是卢朝佑在其博士学位论文的基础上修改加工而成的。作为指导教师及该书的最早读者之一，在我看来，卢朝佑博士的《美国批判教育学的批判解释性研究》在“批判教育解释学”方面的研究有所突破，并且也具有一定的学术价值、现实意义和较大的研究扩展空间。他通过把“批判性”和“解释性”、“批判教育学”和“批判解释学”相结合的研究思路，提出了“批判教育解释学”这个新的理论概念，有助于我们了解教育学和解释学，以及批判教育学和批判解释学的最新发展状况，进而补充教育理论和解释理论，完善教育学和解释学的学科建设。更令人高兴的是，他显然具有自觉构建自己分析框架的方法论意识，对教育世界景象具有创新性的重新领会，这意味着一个研究者的成长与成熟。批判教育学是一门“揭示权力关系的文化政治学”，“把教育与更广泛社会的不平等联系起来，担当关注弱势群体、被压迫者、边缘人群的承诺”。该书对美国批判教育学进行的研究有助于我们掀开文化教育形态、社会权力关系、意识形态霸权和其他的组织结构潜在影响的面纱，进一步揭示课程意识、霸权、再现、批判反思、转化、话语、赋权增能、文化资本等主题的意义；有助于我们对美国当前教育有更全面和更深刻的了解；有助于我们依据中国国情能有所借鉴和启示，进而正确理解和化解社会矛盾和冲突，建设更加公平正义的和谐社会。

美国批判教育学是“复杂性批判教育学”，是一个很宽泛的领域，对此方面的研究具有持续发展意义。批判教育学的批判性和解释性之间的适切性和可通约性涉及方方面面，远非该书所能全面而透彻地涵盖，需要持续跟进研究。同时，我一直以为，写这样一本批判教育学方面的书是一件比较冒险的事，因为在某种程度上，批判理论和解释学思想已经成了我们思考教育问题的背景。正如阿普尔所言，我们需要关联性地思考教育问题，也就是说，理解教育要求我们要把它放回到更大的社会关系中去，融合多学科背景和方法论意识。此外，系统地研究批判理论和解释学思想之教育学意蕴的论著却又如此之少。因此，无论在何种意义上，《美国批判教育学的批判解释性研究》都昭示着作者的学术勇气与自信。显然，无论是此研究领域的无限性还是此研究问题的深邃性，都需求得学界内行的批评指正，以促进这种学术勇气与自信更加理性。

是为序。

扈中平

中国教育学会教育学分会教育基本理论学术委员会主任

2017年7月6日

前　言

美国批判教育学产生于 20 世纪 70 年代，批判教育学者以独特的方式把教育理论与政治、文化和教育实践等结合起来，批判教育学被许多人作为可行的和充满活力的选择而追捧。被誉为“20 世纪后半期教育哲学的标尺”，“教育中的战斗檄文，被压迫者的教育圣经”，“教育理论史的第三次革命”的《被压迫者教育学》（*Pedagogy of the Oppressed*）于 1970 年被翻译引进美国，对美国教育学界产生了巨大影响，美国涌现了一大批著名的批判教育理论家，如鲍尔斯和金蒂斯、阿普尔、吉鲁、麦克拉伦、康柏等，批判教育学在美国得到蓬勃发展。

本书从“批判性”和“解释性”视角出发，融合多学科理论，分析美国批判教育学问题，构建美国批判教育解释学的理论概念和分析框架。

本书分析了从阿斯特的古典解释学、施莱尔马赫和狄尔泰的浪漫主义学派解释学、贝蒂和赫施的保守解释学、伽达默尔哲学解释学、利科尔现象学解释学到哈贝马斯批判解释学的解释学观点，论证了解释及教育解释的转向，都是经由“意义的再现”到“意义的生成”再到“权力的生成”的一个变换过程，教育模式从“传输模式”到“生成模式”再到“转化模式”的一个转换过程，解释的变换过程与教育模式的转换过程是分别对应的、一致的和相通的，二者都揭示了“意义服务权力”的转向。

本书借鉴库恩的范式理论，构建了美国批判教育学的范式。在分析美国批判教育学问题特征时从范式的两个视角出发：一是整体视角，即从美国批判教育学共同体的视角，分析美国批判教育学共同体的属性、理论来源、理论假设，以及承诺、研究方法、研究主题、目标和任务等，把握美国批判教育学的整体特征，揭示美国批判教育学共同体身份认同。本书认为，美国批判教育学是一门价值关涉、揭示权力关系的文化政治学；汲取杜威、弗莱雷及法兰克福学派等思想元素；从世界充满矛盾、权力和持续的不平等现象的理论预设出发；应用关系分析方法，把教育与更广泛社会的不平等联系起来，担当关注弱势群体、被压迫者、边缘人群的承诺；研究关于市场、标准、不平等、合法性知识、公民社会、批判意识、霸权、反霸权、合理性、意识形态、文化资本、符号化、对话、论述、隐性课程、读写能力、实践、提问、命名、边缘化、学校教育、沉默、社会化、声音及所有批判性词汇等主题；提出教育中的批判性分析及分析家的任务，关切对权力和知识关系的了解，探索学生与教师行动之激进的抵抗的可能性，以及承担起此一可能性所导致的社会结构的改变，创造一种基础，成就社会正义、民主、平等和增能。二是从范式整体中的一种元素出发，把握美国批判教育学的形态，即美国批判教育学范式中的典型模型和范例。本书认为，美国批判教育学出现了鲍尔斯和金蒂斯的对应原理和再生产理论、阿普尔的非改革主义者的改革、吉鲁的边界教育学、麦克拉伦的革命的多元文化主义、康柏的务实的批判教育学、卡明斯和阿达的转化教育学、卡恩的批判生态教育学、温克的三棱镜式批判教育学、马洛特的革命的-学术的批判教育学、金奇洛的复杂性批判教育学等不同的形态。美国批判教育学的发展脉络大致可分为对应原理和再生产理论、抵制理论、后现代批判教育学三个阶段。鲍尔斯和金蒂斯的对应原理和再生产理论是美国批判教育学的雏形。经由阿普尔的支持和修正及吉鲁的批判和修正，产生了抵制理论和后现代批判教育学。虽然阿普尔和吉鲁在许多方面存在争论和分歧，但也拥有根本汇合。金奇洛阐述了批判解释学和文化教育学等螺旋递进式的系列概念，提出批判教育学是富有弹性的循环发展的批判教育学，是不断演进的复杂性批判教育学。从简约化的还原论朝着不断演进的批判复杂性前行，这些演变中的历史和知识景象勾勒出了美国批判教育学的发展脉络。尽管形态各不相同，在“批判”名义下发展起来的批判教育诸流派之间存在较大的差异，甚至针锋相对。但是不同流派之间的对话、争论和批判推动着美国批判教育学的发展，推进人类文明的进步。美国批判教育学借助转化和解放为兴趣，追求从被压迫者的非人性化到自由的解放，把人类从各种压迫、异化与贬抑中解放出来。然而它仍然存在诸多理论局限：陷入批判性话语的困境，缺乏可能性的意义；陷入晦涩空泛，缺乏可操作性；陷入霸权叙述，缺乏差异共享；注重社会正义，忽视生态正义；注重学究偏向，忽视实践取向。

借鉴库恩、费耶阿本德、罗蒂等的“可通约性”和“不可通约性”的重要理论，本书在分析了“批判性”与“解释性”间及“批判教育学”与“批判解释学”间的“可通约性”和“不可通约性”的基础上，提出二者的可通约性——批判教育解释学，勾勒出美国批判教育解释学的理论概念和分析框架，重点论述美国批判教育解释学的理论基础、针对性、原则及兴趣等问题。批判教育解释学源于批判理论和解释学的发展，基于批判教育学与批判解释学的融合，使解释学同社会批判、意识形态批判相结合，霸权是其针对性；再现是限制性原则，描述了前批判的解释；批判反思描述了批判的解释，称作可能性原则。批判教育解释学的实践有助于促进真正让我们超越受到限制的交流而达到反思性的解放，建立一种真正解放的合意，致力于人的解放和确保有利于人的解放的社会。“培育主体的批判意识、建立厚民主对话情境、造就批判的和可能性的语言、秉持反思性改造和转化行动”成为批判教育解释学的兴趣。

本书主要由四部分组成。

第一部分是“批判教育学研究的基点和起点”部分。前人的研究成果是本书研究的基点和基础，笔者的研究构思是本书研究的起点和路线。该部分综述有关美国批判教育学的研究文献。同时，提出关于美国批判教育学问题的研究思路和分析框架。

第二部分论述“教育解释的转向”。该部分从解释学的角度理解批判教育学，阐述从阿斯特一直到哈贝马斯等的解释学观点，论述三种教育模式，论证解释、教育解释及教育模式的转向——“意义服务权力”。

第三部分分析“美国批判教育学的范式和转换”。该部分基于库恩的范式理论，描述美国批判教育学共同体的属性、理论来源、理论假设和承诺、方法论、研究主题、目标和任务等，同时探讨美国批判教育学的不同形态、发展脉络及理论局限。

第四部分研究“美国批判教育解释学的分析框架”。该部分在分析批判性与解释性间及批判教育学与批判解释学间的可通约性和不可通约性的基础上，探讨批判教育解释学的理论概念和分析框架，重点论述批判教育解释学的理论基础、针对性、原则及兴趣等问题。

由于笔者的学术视野短浅和研究水平有限，本书难免存在许多不足和不成熟之处，恳请学者和读者批评斧正，以便今后修正。本书参阅了许多学者的论著和观点，在此表示感谢，同时书中尽可能用心一一注释，但难免有所遗落，还请宽容和谅解。

笔　者

2017 年 7 月

目　录

第一章　美国批判教育学研究的基点和起点

批判教育学产生于 20 世纪 60～70 年代，被许多人作为“可行的和充满活力的选择而追捧”[①]，成为左派知识分子用以批判新右派、新保守主义、新自由主义、教育市场化的理论武器，也为教育实践打开了一扇富于批判和解放色彩的希望之窗。批判教育学流派可分为具有创新风格的英美流派和具有保守性的德国流派，本书主要以美国批判教育学为研究对象。

前人的研究成果是本书研究的基础，笔者的研究构思是本书研究的起点和路线。本章对美国批判教育学的理论来源及关键人物、概念及主题、批判教育学与批判解释学（critical hermeneutics）（又称为“深度解释学”或“深层解释学”，depth hermeneutics）[②]的关系、争论与批判等主线的研究文献进行梳理；同时，提出关于美国批判教育学问题的研究思路和分析框架。

第一节　研 究 现 状

一、国外研究

本节在对国外文献资料的研究积累基础上，结合本书的研究问题，对国外文献资料分别从美国批判教育学的理论来源及关键人物、概念及主题、批判教育学与批判解释学的关系、争论与批判等主线的文献资料进行综述。

（一）美国批判教育学的理论来源及关键人物

温克（Wink）追溯了美国批判教育学的根源，从拉丁美洲的声音，如弗莱雷（P. Freire）；欧洲的声音，如葛兰西（A. Gramsci）、马克思（K. Marx）、

① Wardekker W L，Miedama S. Critical pedagogy：An evaluation and a direction for reformulation. Curriculum Inquiry，1997，27(1)：45-61.

② Thompson J B. Critical Hermeneutics.Cambridge：Cambridge University Press，1981：105-107；Bingham C. Hermeneutics//Peterson P，Baker E，McGaw B. International Encyclopedia of Educaion. 3rd ed. Oxford：Elsevier，2010：6，65.

批判理论的法兰克福学派（Frankfurt School）、斯库特纳布-坎加斯（T. Skutnabb-Kangas）等；东方的声音，如甘地（M. Gandhi）；直到北美的多层声音，如杜威（J. Dewey）、阿达（Ada）、麦克拉勃（S. McCaleb）、吉鲁（H. A. Giroux）、麦克拉伦（P. McLaren）、卡明斯（Cummins）、克拉申（Krashen）等。①

金奇洛（Kincheloe）认为，批判理论的法兰克福学派是美国批判教育学的根源，批判理论为批判教育学奠定了基础。金奇洛介绍了批判理论中一些重要人物，如杜博斯（W. E. B. Du Bois）、葛兰西、维果斯基（L. Vygotsky）、弗莱雷、阿罗诺维茨（S. Aronowitz）、吉鲁、阿普尔（M. W. Apple）、胡克斯（B. Hooks）、马塞多（D. Macedo）、麦克拉伦、肖尔（I. Shor）、布里茨曼（D. Britzman）、拉瑟（P. Lather）、兰克希尔（C. Lankshear）、斯坦伯格（S. Steinberg）等。②

达德尔（Darder）、巴尔托达诺（Baltodano）和托里斯（Torres）分析了美国批判教育学形成的主要影响人物：①来自巴西的影响，如弗莱雷和波瓦（A. Boal）；②葛兰西和福柯（M. Foucault）；③法兰克福学派；④20世纪教育家和活动家，如杜威、霍顿（M. Horton）、赫伯特（Herbert）、科尔（Kohl）、鲍尔斯（Bowles）和金蒂斯（Gintis）、卡努瓦（M. Carnoy）、阿普尔和伊利奇（I. Illich）等。③

古尔-泽弗（Gur-Ze'ev）认为，批判教育学建立在法兰克福学派批判理论的核心概念之上，并且以可能使之成为批判乌托邦的物质、社会和文化条件为基础。④弗莱雷的教育学，如同吉鲁的教育学，以作为批判教育学著名，它以法兰克福学派批判理论为主要来源之一，还有激进理论教育学和葛兰西的意识形态批判。根据弗莱雷的观点，教育是为解放的文化行动。吉鲁的教育学是以另一种形式出现的批判教育学，也以法兰克福学派批判理论为基础。在《教育中的理论与抵制》（*Theory and Resistance in Education*）一书中，吉鲁是以马尔库塞（H. Marcuse）的哲学思想在教育方面的实现为构想的。⑤

布来茵（Breuing）认为，批判教育学被理解为是实现法兰克福学派的批判理论。弗莱雷被认为是批判教育学的首席哲学家和奠基之父。在20世纪

① Wink J. Critical Pedagogy：Notes from the Real World. 3rd ed. Boston，MA：Allyn and Bacon，2005：83-117.

② Kincheloe J. Critical Pedagogy Primer. New York：Peter Lang，2005：59-95.

③ Darder A，Baltodano M，Torres R D.Critical pedagogy：An introduction//Darder A，Baltodano M，Torres R D. The Critical Pedagogy Reader. Lodon：RoutledgeFalmer，2003：1-21.

④ Gur-Ze'ev I. Critical theory and critical pedagogy today：Toward a new critical language in education(introduction)//Gur-Ze'ev I. Critical Theory and Critical Pedagogy Today：Toward a New Critical Language in Education. Haifa：Haifa University，2005：7-34.

⑤ Gur-Ze'ev I. Toward a nonreperssive critical pedagogy. Educational Theory，1998，48(3)：463-486.

70～80 年代，吉鲁开始构建批判教育学，他综合了杜威哲学和法兰克福学派批判理论中的进步元素。同时在北美出现了许多批判教育家，如吉鲁、西蒙（R. Simon）、阿普尔、麦克拉伦、拉瑟、施鲁斯伯里（C. Shrewsbury）、胡克斯、维勒（K. Weiler）和肖尔，他们从不同的角度发展批判教育学，成为北美批判教育学领域的领军人物。①

格恩克（Groenke）认为，当人们听到或看到“批判教育学”时，他们可能想到弗莱雷。他赞同金奇洛的看法，今天从事批判教育学的任何人必须参考弗莱雷的工作；麦克拉伦称弗莱雷为“批判教育学的首席哲学家”。吉鲁创造了“批判教育学”这个词，把批判教育学与法兰克福学派批判理论家霍克海默、马尔库塞或者更多的当代批判理论家如阿普尔、肖尔、胡克斯联系在一起。②

马洛特（Malott）认为，北美当代批判教育学的起源往往有两个——后期巴西教育家弗莱雷和德国法兰克福学派的批判思想家，可以追溯到意大利新马克思主义家葛兰西；吉鲁提出了“批判教育学”这个术语本身，这一重要的历史也被追溯到进步教育家杜威和杜博斯。③

托里斯（C. A. Torres）在他的《教育、权力与个人经历：当代西方批判教育家访谈录》（*Education，Power，and Personal Biography：Dialogues with Critical Educators*）一书中，记载了他与 11 位批判教育家的对话。通过对这些批判教育家的访谈，人们可以了解到这些学者的个人经历及几十年来为发展批判教育研究而斗争的方式和理由，也可以了解到批判教育学的发展历程。这些批判教育家具体包括：阿普尔、鲍尔斯、卡努瓦、弗莱雷、金蒂斯、吉鲁、格林（M. Greene）、拉德森-比林斯（G. Ladson-Billings）、莱文（H. Levin）、奥克斯（J. Oakes）、惠迪（G. Whitty）。④其中格林、弗莱雷、阿普尔、吉鲁 4 位批判教育家被选入由帕尔默（Palmer）所编的《50 位思想家论教育：从皮亚杰到今天》（*Fifty Modern Thinkers on Education：From Piaget to the Present Day*）一书中。⑤

科利洛（Kirylo）所编的《抵制的批判教育学：我们必须知道的 34 位教育学者》（*A Critical Pedagogy of Resistance：34 Pedagogues We Need to Know*）

① Breuing M. Problematizing critical pedagogy. International Journal of Critical Pedagogy，2011，3(3)：1-23.

② Groenke S L. Social reconstructionism and the roots of critical pedagogy：Implications for teacher education in the neoliberal era//Groenke S L，Hatch J A. Critical Pedagogy and Teacher Education in the Neoliberal Era：Small Openings. Berlin：Springer，2009.

③ Malott C S. Critical Pedagogy and Cognition：An Introduction to a Postformal Educational Psychology. Berlin：Springer，2011：113，135-136.

④ Torres C A. Education，Power，and Personal Biography：Dialogues with Critical Educators. New York：Routledge，1998.

⑤ Palmer J A. Fifty Modern Thinkers on Education：From Piaget to the Present Day. New York：Routledge，2001.

记载了 34 位批判教育学者。这 34 位批判教育学者对批判思想和行动作出重要贡献，是强有力的人性化的代表，他们呼吁一个更加公平、正义、民主的世界。这 34 位批判教育学者是：阿普尔、阿罗诺维茨、巴托洛姆（L. Bartolomé）、布里茨曼（D. Britzman）、巴特勒（J. Butler）、乔姆斯基（N. Chomsky）、达德尔、杜威、杜博斯、戴森（M. E. Dyson）、伊拉古里（I. Ellacuría）、弗莱雷（A. M. A. Freire）、弗莱雷（P. Freire）、盖茨（J. H. L. Gates）、吉利根（C. Gilligan）、吉鲁、戈麦斯（J. P. Gomez）、葛兰西、胡克斯、霍顿、伊利奇、金奇洛、科恩（A. Kohn）、科左尔（J. Kozol）、马塞多、麦克拉伦、蒙特梭利（M. Montessori）、赛义德（E. Saïd）、肖尔、斯坦伯格、昂山素季（Aung San Suu Kyi）、维果斯基、韦伊（S. Weil）、威斯特（C. R. West）。[①]

（二）批判教育学的概念及主题

金奇洛认为，批判教育学是“一个复杂的概念，它需要许多信奉它的参与者”[②]。一般而言，如同知识一样，批判教育学的所有特征是由设计者及设计者所持有的价值所塑造的。金奇洛从社会或文化的角度，描述了批判教育学的特征：①批判教育学基于正义和平等的社会和教育愿景；②批判教育学构建教育是天生政治性的信念；③批判教育学致力于减轻人类的苦难；④是阻止学生免受伤害的教育学；⑤生成主题的重要性；⑥教师是研究者；⑦教师是学生的研究者；⑧社会变化和培养人才；⑨边缘化和批判教育学；⑩实证主义的重要性；　规范科学的力量。[③]

温克提出了意识化、符号化、文化资本、对话、话语、霸权、隐性课程、边缘化等批判教育学话语。[④]

布来茵认为，批判教育学主要聚焦在批判意识、民主、权力、霸权、社会正义、实践、批判反思、转化、以学生为中心等方面。批判教育话语强调民主、文化教养、后结构主义，以及嵌入在阶级、性别、种族和性话语中的身份和差异政治。[⑤]

马洛特把批判教育学分为两种类型：一是学术的批判教育学；二是革命的批判教育学。这两类批判教育学各有利弊，为了寻求平衡，他主张追求的是革命的-学术的批判教育学这一范式，不仅在中学和大学从事反霸权运动，而

① Kirylo J D. A Critical Pedagogy of Resistance：34 Pedagogues We Need to Know. Rotterdam：Sense Publishers，2013.
② Kincheloe J. Critical Pedagogy Primer. New York：Peter Lang，2005：2.
③ Kincheloe J. Critical Pedagogy Primer. New York：Peter Lang，2005：5-34.
④ Wink J.Critical Pedagogy：Notes from the Real World. 3rd ed. Boston，MA：Allyn and Bacon，2005：32-61，148.
⑤ Breuing M. Problematizing critical pedagogy. International Journal of Critical Pedagogy，2011，3(3)：1-23.

且在所有的社会机构和社区进行革命性转变。[①]

克里斯滕森（Christensen）和奥尔德里奇（Aldridge）认为，批判教育学是一个复合术语，理论上包含和拓展了一个人的经验，即是在持续努力接受和拥抱另一个人的知识、道德、语言、阶级、性取向、国籍和文化习俗和所列举的团体之间的代沟和连接上的经验。批判教育学是个人的、一生的旅程。对于每个人来说具有质的不同，因为每个人都有一种独特的世界观。[②]

批判教育学者寻求改变社会不公和为所有的人在教育设置和其他方面提供平等。[③]阶级、种族、权力、性别、性取向和国籍的话题是批判理论的中心方面……希望批判教育学者创建一个公平的教育体系和模型，包括所有阶级、种族、性取向、国籍、语言和声音。[④]批判教育学不仅是一个教育术语，而且被许多理论家和教育家定义为是政治的、社会的和经济的概念。[⑤]

麦克拉伦声明，我们必须有能力发展一种批判教育学，它可以在智力上和道德上抵制压迫，一方面拓展教育学的概念超越，而不只是知识和技能的传送；另一方面也拓展道德的概念超越，而不只是停留在人际关系的层面。在这种情况下的教育学必须与阶级斗争和政治解放相联系。[⑥]

曼琼斯基（Monchinski）认为，批判教育学是实践，实践构成“行动和反思”，实践涉及理论实践和实践理论。批判教育学涉及一个实践和理论之间的时刻演进工作关系。[⑦]

（三）批判教育学与批判解释学的关系

加拉格尔（Gallagher）认为，教育和解释间的联系是一个古老的话题。[⑧]当代的解释学对于教育理论和实践的适切性可以被察觉，解释学理论的方法与教育理论的方法有直接的相通。同样，一些教育理论与批判的和激进的解释学方法也有直接的相通。哈贝马斯（J. Habermas）的批判理论及与之关联的

① Malott C S. Critical Pedagogy and Cognition：An Introduction to a Postformal Educational Psychology. New York：Springer，2011：121-122.
② Christensen L M，Aldridge J. Critical Pedagogy for Early Childhood and Elementary Educators. Dordrecht：Springer Netherlands，2003：5.
③ Christensen L M，Aldridge J. Critical Pedagogy for Early Childhood and Elementary Educators. Dordrecht：Springer Netherlands，2003：11.
④ Christensen L M，Aldridge J. Critical Pedagogy for Early Childhood and Elementary Educators. Dordrecht：Springer Netherlands，2003：5.
⑤ Christensen L M，Aldridge J. Critical Pedagogy for Early Childhood and Elementary Educators. Dordrecht：Springer Netherlands，2003：6.
⑥ McLaren P. Life in Schools：An Introduction to Critical Pedagogy in the Foundations of Education. 5th ed. Boston，MA：Allyn and Bacon，2007：48.
⑦ Monchinski T. Critical Pedagogy and the Everyday Classroom. New York：Springer，2008：1.
⑧ Gallagher S. Hermeneutics and Education. New York：State University of New York Press，1992：1.

新马克思方法已经被一批思想家用于促进批判教育理论的发展，如阿普尔、吉鲁、鲍尔斯和金蒂斯、布迪厄和帕斯隆（J. C. Posseron）、扬（M. D. Young）。尽管这些教育方法和批判理论之间的联系已被普遍承认，但是这些批判理论的解释学维度仍然缺失。依据批判解释学来思考或证明批判教育理论的尝试是很少的，根据教育的过程来质疑批判解释学原则的情况则更少。①加拉格尔阐述了批判解释学的原则和教育批判理论的原则。②

加拉格尔认为，这不但显示解释学与教育理论间有适切性，而且反映教育经验的分析对解释学理论的重要性。解释学原则并不只是以一种机械的方式应用于教育经验，相反，在与教育经验的相遇中，解释学原则也要开放地接受调查和修正。③

金奇洛在阐述富有弹性的循环发展的批判教育学系列概念时就讲到，批判解释学是解释的中心。深受批判理论影响的教育学者卷入了经常被忽略的解释领域。批判解释学影响了批判理论和批判教育学，它更多地朝着规范解释学的方向发展，对解释的目的和过程提出疑问。在批判理论导向情境中，解释分析的目的是发展一种文化批判形式，在社会文本和文化文本中揭示权力。批判解释学能够产生深远的洞见，并导致行动的转化。④

墨菲（Murphy）和弗莱明（Fleming）认为，德国社会学家和哲学家哈贝马斯对社会变化和社会冲突方面的理解产生了广泛而重要的影响，主要作用于社会学、政治科学、哲学、法律等领域，以及其他领域如媒体和交往研究等。根据他关于公共领域的早期研究和对交往理论的发展，聚焦于民主的法律和形式，捍卫现代性和启蒙传统，伯恩斯坦称哈贝马斯为“民主哲学家”⑤。虽然哈贝马斯在教育领域的影响是温和的，但是他的观点对各种教育形势和情境呈现缓慢发展的兴起仍然起着促进作用。《哈贝马斯、批判理论和教育》（*Habermas，Critical Theory and Education*）中阐述了哈贝马斯的观点对教育的各个方面的影响，包括保育教育、社会公共教育、社区教育、成人教育、大学教育、语言教学、公民教育、教育哲学等。⑥

莫罗（Morrow）和托里斯在《阅读弗莱雷和哈贝马斯：批判教育学和转化性社会变革》（*Reading Freire and Habermas：Critical Pedagogy and*

① Gallagher S. Hermeneutics and Education. New York：State University of New York Press，1992：24-25.
② Gallagher S. Hermeneutics and Education. New York：State University of New York Press，1992：240-267.
③ Gallagher S. Hermeneutics and Education. New York：State University of New York Press，1992：27.
④ Kincheloe J. Critical Pedagogy Primer. New York：Peter Lang，2005：57-58.
⑤ Murphy M，Fleming T. Communication，deliberation，reason//Murphy M，Fleming T. Habermas，Critical Theory and Education. New York：Routledge，2010：3.
⑥ Fleming T，Murphy M. Taking aim at the heart of education：Critical theory and the future of learning//Murphy M，Fleming T. Habermas，Critical Theory and Education. New York：Routledge，2010：203.

Transformative Social Change）这本书中，通过比较弗莱雷和哈贝马斯的策略，强调互补的方法，尽管二者在焦点和风格上存在显著差异。莫罗和托里斯是在关于对话和发展主题的共享的批判理论上工作，他们的方法是假定“对话的主题”，策略是“发展”，关注哈贝马斯的交际行为的理论、道德发展和解放理性，同时关注弗莱雷的解放教育学和文化行动概念。①

弗莱雷和哈贝马斯作为互补的思想家，他们共享一个人文科学概念、现代社会危机、主体理论和教学实践。这些共性通过阅读的策略能够很好地被揭示，是建立在理解社会理论基础上的共享基本直觉：在主体间交际关系的相互承认的思想和行动的起源。将弗莱雷和哈贝马斯结合在一起，为进一步发展和推进哲学、教育和民主相关主题提供了一个框架。②

在当代重要的社会理论更大的背景下去定位弗莱雷的工作和通过弗莱雷识别哈贝马斯的教育影响，可以通过哈贝马斯读弗莱雷和通过弗莱雷读哈贝马斯。简而言之，这样能看到弗莱雷的理论深度，以及哈贝马斯有关教育和发展社会相关的问题的现实意义。③

关于弗莱雷和哈贝马斯在教育和批判社会理论方法方面的比较基于对 4 个共同主题的识别：①元理论框架或社会科学哲学使面向解放可能性的批判社会科学具体任务的合法性；②作为一个社会和文化再生产系统的社会理论识别为转换创造可能性的矛盾；③一个关于社会主题的批判社会心理理解建构关涉普遍发展的可能性，这种可能性被支配的历史形式所挫败，但通过批判和实践而受到潜在的挑战；④一个个人和集体学习的概念为反思教育和转化性改变之间的关系提供建议性策略。④两位研究者工作在更广泛的批判解释学的元理论框架中，试图以社会调查的形式，结合对行动的社会结构背景的思考，去理解背后的原因（根据其解释学或解释维度）。⑤

泰奥多罗（Teodoro）评论道，《阅读弗莱雷和哈贝马斯：批判教育学和转化性社会变革》这本书对教育领域中的社会理论作出了非常有趣的贡献。在这本理论成熟的书中，莫罗和托里斯呈现出一个对社会理论发展有独创的和有意义的贡献，最重要的是，他们坚信批判理论作为一门教育理论，能够理

① Morrow R A，Torres C A.Reading Freire and Habermas：Critical Pedagogy and Transformative Social Change. New York：Teachers College Press，2002：ix-x.

② Morrow R A，Torres C A.Reading Freire and Habermas：Critical Pedagogy and Transformative Social Change. New York：Teachers College Press，2002：2-3.

③ Morrow R A，Torres C A.Reading Freire and Habermas：Critical Pedagogy and Transformative Social Change. New York：Teachers College Press，2002：14.

④ Morrow R A，Torres C A.Reading Freire and Habermas：Critical pedagogy and Transformative Social Change. New York：Teachers College Press，2002：14-15.

⑤ Morrow R A，Torres C A.Reading Freire and Habermas：Critical pedagogy and Transformative Social Change. New York：Teachers College Press，2002：15.

解主张解放论的教学实践。①

费尔菲尔德（Fairfield）考察了批判反思的性质和条件，以及交往的道德和政治的可能性；②分析了解释和批判的关联；并且与霍克海默（M. Horkheimer，也译霍克海默尔）的观点进行了比照，提出：与霍克海默一致的疑问是，在什么基础上我们会宣称，所有的批判都是内在的批判；与霍克海默不同的疑问是，所有的批判都是解释并且解释与传统不可分离吗?③并认为，这种解释不仅是普遍的经验，而且从根本上属于人类存在的本体论组成，这是一个基本的解释学假设，它必须符合合理性批判的需要。④

（四）争论与批判

在吉鲁⑤与麦克尼尔（McNeil）⑥之间、麦克拉伦⑦与包华士（Bowers）⑧之间、史维特（Sweet）⑨与朗（Long）⑩之间分别进行过对话和争论。

古尔-泽弗批评，今天批判教育学被当前的秩序所驯化、安抚，甚至被阉割，迷失方向或成为教条主义。批判教育学名目琳琅，如今论及“批判教育学”成为困难之事，以至于实际上阐明它们的共同基本要素是相当雄心勃勃之事。⑪

沃德科（Wardekker）和米达马（Miedama）指出，对批判教育学的批判大部分集中在它缺乏实践结果。自从它产生以来，在相对较短的时期里，批判教

① Teodoro A. Paulo Freire，or pedagogy as the space and time of possibility. Comparative Education Review，2003，47(3)：321-328.

② Fairfield P. Philosophical Hermeneutics Reinterpreted：Dialogues with Existentialism，Pragmatism，Critical Theory，and Postmodernism. New York：Continuum，2011：5.

③ Fairfield P. Philosophical Hermeneutics Reinterpreted：Dialogues with Existentialism，Pragmatism，Critical Theory，and Postmodernism. New York：Continuum，2011：128.

④ Fairfield P. Philosophical Hermeneutics Reinterpreted：Dialogues with Existentialism，Pragmatism，Critical Theory，and Postmodernism. New York：Continuum，2011：119.

⑤ Giroux H A. Critical theory and rationality in citizenship education. Curriculum Inquiry，1980，10(4)：329-366；Giroux H A. Pedagogy，pessimism，and the politics of conformity：A reply to Linda McNeil. Curriculum Inquiry，1981，11(3)：211-222.

⑥ McNeil L M. On the possibility of teachers as the source of an emancipatory pedagogy：A response to Henry Giroux. Curriculum Inquiry，1981，11(3)：205-210.

⑦ McLaren P. The emptiness of nothingness：Criticism as imperial anti-politics. Curriculum Inquiry，1991，21(4)：459-477.

⑧ Bowers C A. Some questions about the anachronistic elements in the Giroux-McLaren theory of a critical pedagogy. Curriculum Inquiry，1991，21(2)：239-252；Bowers C A. Critical pedagogy and the “Arch of social dreaming”：A response to the criticisms of Peter McLaren. Curriculum Inquiry，1991，21(4)：479-487.

⑨ Sweet S. Reassessing radical pedagogy. Teaching Sociology，1998，26(2)：127-129；Sweet S. Practicing radical pedagogy：Balancing ideals with institutional constraints. Teaching Sociology，1998，26(2)：100-111.

⑩ Long D. A radical teacher’s dilemma. Response to “Practicing radical pedagogy：Balancing ideals with institutional constraints”. Teaching Sociology，1998，26(2)：112-115.

⑪ Gur-Ze’ev I. Critical theory and critical pedagogy today：Toward a new critical language in education(introduction)//Gur-Ze’ev I. Critical Theory and Critical Pedagogy Today：Toward a New Critical Language in Education. Haifa：Haifa University，2005：7-34.

育学遭遇到严厉的批判，甚至现在被许多人认为是“一个胎死腹中的婴儿”①。

克里斯滕森和奥尔德里奇认为，批判教育学者寻求改变社会不公和为所有人在教育设置和其他方面提供平等。尽管如此，对批判教育学有许多的批判。过去三个最常见的批判如下：①批判教育学者寻求消除不平等，但是他们使用的语言是晦涩难懂的、精英主义的、排斥性的。②批判教育学者重视文化、种族、性别和经济差异的发声，但过去的声音主要来自白色人种、西方男人。然而，在过去的 20 年里，由于坎内拉（G. S. Cannella）、德尔皮（L. Delpit）、格林、胡克斯及其他人的工作，这种现象得到了改善。③批判教育学者擅长批判但缺乏解决方案。②

莫罗和托里斯总结指出（通常是众所周知的），批判理论和相关形式的教育社会学及批判教育学典型地受到至少 5 个类型的攻击：①从实证主义教育理论的方向，它已经被拒绝作为不切实际的、浪漫的和没有任何实证基础；②从马克思主义“左”派的方向，它已经因为理想主义、主观主义和浪漫主义受到谴责；③从保守解释学和现象学方法的方向，它已两难地被接受，因为它的教育“西方化”政治化是以牺牲生活和传统为代价；④以激进的环境批判的名义，它已经被指控为规范神人同形同性论；⑤在后现代主义、后结构主义和后殖民理论的标签下，它已经因为它的现代理性主义偏见、规范的普遍性、自治主体的概念及缺乏关注的差异问题受到质疑。③

二、国内研究

与美国相比，中国引进介绍批判教育研究的文献将近晚了 20 年，批判教育研究逐渐为美国学者所关注始于 20 世纪 70 年代，中国则始于 20 世纪 90 年代左右。

国内最早片断地介绍美国批判教育研究的论著是 1989 年出版的《国外教育社会学基本文选》。该文选选录了鲍尔斯与金蒂斯（又有译为吉丁斯）的《美国的资本主义制度与教育》④一文，同时也收录了伊利奇及与批判教育学有密切联系的英国新教育社会学学者伯恩斯坦和杨等的文章。随后，1990 年，

① Wardekker W L，Miedama S. Critical pedagogy：An evaluation and a direction for reformulation. Curriculum Inquiry，1997，27(1)：45-61.

② Christensen L M，Aldridge J. Critical Pedagogy for Early Childhood and Elementary Educators. Dordrecht：Springer Netherland，2013：11.

③ Morrow R A，Torres C A. Reading Freire and Habermas：Critical pedagogy and Transformative Social Change. New York：Teachers College Press，2002：163-164.

④ 塞缪尔·鲍尔斯，赫伯特·吉丁斯. 美国的资本主义制度与教育. 陈延泽译//张人杰. 国外教育社会学基本文选.上海：华东师范大学出版社，1989：336-363.

鲍尔斯和金蒂斯的代表作《美国：经济生活与教育改革》[①]（*Schooling in Capitalist America：Educational Reform and the Contradictions of Economic Life*）又被翻译出版。

1992 年国内刊发了阿普尔《国家权力和法定知识的政治学》[②]一文，随后，一些学者对英美批判教育学作了或片断性或较概括性的介绍，由此，阿普尔、弗莱雷与吉鲁等北美批判教育学代表人物的作品逐渐为教育界所了解。[③]

通过对有关“美国批判教育学”的文献资料的分析，发现国内学者对它的研究主要集中在以下几个方面：①美国批判教育学总论；②批判教育学与批判理论的关系；③批判教育学与后现代主义思潮的关系；④批判教育学的批判主题；⑤介绍美国批判教育学重要学者的观点；⑥批判教育学的方法论；⑦以批判教育学的视角看待、分析中国教育现象。

（一）美国批判教育学总论

文献论述的美国批判教育学总论主要包括美国批判教育学流派、发展脉络、主张和任务。

1. 不同风格的美国批判教育学流派

张华、辛治洋等都把美国批判教育学与德国批判教育学进行比较。张华认为，批判教育学自产生以来，发展至今基本上形成了具有不同风格的两个流派：一派是具有“盎格鲁-撒克逊”风格的批判教育学。该派的主要代表人物有吉鲁、阿普尔、鲍尔斯、金蒂斯、布莱多、费因伯格（W. Feinberg）、麦克拉伦、韦克斯勒（P. Wexler）等。主要流行于英美地区，它并不囿于“批判理论”的世界观与方法论，富有创新精神与开放意识，具有鲜明的“盎格鲁-撒克逊”风格。另一派则是具有“欧陆”风格的批判教育学。该学派主要代表人物有布兰坎茨（H. Blankertz）、克拉夫基（W. Klafki）、莱姆普尔特（W. Lempert）、莫伦浩尔（K. Moellenhauer）等。该学派主要流行于德国，它谨慎地遵循着“批判理论”的传统，与前一流派相比具有一定的保守性和封闭性，因而具有鲜明的“欧陆”风格。德国“批判教育学”的形成比英美略早些。[④]魏宏聚赞同张华对批判教育学的分类看法，也认为批判教育学流派可分为具有创新风格的英美流

---

① 鲍尔斯，金蒂斯. 美国：经济生活与教育改革. 王佩雄等译. 上海：上海教育出版社，1990；鲍里斯，季亭士. 资本主义美国的学校教育：教育改革与经济神话的矛盾. 李锦旭译. 台北：桂冠图书股份有限公司，1989.

② 阿普尔. 国家权力和法定知识的政治学. 马和民译. 华东师范大学学报（教育科学版），1992，(2)：33-44.

③ 阎光才. 批判教育研究在中国的境遇及其可能. 教育学报，2008，(3)：10-20.

④ 张华. 批判理论与批判教育学探析. 外国教育资料，1996，(4)：8-13.

派和具有保守性的德国流派。[①]辛治洋对批判教育学也作了类似的划分，他把批判教育学分为：英语世界批判教育学与德语世界批判教育学。德语世界批判教育学的核心概念是“国家”和“资本”，而不是英语世界的“阶级冲突”。[②]

2. 美国批判教育学的发展脉络

辛治洋认为，美国批判教育学的发展脉络如下。①批判教育学在美国的发展大致经历了三个阶段：初期的“再生产”；发展时期的“再生产”和“抵制”；成熟期的“再生产”“抵制”和“后现代”。②批判教育学在发展过程中坚持再生产理论的阶级分析和经济分析方法，补充了“抵制”的思想，并最终实现了二者的完美结合。批判教育学在立场、方法和研究地域上，吸取了后现代的合理成分，扩充发展了理论空间。③此脉络只是美国批判教育学的大致发展轨迹。实际上，批判教育学是一个松散的学术派别。在时间上，鲍尔斯、金蒂斯的学术时间主要处于第一阶段，但后来也接受了“抵制”的观念；阿普尔经历了批判教育学发展的整个时期；吉鲁、阿罗诺维茨和麦克拉伦等批判教育学者的生涯则大致开始于第二阶段。他们的学术特征并不都是非常明显。如有学者认为吉鲁同时也是“边界教育学”和“后现代主义教育学”学派的代表。[③]

批判教育研究的学术脉络与批判教育学的发展脉络是一脉相承的。阎光才从批判教育研究的学术脉络视角揭示美国批判教育学的发展历程。

阿普尔早期的代表作是《官方知识：保守时代的民主教育》和《意识形态与课程》，涉及葛兰西意识形态“霸权”理论领域，延续了英国新教育社会学，如杨、伯恩斯坦、惠迪关注微观领域知识的价值负载的传统。其后期研究的学术渊源更为广泛，既承续了美国进步主义的教育民主传统，又广泛吸纳传统马克思主义、新马克思主义、女性主义、民权理论、布迪厄的文化社会学理论资源。阿普尔反对批判教育研究领域中后现代和后结构主义偏好，反对批判教育研究偏重“学”的理论化和“学术化”倾向。[④]

吉鲁关注“文化”或者说教育日常生活中的“文化政治”。在其早期代表作《教育中的理论与抵制》中，受弗莱雷启发，吉鲁第一次提出“批判教育学”的概念。20 世纪 70 年代，吉鲁基于法兰克福学派的学校文化研究也同样关注学校在资本主义社会中所承担的社会结构和文化再生产功能。1980 年，他很快被后现代和后结构主义所吸引，他的抵制理论一度被称为批判教育学的后

① 魏宏聚. 批判教育学“批判”方法论解读. 宁波大学学报（教育科学版），2005，(4)：1-5.
② 辛治洋. 批判教育学解读. 比较教育研究，2006，(7)：6-11.
③ 辛治洋. 批判教育学解读. 比较教育研究，2006，(7)：6-11.
④ Torres C A. Education，Power，and Personal Biography：Dialogues with Critical Educators. New York：Routledge，1998：24；阎光才. 批判教育研究的学术脉络与时代境遇. 教育研究，2007，(8)：80-85.

现代转向。80 年代的中期，吉鲁又转向了英国伯明翰文化研究中心的“文化研究”理论。弗莱雷的教师作为跨边界“文化工作者”的角色、学校教育中“文化政治”实践等，又成为吉鲁批判教育学的理论核心。吉鲁的后期转向与美国本土 30 年代鲁格（Rugg）、康茨（G. Counts）、布拉梅尔德（T. Brameld）的社会改造主义遗产间也存在关联。①

麦克拉伦与吉鲁的学术旨趣非常相近，他的学术渊源更为广泛，马克思、葛兰西、布迪厄、法兰克福学派、后结构主义者，特别是福柯、德里达（J. Derrida）、马克思人文主义（Marxist-Humanism）代表人物杜娜叶夫斯卡娅（R. Dunayevskaya）、美国当代非裔研究著名学者威斯特、黑人女权主义著名学者胡克斯等的思想，都在他丰富的著述中有所体现。②

3. 美国批判教育学的主张和任务

彭正梅认为，致力人和人类的解放及有利于人和人类解放的社会环境，是批判教育理论共同的指归。③胡春光认为，批判教育学致力于“人的解放”和“社会改造”，把教育当成一种批判性的实践，特别是它对人类存在的持续反思，给了我们深刻的启示。理论、权力、文化、政治、民主 5 个要素共同支撑了批判教育学的基础。批判教育学的教育主张是：采取辩证思维；培养批判能力；兼具批判及可能性语言；教育是一种文化政治学；学校是民主的公共领域。④辛治洋认为，批判教育学的基本认识是“教育应该是政治的”，基本立场是站到弱势群体的一边，基本方法是阶级分析的方法。批判教育学把实践理解为在民主授权的合法性前提下规范的政治活动。⑤

（二）美国批判教育学与批判理论的关系

哈贝马斯的批判理论，吸收了科学主义哲学的某些成分，并融入了其他哲学流派（如现象学、解释学）的某些因素。批判教育学不同流派的研究进展无不受哈贝马斯的影响。而且，哈贝马斯本人也积极倡导通过教育来完善交往理性，进而达到社会改良的效果。因此，把握哈贝马斯的理论精髓为理解批判教育学的发展轨迹与趋势提供了钥匙。⑥

李其龙认为，批判教育工作者吸收了法兰克福学派的关于批判资本主义社

① 阎光才. 批判教育研究的学术脉络与时代境遇. 教育研究，2007，(8)：80-85.
② 阎光才. 批判教育研究的学术脉络与时代境遇. 教育研究，2007，(8)：80-85.
③ 彭正梅. 解放教育的历史发展. 华东师范大学学报（教育科学版），1999，(1)：45-53.
④ 胡春光. 批判教育学：一种反压迫的文化论述和民主教育实践. 教育研究与实验，2010，(1)：8-13，18.
⑤ 辛治洋. 批判教育学解读. 比较教育研究，2006，(7)：6-11.
⑥ 张华. 批判理论与批判教育学探析. 外国教育资料，1996，(4)：8-13.

会的各种弊病，提倡人的个性解放等思想。批判的教育学流派深深地打上了法兰克福学派的思想烙印，后者是它的思想基础。关于解放问题，法兰克福学派将它作为批判和启蒙的最终目的。与法兰克福学派的解放的思想相一致，批判教育学一般认为，摆脱人的依附关系和贫困状态的人类的解放也是教育的目标。①

辛治洋认为，批判教育学是批判理论在教育内迁移和具体化的结果，在很多具体主张和做法上与批判理论有很多相通之处。他们反对工具理性，主张寻找科学知识的潜在意义。这一点有第一代社会批判理论的遗风。此外，解放是批判教育学对教育的基本观点，也唯有教育不再是驯化人民的地方，公共论述才有可能，民主与社会正义也才得以完成。这样的观点与第二代批判理论继承人哈贝马斯的沟通行动理论有相似之处。可以说，它的产生有着批判理论的学术背景。②

美国批判教育学因受后现代主义批判理论的影响，具有开放性和多元化的特征。法兰克福学派的批判理论是整个西方后现代主义思想先驱。许多马克思主义者成为后现代主义思想家。事实上许多著名的西方马克思主义者被认为是当代后现代主义的主要代表。因而尽管批判教育学理论呈现融合新教育社会学、批判理论、马克思主义、女性主义、文化研究、后现代主义的万花筒形貌，批判教育学主要是深受马克思主义和以霍克海默、阿多诺、马尔库塞为代表的法兰克福学派批判理论的影响，是批判理论在教育领域的具体应用和发展。批判教育学哲学思想基础仍然是新马克思主义的批判理论。③

（三）美国批判教育学与后现代主义思潮的关系

英美的批判教育学者从来不把其研究的方法论与世界观拘泥于批判理论的既有主张，而是善于对其作出创造性转化。这表现在两个方面：首先，该派学者能及时把批判理论与后现代主义、后结构主义、哲学解释学等思潮有机结合于其对教育学的具体研究之中，使其批判教育学具有创新性；其次，该派学者基于一种“后学科”的观念，将批判教育学与文学理论、语言学等有机结合起来进行研究，使其理论具有开放性。该派学者更愿意将其批判教育学称为“理论化教育学”，意指其教育学不断处于动态发展与创新之中，永无止境。④

美国批判教育学在发展过程中坚持再生产理论的阶级分析和经济分析方法，补充了“抵制”的思想，并最终实现了二者的完美结合。此后，批判教育学在立

① 李其龙. 联邦德国的批判的教育学流派. 外国教育资料，1994，(3)：1-7.
② 辛治洋. 批判教育学解读. 比较教育研究，2006，(7)：6-11.
③ 严奇岩. 西方马克思主义与批判教育学. 上海交通大学学报（哲学社会科学版），2005，(6)：74-78.
④ 张华. 批判理论与批判教育学探析. 外国教育资料，1996，(4)：8-13.

场、方法和研究地域上，吸取了后现代的合理成分，扩充发展了理论空间。①

后现代主义体现在教育上，则是为教育提供了新的理论工具，以批判、解构为出发点重新思考教育上的种种问题，深化和扩展教育理论，进而确立批判教育学。吉鲁提出了反文本和反记忆的概念，对传统意义上的课程提出了挑战。文本是后现代主义和后结构主义常用的一个术语，概指一切文化符号。②

批判教育学倡导培养学生的批判精神，通过对后现代理论的吸收，特别是后现代主义中对整体性、普遍性的否定，对现代观念的理性与主观性的质疑，批判教育学得以发展，并提出了具有开创意义的一系列教育学原则。③

（四）美国批判教育学的批判主题

王占魁认为，阿普尔的研究涉及课程或教育中的意识形态霸权、隐性课程、学校机构、教育券和学校选择、共同文化、国家课程、绩效评价、在家上学、爱国主义教育、全球化等多个主题。④文献论述批判教育学的重要主题有：话语、对话、霸权、批判意识、文化资本、赋权增能等。这里只综述有关话语和对话的文献资料，至于霸权、批判意识、文化资本、赋权增能等主题将放在后文中进行阐述。

1. 话语

教育学研究中有关批判性话语分析的论文较早始于刘云杉发表的《教师话语权力探析》[南京师范大学学报（社会科学版），1997 年第 3 期]，此后，教育学研究领域的批判性话语分析逐渐兴起。论及批判性话语的相关文献有：张平功的《作为批判话语的文化研究》（学术探索，2001 年第 4 期）、石鸥与赵长林的《科学教科书的意识形态》（教育研究，2004 年第 6 期）、王熙的《批判性话语分析对教育研究的意义》（教育研究，2010 年第 2 期）、王攀峰的《批判话语分析：当代教育研究的一个新视角》[首都师范大学学报（社会科学版），2008 年第 5 期]、胡云飞的《教师发展路向的批判话语分析》（教育发展研究，2005 年第 7 期）和《话语批判之辩证视域释论》（求索，2008 年第 2 期）、杨东东的《从批判反思到话语沟通》（山东大学，2010 年博士学位论文）等。

通过文献分析发现，教育学研究只有突破教育学语言的边界，使教育学话语成为批判分析的中心，才能历史地、具体地理解教育学。基于教育学话语的意识形态和权力分析，其可能性意义发生了从意义到权力、从教化到规训、从

① 辛治洋. 批判教育学解读. 比较教育研究，2006，(7)：6-11.
② 郑金洲. 美国批判教育学之批判——吉鲁的批判教育观述评. 比较教育研究，1997，(5)：15-18.
③ 钟玲. 论批判教育学的后现代主义理论基础及对我国教育研究的启示. 黑龙江高教研究，2005，(3)：17-19.
④ 王占魁. 价值选择与教育政治——阿普尔批判教育研究的实践逻辑. 北京：北京师范大学，2011.

同一到差异的转变。相应地，教育学话语分析的实践解放了记忆的历史性，释放了文化的政治性，批判了现实的差异性。教育学话语分析是教育学文化研究、社会理论和政治哲学的实践性综合，是未来教育学研究的一条重要进路。①

教育学批判性话语的权力分析从话语分析、批判语境分析和交际事件分析三个阶段阐释话语结构和权力结构的交互状态。这种批判性话语研究范式能更好地揭示教育问题，体现教育学研究的人文精神。②

话语是理性批判得以展开的场域，话语真实是开展理性批判的必要前提。审视当前的教育之"说"，依然存在话语失真的现象，表现为教育学话语的范式化、教育学话语的意识形态化和为批判而批判。回归教育学话语的真实，就是要坚持话语的问题导向、坚持对话与交流的话语秩序、坚持话语的理智诚实和真理标准。③

2. 对话

人类不可能在沉默中生存，消除沉默，就要通过对话。弗莱雷说对话本身的精髓在于词（word）。词不仅是实现对话的工具，还意味着反思和行动。真正的对话需要对话双方进行批判性思维，带着批判性思维，在动态中进行真正的、双方共同关心的、能够共建的对话④。

要秉承教育交往理念，希望用"对话"式教育来对"独白"式教育进行改革。通过对"对话"式教育的内涵及实现条件进行分析，希望完成从"塑造"到"交往"的教育理念、从"蓝本"到"文本"的课程观从"独白"到"对话"的教育实践形态的转变。⑤

巴赫金（M. Bakhtin）认为，对话是一种人与人之间"在各种价值平等、意义平等的意识之间相互作用的特殊形式"⑥，是一种"同意或反对关系、肯定和补充关系、问和答的关系"⑦。

（五）介绍美国批判教育学重要学者的观点

介绍美国批判教育学重要学者的观点主要通过对美国批判教育学家的访谈及其著作的引入和翻译。文献主要论述阿普尔的课程观、知识权力观及对

① 肖绍明. 教育学的话语分析转向. 教育领导研究（第二辑），2012：10-24.
② 肖绍明，扈中平. 批判话语研究及其教育学意义. 高等教育研究，2013，(7)：50-55.
③ 沈又红. 话语真实：走向理性批判的门槛——兼论教育学话语失真及其改造. 教育理论与实践，2005，(5)：6-9.
④ 王娜. 沉默与对话——读《被压迫者的教育学》. 教书育人，2009，(8)：72-73.
⑤ 蔡春，扈中平. 从"独白"到"对话"——论教育交往中的对话. 教育研究，2002，(2)：49-52.
⑥ 董小英. 再登巴比伦塔——巴赫金与对话理论. 北京：生活·读书·新知三联书店，1994：18.
⑦ 巴赫金. 陀思妥耶夫斯基诗学问题. 白春仁等译. 北京：生活·读书·新知三联书店，1988：252.

右翼联盟的批判，吉鲁关于教师作为知识分子及学校成为民主的公共领域等观点。有少数文章介绍了麦克拉伦、康柏、罗蒂的批判教育学思想。

美国批判教育学家托里斯所著的《教育、权力与个人经历：当代西方批判教育学家访谈录》[①]一书以人物访谈的形式对批判教育理论流变进行梳理，着重讨论教育、权力与书中人物个人经历的关系。这些被选取的批判教育家包括阿普尔、吉鲁、鲍尔斯、金蒂斯等11位。托里斯将他们称为第一代批判教育思想家的代表，力图在书中呈现这些学者如何在学术生活和主流社会科学的束缚下开启新的政治和理论视角，如何选择研究课题、教学专业及政治策略，如何发展学术生涯，以及如何将自己的学术和政治发展与过去20年的社会和政治斗争相连，还探讨了该书作者所处时代所面临的教育领域的挑战。

李育球的论文《主体、政治与教育：当代西方批判教育学思想研究》立足于批判教育学代表人物的具体教育思想，揭示了批判教育学的主体观逻辑和政治观谱系，在此基础上重新解释了批判教育学的发展史，并从主体观和政治观角度深入分析了弗莱雷、麦克拉伦、阿普尔、格林、吉鲁、卡恩（R. Kahn）6位批判教育学代表人物的教育思想。[②]

1. 关于阿普尔批判教育思想的研究

周文叶和兰璇访谈了美国批判教育学流派的重要代表人物阿普尔教授。通过访谈呈现了阿普尔对美国一些重要教育政策的看法。[③]在访谈中通过不断地追问："谁的知识?""重点学校对贫困生意味着什么?""现行教育政策是否对不同种族、不同阶层、不同性别的人群都是公平的?""谁在其中受益了?"得知了阿普尔在批判教育学的使命、阿普尔与批判教育学、批判教育学在中国等方面的看法。[④]洪志忠也访谈了阿普尔，访谈从批判、民主等关键概念出发，追问批判教育研究的原旨、演展及其与社会权力架构等问题。[⑤]1990年卡洛斯·托雷斯（又译卡洛斯·阿尔伯托·托里斯）和雷蒙德·莫罗对阿普尔做了专访。[⑥]2005～2006年黄忠敬和吴晋婷也对阿普尔做了专访。[⑦]这些访谈为

① 卡洛斯·阿尔伯托·托里斯. 教育、权力与个人经历：当代西方批判教育学家访谈录. 原青林，王云译. 济南：山东教育出版社，2011.

② 李育球. 主体、政治与教育：当代西方批判教育学思想研究. 北京：北京师范大学，2011.

③ 周文叶，兰璇. 批判教育学视野中的美国教育政策——美国威斯康星大学阿普尔教授访谈. 全球教育展望，2009，(12)：3-6，16.

④ 周文叶，兰璇. 批判教育学与教育改革——美国威斯康星大学阿普尔教授访谈. 全球教育展望，2010，(1)：3-7，40.

⑤ 洪志忠. 批判教育研究的原旨、演展和社会权力架构——美国威斯康星大学阿普尔教授访谈. 全球教育展望，2011，(2)：15-21.

⑥ 迈克尔·阿普尔. 官方知识：保守时代的民主教育. 第2版. 曲囡囡，刘明堂译. 上海：华东师范大学出版社，2004：166-184.

⑦ 迈克尔 W 阿普尔. 教育的"正确"之路：市场、标准、上帝和不平等. 黄忠敬，吴晋婷译. 上海：华东师范大学出版社，2008：329-349.

教育改革提供了一面自我观察和反思的镜子。

华东师范大学出版社出版了阿普尔著作集。如《意识形态与课程》（*Ideology and Curriculum*）①、《官方知识：保守时代的民主教育》（第 2 版）（*Official Knowledge：Democratic Education in a Conservative Age.* 2nd ed.）②、《教科书政治学》（*The Politics of the Textbook*）③、《国家与知识政治》（*The State and the Politics of Knowledge*）④、《教育的"正确"之路：市场、标准、上帝和不平等》（*Educating the "Right" Way：Markets，Standards，God，and Inequality*）⑤、《教育与权力》（第 2 版）（*Education and Power.* 2nd ed.）⑥、《被压迫者的声音：课程、权力和教育的斗争》（*The Subaltern Speak：Curriculum，Power，and Educational Struggles*）⑦、《教育能够改变社会吗？》（*Can Education Change Society?*）⑧；教育科学出版社出版了阿普尔的《文化政治与教育》（*Cultural Politics and Education*）⑨一书；中国政法大学出版社出版了阿普尔的《全球危机、社会公平和教育》（*Global Crises，Social Justice，and Education*）⑩一书。1992 年在《华东师范大学学报（教育科学版）》（1992 年第 2 期）刊登了阿普尔《国家权力和法定知识的政治学》一文。⑪次年，瞿葆奎先生在其所主编的《教育学文集·国际教育展望》（第 25 卷）中对阿普尔的另一篇文章《2000 年的课程：张力与可能性》再加推介。⑫应该说，阿普尔对中国教育学界的普遍影响开始于 20 世纪 90 年代初《比较教育研究》《教育学报》《教育研究》等刊物刊发了阿普尔的若干论文。如《批判教育学中的政治、理论与现实》⑬《权力、知识与教育改革》⑭《市场、标准与不平等》⑮等。

---

① 迈克尔 W 阿普尔. 意识形态与课程. 黄忠敬译. 上海：华东师范大学出版社，2001.
② 迈克尔 阿普尔. 官方知识：保守时代的民主教育. 第 2 版. 曲囡囡，刘明堂译. 上海：华东师范大学出版社，2004.
③ 阿普尔 M，克丽斯蒂安-史密斯 L. 教科书政治学. 侯定凯译. 上海：华东师范大学出版社，2005.
④ 迈克尔 W 阿普尔. 国家与知识政治. 黄忠敬，刘世清，王琴译. 上海：华东师范大学出版社，2006.
⑤ 迈克尔 W 阿普尔. 教育的"正确"之路：市场、标准、上帝和不平等. 黄忠敬，吴晋婷译. 上海：华东师范大学出版社，2008.
⑥ 迈克尔 W 阿普尔. 教育与权力. 第 2 版. 曲囡囡，刘明堂译. 上海：华东师范大学出版社，2008.
⑦ 迈克尔 W 阿普尔. 被压迫者的声音：课程、权利和教育的斗争. 罗燕，钟南等译. 上海：华东师范大学出版社，2008.
⑧ 迈克尔 W 阿普尔. 教育能够改变社会吗？王占魁译. 上海：华东师范大学出版社，2014.
⑨ 迈克尔 W 阿普尔. 文化政治与教育. 阎光才等译. 北京：教育科学出版社，2005.
⑩ 迈克尔 W 阿普尔. 全球危机、社会公平和教育. 李慧敏译. 北京：中国政法大学出版社，2012.
⑪ 迈克尔 W 阿普尔. 国家权力和法定知识的政治学. 马和民译. 华东师范大学学报(教育科学版)，1992，(2)：33-44.
⑫ 迈克尔 W 阿普尔. 2000 年的课程：张力与可能性. 施良方译//瞿葆奎. 教育学文集·国际教育展望（第 25 卷）. 北京：人民教育出版社，1993. 413-429.
⑬ 迈克尔·阿普尔，韦恩·欧. 批判教育学中的政治、理论与现实. 阎光才译. 比较教育研究，2007，(9)：1-8；迈克尔·阿普尔，韦恩·欧. 批判教育学中的政治、理论与现实. 阎光才译. 比较教育研究，2007，(10)：1-9.
⑭ 迈克尔·阿普尔. 权力、知识与教育改革. 阎光才译. 教育学报，2006，(1)：3-16.
⑮ 迈克尔·阿普尔. 市场、标准与不平等. 刘丽玲译. 教育研究，2004，(7)：71-77.

国内有部分博士研究生借国家公派“联合培养博士生”项目到阿普尔那里进行访学。如 2005 年 9 月黄忠敬到威斯康星大学访学，成为阿普尔招收的中国大陆第一个访问学者。阎光才于 2006 年 9 月也到威斯康星大学进行学术访问。其他还有 2007 年 9 月到阿普尔那里访学的华东师范大学课程与教学研究所的博士研究生夏雪梅，2008 年 9 月访学阿普尔的华东师范大学课程与教学研究所的博士研究生周文叶和北京师范大学教育学部教育历史与文化研究院的博士研究生陈露茜，2009 年 9 月访学的华东师范大学课程与教学研究所的博士研究生洪志忠和 2010 年 1 月访学的北京师范大学教育学部教育基本理论研究院的博士研究生王占魁等。①同时，他们对阿普尔批判教育思想的研究贡献也较突出。

研究者们主要探讨了阿普尔批判教育研究的理论来源、批判逻辑，批判教育学视野下的教师观、课程观，阿普尔教育理论的批判性，阿普尔批判教育思想的价值追求与理论局限；回顾了阿普尔在中国的时光及活动情况、教育演讲及对中国教育改革的启示等。

王占魁的论文《价值选择与教育政治——阿普尔批判教育研究的实践逻辑》围绕着阿普尔有关“价值选择和教育政治”问题展开研究，致力于回答阿普尔为什么要研究价值选择问题，阿普尔是如何揭示价值选择问题的，阿普尔是如何批判价值选择问题的，阿普尔是如何解答价值选择问题的，以及阿普尔的解答在国际学界反响如何等一系列问题。②王占魁认为，有关阿普尔理论的学术属性，国际教育学界存在多种不同的理解。阿普尔秉承美国进步主义教育的文化传统，通过将分析哲学、现象学、知识社会学、批判理论与新马克思主义理论相融合，开辟了批判教育研究的新领域。③阿普尔对由右翼保守势力主导的市场化和私有化的教育改革已经进行了长达 40 多年的批判研究。在批判立场上，阿普尔表现出对社会草根群体的现实关怀；在批判方法上，阿普尔采取了情境化的关系分析进路；在批判旨趣上，阿普尔致力于民主社会的教育重建。其实践策略包括将批判性反思、学校变革、民主实践的捍卫与对教育改革中赤裸裸的经济逻辑的抵制相结合的“非改革主义者的改革”，将教师、社区和社会活动家等众多教育利益相关者动员起来积极参与学校教育变革的“厚民主”（thick democracy，又称“强民主”）的教育，以及旨在实现教育领域的知识分子从单纯以知识生产为目的的“学者”，转变为能够基于自己所发现的知识在政治和教育层面上为追求经济、社会和教育的平等与民主

① 王占魁. 阿普尔在中国：回顾与评论. 教育学报，2010，(2)：16-24.
② 王占魁. 价值选择与教育政治——阿普尔批判教育研究的实践逻辑. 北京：北京师范大学，2011.
③ 王占魁. 阿普尔批判教育研究的理论来源. 华东师范大学学报（教育科学版），2012，(2)：10-18.

开展行动的“活动家”的身份重塑。[①]

辛治洋认为，批判性是阿普尔教育理论的本质特性。这种批判性体现在阿普尔的研究领域中：通过分析教育与权力的关系，阿普尔揭示了学校的三大功能；阿普尔教育理论批判方法是以批判的立场和方法为核心，以相关分析、阶级分析、历史分析、话语分析等为支持的方法论。[②]

龚孟伟和陈晓端认为，阿普尔的意识形态再生产理论阐明教育本质上是意识形态、伦理道德和政治问题。阿普尔还追求将教育的乌托邦变成主体解放、教育民主、社会公正的现实，这些对我国教育改革具有重要的启示意义，但他的批判教育思想也存在泛意识形态、社会宿命论、去效率化的理论局限性。[③]

王成龙认为，阿普尔批判课程思想主要包括课程的本质是合法化的官方知识、课程知识具有意识形态的潜在性和遮蔽性、课程标准的制定要群策群力、课程评价方式要多元化、课程传递要实现“反思性实践”、培养学生的批判性思维能力6个部分。阿普尔的批判课程思想为审视我国基础教育课程改革出现的问题提供了重要的方法论。作为一名主张批判理论的代表，阿普尔的思想具有一种强烈的批判精神与民主取向，但也有一定的泛意识形态化、缺乏批判性实践的缺陷。据此，提出4点对中国基础教育课程改革的启示：返璞归真，追寻公正；构建网络，实现对话；多元评价，适当放权；加强培训，赋予权利。[④]

2. 关于吉鲁批判教育思想的研究

在朱红文所译吉鲁著作《教师作为知识分子：迈向批判教育学》（*Teachers as Intellectuals：Toward a Critical Pedagogy of Learning*）[⑤]中，吉鲁主要从文化差异及身份、政治差异入手探讨教师与学生的关系。他认为教师的工作在于“转化智慧”，以社会行动者的角色，协助学生探讨自己的个人历史，对种族、性别及阶级进行自我反省，建立自我在特定社会团体中的认同及个体的定义，协助学生认清各种意识形态、权力与知识之间的关系，借以培养一种批判能力，最终解放自己。

刘惠珍等译吉鲁（也有译为吉罗克斯）所著的《跨越边界：文化工作者与教育政治学》（*Border Crossing：Cultural Workers and the Politics of Education*）[⑥]一书，试图开阔我们思考学校教育、教育、教育学和文化政治学的思路。吉鲁运用后现

① 王占魁. 阿普尔批判教育研究的批判逻辑. 教育研究，2012，(4)：134-139.
② 辛治洋. 论阿普尔教育理论的批判性. 重庆：西南师范大学，2003：1.
③ 龚孟伟，陈晓端. 试析阿普尔批判教育思想的价值追求与理论局限. 教育研究，2008，(10)：96-100.
④ 王成龙. 阿普尔批判课程观对中国基础教育课程改革的启示. 郑州师范教育，2012，(6)：10-14.
⑤ 亨利 A 吉鲁. 教师作为知识分子：迈向批判教育学. 朱红文译. 北京：教育科学出版社，2008.
⑥ Giroux H A. Border Crossing Cultural Workers and the Politics of Education. New York：Routledge，1992；亨利 A 吉罗克斯. 跨越边界：文化工作者与教育政治学.刘惠珍等译. 上海：华东师范大学出版社，2002.

代主义、后结构主义、女性主义、文化研究和文学理论等领域的研究成果和方法，对 20 世纪 80 年代以后在美国教育界流行的各种思潮，进行了多方面的批判，以便对教育功能、教师工作、课程的重新认识及关于边界教育学的论述。

刘潇璘论述了吉鲁关于教师的知识、课程及批判意识观，吉鲁为教师规定的任务、教师的素质观，吉鲁对教师的角色定位、对吉鲁教师观的评价及其对我们的启示。①

连芳芳分析了吉鲁的后现代批判教育学，研究了有关吉鲁的后现代批判教育学的理论来源，并从边界教育学和差别教育学来解读吉鲁的后现代批判教育学思想、理论和实践反思。②

乐先莲则从公民教育的角度阐述了吉鲁的观点。吉鲁主张当前社会民主斗争的核心问题之一是公民教育，理性的发展对于公民教育具有特殊的“指导”关系。主张必须在批判理论的指导下重新建构一种解放理性，公民教育必须基于解放理性的指导下进行相应的变革。解放理性指导下的公民教育的宗旨是改变社会，公民教育的实践路径在于教师成为转化性知识分子和学生“公民勇气”的养成。③

3. 关于麦克拉伦批判教育思想的研究

麦克拉伦试图在《校园生活——批判教育学导论》④中发展的批判教育学，就是用来辨识并且改造那些形塑人们生命的社会政治现实的一种方法。批判教育学，也是一种方法，要协助个人对自己在大社会的位置，发展出更具有批判性的自我反省能力，它的目的也在于将劳工阶级重新组合，当作从疏离的劳力和剥削中解放出来的一股力量。批判教育学，不只是局限在学校教室情境的教育学，它也适合一般的公共场域。总而言之，批判教育学是在废土残墟中建立“新世界秩序”，一个建立在人民自由劳力与集体需求上的一种文化、社会生命的解放策略。

郑蕾认为，近年来，麦克拉伦主要运用马克思的政治经济学说，并与诸多学者和社会人士合作，积极致力于美国及拉美地区的多元文化教育运动。在麦克拉伦访问华东师范大学课程与教学研究所之际，郑蕾对麦克拉伦进行了专访，就美国多元文化教育的历史发展过程及批判的多元文化主义的核心内容进行探讨和交流。⑤

---

① 刘潇璘. 亨利 • 吉鲁的教师观研究. 济南：山东师范大学，2012.

② 连芳芳. 吉鲁的后现代教育学探究. 长春：东北师范大学，2010.

③ 乐先莲. 理性的重构与公民教育的变革——吉鲁理性视域中的公民教育思想及启示. 全球教育展望，2010，(8)：36-41.

④ 彼得 • 麦克拉伦. 校园生活——批判教育学导论. 萧昭君，陈巨擘译. 台北：巨流图书有限公司，2003：IV-V.

⑤ 郑蕾. 批判教育学视野下的美国多元文化教育——访美国加州大学洛杉矶分校 Peter Mclaren 教授. 全球教育展望，2012，(3)：7-18.

麦克拉伦和周霖通过简要地回顾批判教育学的发展，指出教育学是完全关乎政治的，而政治也包含着一个教育学的向度。当前，批判教育学作为教师教育主流的保守教育学一个重要的对立面，其最具政治性的特征已被磨掉和清除。对改革与变革的关系必须辩证地看待，而批判教育学可以担当其间人为的媒介因素，旨在改进21世纪社会主义原理和实践的革命的批判教育学是教师教育的重要方向。①

4. 关于康柏批判教育思想的研究

孙启进通过对康柏个人生活历程的考察，说明了其走上批判教育学的道路的原因，进而从务实的批判教育学的内涵、务实的批判教育学对批评的回应，以及通过探讨使中小学教师成为批判教育者的可能性三个方面详细介绍了其致力于务实的批判教育学的思想。其思想中强调的把批判教育学思想从学院精英的话语转译为学校中教师和行政人员可理解的教育实践，以及改变过去批判理论过于重视批判而忽视建构的做法等，都对我们当下的教育改革和教育研究有重要的借鉴意义。②康柏的《批判教育学导论》（*Critical Pedagogy: An introduction*）③及《批判教育学的议题与趋势》（*Issues and Trends in Critical Pedagogy*）④这两本书已被翻译成中文。

（六）美国批判教育学的方法论

批判教育学以法兰克福学派特别是哈贝马斯的批判理论为哲学基础，通过对传统的精神科学教育学——释义学研究方法和经验教育学——实证研究方法的批判，形成了以“批判”为特征的教育研究方法论。该方法强调通过相关分析、意识形态分析、历史分析和语言分析，对一切教育现象进行“批判”性的研究。批判教育学方法论拓展了教育研究的视野，突破了教育研究方法“一元论”的局限，但也存在绝对否定和空想主义的局限。⑤

辛治洋认为，阿普尔教育理论的批判性是一种立场，一种态度，也是一种方法，一种理性的追求。说到底，就是一种方法论。阿普尔教育理论批判方法是以批判的立场和方法为核心，以相关分析、阶级分析、历史分析、话语分析

① 彼得·麦克拉伦，周霖. 革命的批判教育学：教师教育项目的解毒剂. 东北师大学报（哲学社会科学版），2009，(2)：142-147.
② 孙启进. 致力于务实的批判教育学——贝瑞·康柏的批判教育学思想述评. 全球教育展望，2008，(8)：35-39.
③ 贝瑞·康柏. 批判教育学导论. 张盈堃，彭秉权，蔡宜刚等译. 台北：心理出版社股份有限公司，2004.
④ 贝瑞·康柏. 批判教育学的议题与趋势. 彭秉权译. 高雄：丽文文化事业股份有限公司，2005.
⑤ 魏宏聚. 批判教育学“批判”方法论解读. 宁波大学学报（教育科学版），2005，(4)：1-5.

等为支持的方法论。①

（七）以批判教育学的视角看待、分析我国教育现象

以批判教育学的视角看待、分析我国教育现象的论文多集中在论述对教育研究自身的反思、批判教育研究在中国的境遇、教育改革、对教育主体的重新理解等方面，以及对课程理论、教学理论、教育公平、教育行动的重新思考，对批判意识的培育，关注女性主义等方面。

阎光才认为，批判教育研究对于我国警惕教育功利化、市场化和庸俗化倾向，建构日常教育生活民主乃至整个社会的公正和民主提供了富有实践意义的启示。②

批判教育理论将教师教育界定为文化政治。认为教师教育机构是一种公共领域。教师教育的目的在于培养转化性知识分子。教师教育课程是一种文化政治的形式，教师教育课程研究应特别注意揭示课程知识与权力的关系，关注权力、语言、文化、历史等内容。批判教育理论关注教师教育的文化政治属性，能为我国当代教师教育价值取向的转换提供有益的理论参考。③

胡春光认为，吉鲁的教师观给我国当前的教师角色反思提供了范例。教师的角色需要我们重新考量：教师不再是照本宣科的课程执行者，而是解放学生思想的启迪者、打破文本权威的教学者、善于引导沟通的对话者、自由生态环境的维护者、课程潜力的激发者，以及跨越边界的改革者。④

彭静认为，在批判教育学视域中，教师是转化性知识分子，是提问者，是课程的参与者。在当今的教育改革中，教师要关注培训与发展，要关注教育改革，更要关注学生与课堂。⑤

批判教育学强调教育主体的自我意识解放和批判精神的确立。我们需要从批判教育学的视角重新解读教师角色，把批判与反思作为理解当今教师角色发展的出发点，从参与和关注教育改革、建构知识对话和课堂交往、立足和提升职后的培训与发展三个方面对教师角色定位的新趋势做探讨。⑥

依循批判教育理论的视域来审视师生交往的研究发现：师生交往研究的价值取向是“批判与反思”；内在诉求为“启蒙与唤醒”；而其终极旨趣指向“超越与解放”。这为师生交往研究重新开拓了不同的“理论研究视野”⑦。

① 辛治洋. 论阿普尔教育理论的批判性. 重庆：西南师范大学，2003：1-6.
② 阎光才. 批判教育研究的学术脉络与时代境遇. 教育研究，2007，(8)：80-85.
③ 周险峰. 文化政治：批判教育理论视域中的教师教育. 教师教育研究，2009，(4)：13-17，26.
④ 胡春光. 教师角色：从吉鲁的批判教育学中反思. 华中师范大学学报（人文社会科学版），2008，(6)：121-126.
⑤ 彭静. 批判教育学视域中的教师角色分析，教育理论与实践，2004，(10)：10-12.
⑥ 蒋茵. 批判与反思：批判教育学视野下的教师角色重构. 辽宁教育研究，2006，(6)：70-73.
⑦ 魏薇，陈旭远. 西方批判教育理论：师生交往研究的新视域. 外国教育研究，2011，(4)：27-31.

批判教育学从教育制度、知识文本与教育模式不同维度，全面审视与批判了传统教育中师生关系异化现象及其产生的学生主体地位沦丧、师生人格对立与教育意义失落等不良教育影响，主张从师生角色定位、开展交往对话、打破文本控制、反思教育实践视角重构“交往”型师生关系。[①]

批判教育学所具有的建设性向度，有助于在教学理念、教学方法、师生关系及教学评价等方面对该课程的教学模式改革产生全方位的深远影响。以批判教育所提倡的对话式教学为批判武器，解构与反思传统的英语阅读教学理念，必将对当前的英语阅读教学模式产生良好的效果。[②]

三、小结与反思

综观国外文献研究得知：美国批判教育学主要来源于巴西的弗莱雷、欧洲大陆的法兰克福学派批判理论及本土杜威的思想。自从 1970 年弗莱雷的巨作《被压迫者教育学》被翻译引进以来，当代美国批判教育学者阿普尔、吉鲁、麦克拉伦等深受弗莱雷的影响。

批判教育学以批判理论为理论基础，并从中汲取有关的思想和方法，但是又远远超越了批判理论的视域，还汲取了女权主义、后现代主义等的思想和方法。

至于英美批判教育学的分类，从文献中看，目前还没有对此作出更详细的分法，或许是因为它本身更具有创造性和开放性特征，难以具体定位到哪一类。如阿普尔，我们恐怕不难察觉：阿普尔的批判教育研究是跨学科或者超越学科界限的，以至于，似乎“任何标签都无法清晰标明阿普尔的身份”[③]。

批判教育学的定义是多样的，个性的，既有理论层面又有实践体验，既有哲学意义又有方法论意义，批判教育学阐明的主题集中于民主和社会正义、霸权意识、文化资本等，与社会批判理论一脉相承。

批判教育研究者间的争论和对话不断，这些争论、对话和批判的焦点聚焦于批判教育学的作用、与文明的关系，经过批判教育学者之间的对话、争论和批判，推动着美国批判教育学不断地成熟和发展，同时也加深了对社会的影响。

来自批判者的观点认为，批判教育学理论比较空洞，缺乏可操作性；带有“理性启蒙”色彩的批判，是一种历史的“断裂”，缺乏历史的承接；是独幕

① 姚文峰，黄甫全．异化与重构：批判教育学视野下的师生关系．现代大学教育，2012，(6)：16-20，111.

② 郭金秀．批判与对话：批判教育观照下的大学英语对话式阅读教学模式．齐齐哈尔师范高等专科学校学报，2012，(1)：146-148.

③ 阎光才．你站在谁的一边．读书，2005，(2)：67-74；王占魁．阿普尔批判教育研究的理论来源．华东师范大学学报（教育科学版），2012，(2)：10-18.

剧本式的霸权叙述；是乌托邦。批判教育学受到保守主义、后现代主义思潮、生态教育学的批判。

综观国内的文献，有几个基本特点值得特别关注：一是我国对于美国批判教育学的引进、论述出现在20世纪八九十年代，以介绍性的文章或以梳理批判教育学流派为主；进入90年代后期，开始出现一些以批判教育学的视角看待、分析我国教育现象的论文。二是人们的关注点基本集中在几个代表人物身上，主要包括阿普尔、吉鲁和麦克拉伦，尤其是阿普尔、吉鲁的著作居多，其他人物的研究极少涉及。三是研究人员中有到阿普尔那里进行访学的博士研究生。就研究者的身份而言，仅有少数为教育理论和课程理论方面的学者，大多为比较教育的研究者。由此，可认为批判教育研究在中国尚处于初级阶段。

对比国内外研究可以得出：①国内与国外相比，介绍美国批判教育研究的文献晚了将近20年，批判教育研究逐渐为美国学者所关注始于20世纪70年代，国内则始于20世纪90年代左右。②国外研究中有关美国重要批判教育学家的思想涉及一系列的人物，国内只是介绍了如阿普尔、吉鲁等少数几位美国批判教育学家的思想，有进一步拓展的研究空间。③国外对美国批判教育学的研究既有理论的高度又有实践应用，国内对美国批判教育学的研究主要还停留在介绍美国批判教育学的已有理论水平及借鉴应用上，没有形成自己独有的理论框架。④阐述批判教育学的批判性和解释性结合点的文献相当少，这正是本书寻求的突破点。

综观国内外的文献，关于美国批判教育学方面的研究文献较为丰富，已有的研究给本书提供了一定的参考价值。从文献资料来看，有关“批判教育学”与“批判解释学”二者的可通约性的研究非常缺乏。目前，还没有研究者提出一个新的概念来整合“批判教育学”和“批判解释学”二者的适切性，对“批判教育解释学”此概念的提法也还没有。因此，本书对“批判教育解释学”进行研究显得有必要且期待对此有所突破，将提出“批判教育解释学”这个新的理论概念并构建其分析框架。

第二节 研究思路和分析框架

本书主要从两条线索来进行研究：一是解释性的视角。基于解释学的历史发展脉络，从古典解释学一直到批判解释学，分析美国批判教育学的解释性。二是批判性的视角。运用库恩的范式的两种意义来引领分析美国批判教育学的共同体特征和典型形态及其发展脉络和理论局限，从而把握美国批判教育学的批判性。

然后把两条线索融合在一起，分析美国批判教育学的批判性和解释性之间的可通约性及批判教育学和批判解释学之间的可通约性，构建美国批判教育解释学的理论概念和分析框架。从针对性、原则和兴趣等向度来建构美国批判教育解释学的范式（分析框架）。

本书的研究问题是美国批判教育学的批判性和解释性之间的可通约性，以及批判教育学和批判解释学之间的可通约性；本书的研究目标是构建美国批判教育解释学的理论概念和分析框架（图 1-1、图 1-2）。

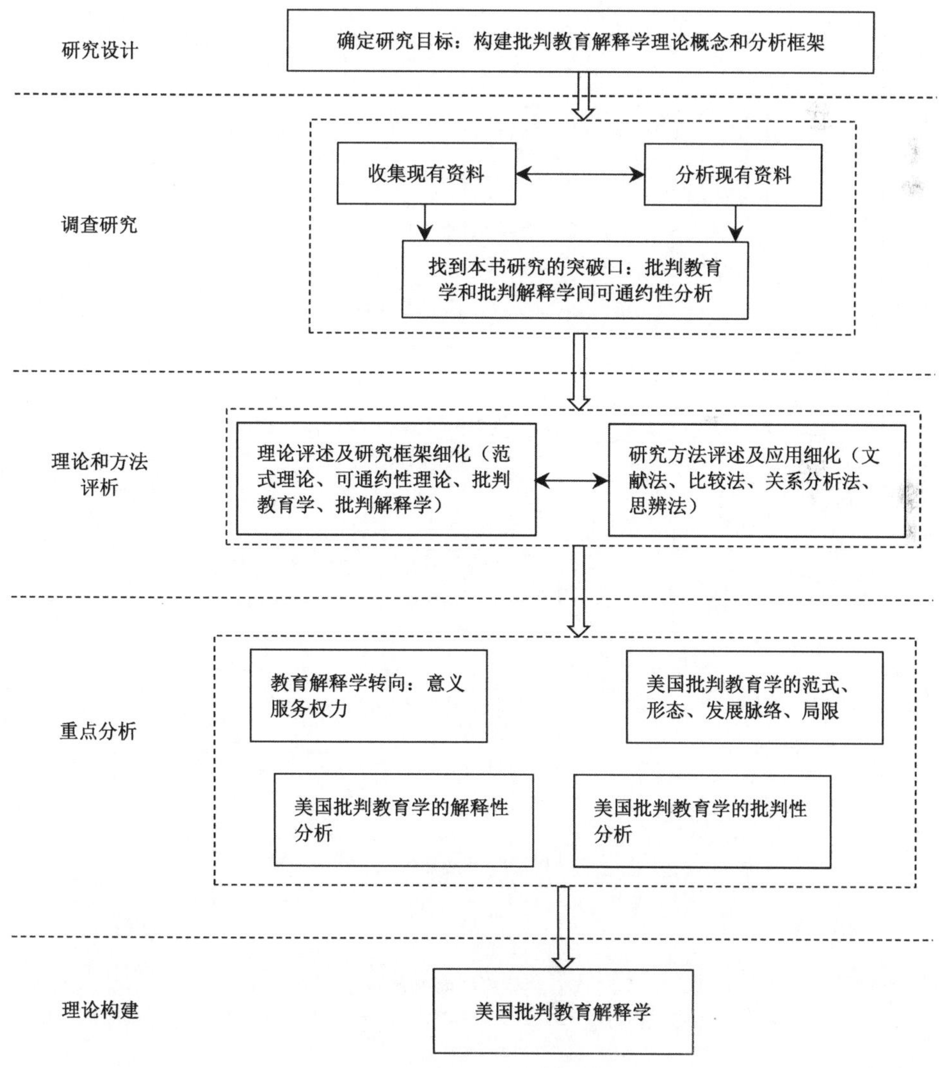

图 1-1　本书研究思路及技术路线

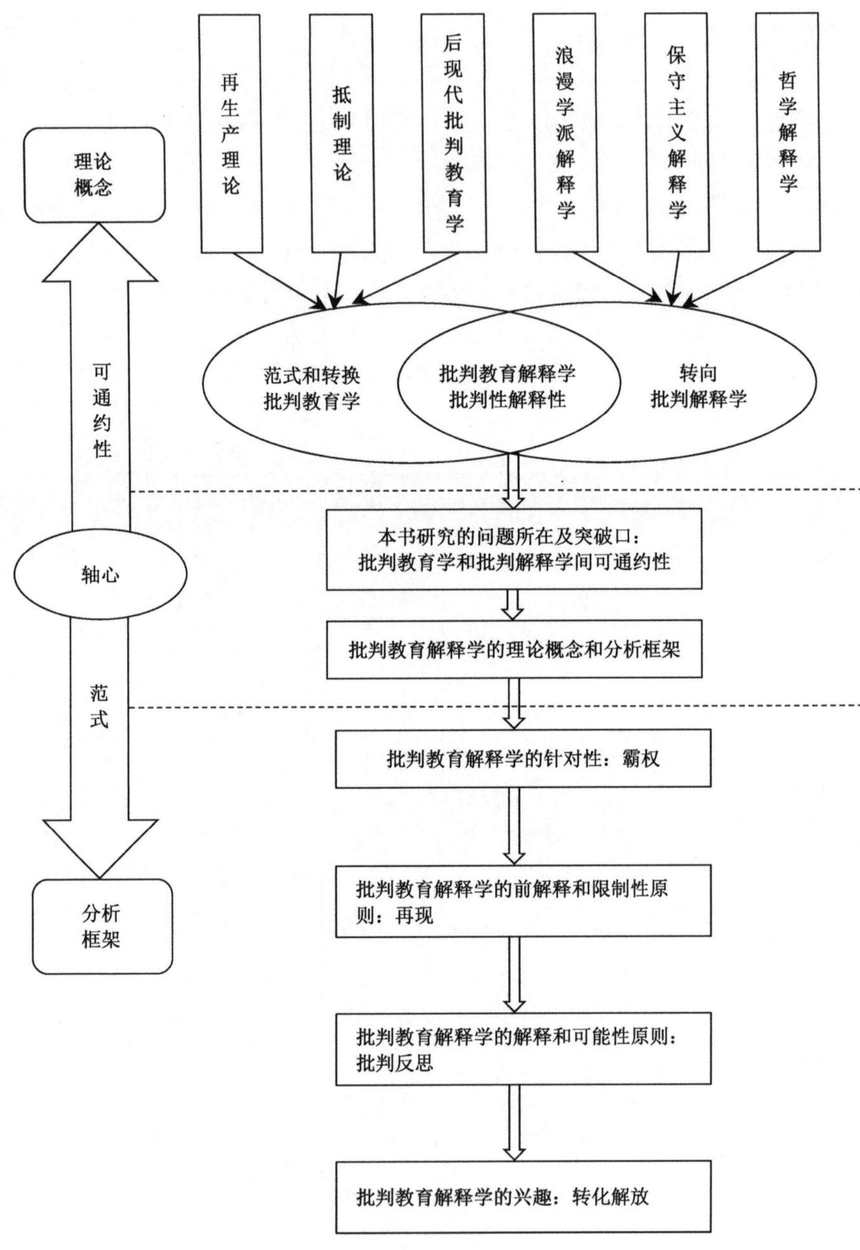

图 1-2　本书理论概念和分析框架

第二章　教育解释的转向

阿佩尔（K. O. Apel）将当代哲学的发展分为三条主要路线：马克思主义、分析哲学和现象学-存在主义-解释学。阿佩尔的第三条路线的三个方面反映了一种历史的发展。如果欧洲大陆哲学最先被描述为宽泛理解的现象学，那么第二次世界大战后它直接发展成为存在主义，而且被定义为现象学观点的具体化。此后，存在主义产生了广泛影响，并为解释学开辟了道路。解释学这个术语成了对各种事物的理解。它在伽达默尔（H. G. Gadamer）的影响下产生，科学哲学和语言哲学中的历史主义和相对主义的一翼，以及尼采（F. W. Nietzsche）的后现代主义、新结构主义的先锋派，现在都可以考虑纳入到“解释学”的范围内。像哈贝马斯这样的学者，在 20 世纪 70 年代仍致力于重建历史唯物主义，现在则用解释学、分析哲学和实用主义的观点来支持他的批判理论（它的社会学和法学方面除外），阿佩尔也将他的正式理论表述为先验的解释学或先验的实用主义。[①]本章就从解释学的角度出发，分析美国教育问题及美国批判教育学问题。

第一节　意义的再现

从解释学的发展史来看，有三场主要的辩论，即贝蒂（E. Betti）与伽达默尔之间、哈贝马斯与伽达默尔之间、德里达与伽达默尔之间的辩论。这些辩论的每一个焦点都是伽达默尔的解释学理论。贝蒂和伽达默尔之间的辩论被称为“哲学解释学领域内的首要辩论”，围绕着客观再现（reproduction，又译为“再生产”“再制”“复制”等）这一问题展开。贝蒂坚持解释中的可测量的客观性和可确定的有效性概念，再现作者的意义或意图。赫施（E. D. Hirsch）加入了这场辩论，他支持贝蒂的立场，同样关注客观性和有效性问题。[②]阿斯特（G. A. F. Ast）、施莱尔马赫（F. Schleiermacher）、狄尔泰（W. Dilthey）

---

① 让・格朗丹. 哲学解释学导论. 何卫平译. 北京：商务印书馆，2009：19-21.

② 肖恩・加拉格尔. 解释学与教育. 张光陆译. 上海：华东师范大学出版社，2009：11-12.

都不同程度地秉持意义解释的再现观点。

一、阿斯特：返回到精神的原始统一

阿斯特的解释学所追求的是返回到精神的原始统一的本质主义、精神形而上学，是关于文本解释的历史主义和原始文本意义解释的再现。

阿斯特提出解释的三个要素：文字、意义和精神。“文字的解释就是对个别的语词和内容的解释；意义的解释就是对它在所与段落关系里的意味性的解释；精神的解释就是对它与整体观念的更高关系的解释。”“文字是精神的身体或外套，通过文字，不可见的精神进入外在的可见的生命。意义是精神的预告者和解释者；精神本身乃真正的生命。”①

就文字的内在存在、它的意味性和与整体精神（这精神以独特的方式表现自身）的关系而言，这种独特的东西就是意义。对意义的解释建基于对古代本身的精神和倾向的洞见，以及对那个是解释的主体的个别作者的精神和倾向的洞见。②

“对于阿斯特而言，解释学只涉及这样一个明显的事实，即一切字面的东西都必须追溯到一个高级的精神。”“其目的是要通过直觉，要重新发现在整个历史中自我表达的不可分的精神统一体。”“阿斯特从同一哲学所达到的这样一个结论出发，即如果不是整个认识的精神本源的同一，如果不是对于这种精神来说，没有什么是陌生的，那么一切理解都是不可能的。”“阿斯特的设想在范围上是普遍的，因为它的对象是对一单个的、在其所有显现中（从古代开始）的自我同一之精神的解释学的自我理解。”③

阿斯特对解释学任务有一个十分坚定的内容上的理解，他要求解释学应当在古代世界和基督教之间、在新发现的真正古典文化和基督教之间建立一致性。试图把这两种传统（它知道自己处于这些传统之中）带到某种有意义的一致性中，这样一种解释学基本上仍然坚持一切以往解释学的任务，即要在理解中获得一种内容上的一致性。④解释是研究者精神的重构，阿斯特写道：“对作品的理解和解释乃是对已经被形成的东西的真实的再生产或再创造。”⑤

① 阿斯特. 诠释学. 洪汉鼎译//洪汉鼎. 理解与解释——诠释学经典文选. 北京：东方出版社，2001：12-13.
② 阿斯特. 诠释学. 洪汉鼎译//洪汉鼎. 理解与解释——诠释学经典文选. 北京：东方出版社，2001：12-14.
③ 让·格朗丹. 哲学解释学导论. 何卫平译. 北京：商务印书馆，2009：111-112.
④ 汉斯-格奥尔格·伽达默尔. 诠释学I：真理与方法. 修订译本. 洪汉鼎译. 北京：商务印书馆，2007：398.
⑤ 阿斯特. 诠释学. 洪汉鼎译//洪汉鼎. 理解与解释——诠释学经典文选. 北京：东方出版社，2001：10.

阿斯特的解释学有下面几个特点：一是解释应该返回到精神的原始统一，这是他的整体解释学思想，也就是对文本的理解应该返回到作者那里，读者与作者统一，内容上一致；二是他的思路是回溯到传统中，维护传统的统一和权威；三是他提倡的解释学思想强调意义的再现，实际上是原初含义的再现。

二、施莱尔马赫：比作者理解得更好

从解释学的发展历史来看，解释学经历了两次“哥白尼式革命”，即从局部解释学向一般解释学转变、从方法论解释学向本体论解释学转变。利科尔（P. Ricoeur，又译为利科）认为，从局部解释学向一般解释学的第一个转变被誉为第一次“哥白尼式革命”，施莱尔马赫是这次转变的先锋人物，他“把解释学从独断论的教条中解放出来，使之成为一种解释规则体系的普遍解释学”，“即使施莱尔马赫本人没有意识到在解释学和语言学领域中产生了康德在自然哲学领域中所完成的那种哥白尼式的革命”①。

施莱尔马赫把解释学定义为理解的技艺，想建构一种作为理解艺术的一般解释学。②解释学任务分成纯心理学的解释和技术的解释，前者更多地研讨思想起源于个人的生命环节的过程，是理解基本思想可以一起被把握并整个思想序列也由之发展的偶发观念和理解附属思想；后者则更多地返回到思想序列由之发展的某个确定的思想和表现愿望，是理解沉思和理解创作。③

施莱尔马赫将解释的基本操作表述为一种重构的活动。为了真正地理解所说的东西，必须能够从基础上开始重构每一个部分，就像是作者一样。理解的目的是出现在被重构的作者观点中的意义，而并不是在内容中所发现的意义。施莱尔马赫将解释学的任务规定为“理解话语首先做到和作者理解得一样好，然后做到比作者理解得更好”，施莱尔马赫把这句格言（最初出自康德）写进他论解释学的所有著作中。“比作者理解得更好”意味着理解是一项“永无止境的任务”，而且误解是普遍潜在的问题。那么这句格言就是对更深层次的理解的公开邀请。既然我们永远不能完全确定我们自己的理解，那么我们就不能停止去重新洞察事物的努力。根据一个不能达到的目标和完全理解的不可能性来说，理解得更好的目标证明了这一事实，努力解释得更深刻

① 利科尔. 解释学与人文科学. 陶远华等译. 石家庄：河北人民出版社，1987：43-46.
② 理查德 E 帕尔默. 诠释学. 潘德荣译. 北京：商务印书馆，2012：112.
③ 施莱尔马赫. 诠释学讲演. 洪汉鼎译//洪汉鼎. 理解与解释——诠释学经典文选. 北京：东方出版社，2001：71-72.

总是值得去做的。[①]“完美的认识”最终不可能达到，而且对于人类来说，没有任何阿基米德点。思想领域所呈现的是永无止境的争论。[②]

施莱尔马赫的解释学纲领带有浪漫主义和批判哲学的双重印迹：因其诉诸创造过程的生动关系而具有浪漫性，因其希望获得理解的普遍有效的规则而具有批判性。或许，解释学会因这双重的渊源关系而永远带有这样的印迹——浪漫的和批判的、批判的和浪漫的。下述以格言名义避免误解的说法就是批判性的，“哪里有误解，哪里就会有解释学”；另一说法则是浪漫的，“理解一位作者就像作者理解自己一样好，甚至他对自己的理解更好”[③]。

在施莱尔马赫的浪漫主义解释学那里，理解被看成对一原始产品的复制。因而也就使这样一种说法成为可能，即我们必须比作者理解他本人更好地理解作者。[④]文本的意义就是作者的意向或思想，而理解和解释就是重新表述或重构作者的意向或思想。施莱尔马赫曾经说：“解释的首要任务不是要按照现代思想去理解古代文本，而是要重新认识作者和他的听众之间的原始关系。”[⑤]

三、狄尔泰：生命体验

浪漫主义学派，从施莱尔马赫到狄尔泰，都把解释学定义为一种技艺，也就是一种解释的方法。狄尔泰认为，整个语文科学和历史科学都是建于这一前提之上，即这种对个别物的重新理解可以被提高到客观性。由此建立的历史意识使现代人有可能重新把握人类的整个过去。精神科学完全像历史学一样，其确实性依赖于对个别物的理解能被提高为普遍有效性。在精神科学上我们从一开始就面临了一个它不同于一切自然科学的自身特有的问题。[⑥]狄尔泰的目的是要将精神科学作为独立的科学来进行理论研究，并捍卫它们不受自然科学及其方法论的侵犯；因此，他试图将它们置于普遍有效的认识的基础上，从而在哲学上宣布它们的合法化。狄尔泰的意图明显是要使精神科学从自然科学的依附中解放出来。[⑦]

---

① 让·格朗丹. 哲学解释学导论. 何卫平译. 北京：商务印书馆，2009：119-120.
② 让·格朗丹. 哲学解释学导论. 何卫平译. 北京：商务印书馆，2009：124.
③ 保罗·利科. 诠释学与人文科学：语言、行为、解释文集. 孔明安，张剑，李西祥译. 北京：中国人民大学出版社，2011：6.
④ 伽达默尔. 诠释学Ⅰ：真理与方法. 修订译本. 洪汉鼎译. 北京：商务印书馆，2007：402.
⑤ 施莱尔马赫. 诠释学讲演. 洪汉鼎译//洪汉鼎. 理解与解释——诠释学经典文选. 北京：东方出版社，2001：56.
⑥ 狄尔泰. 诠释学的起源. 洪汉鼎译//洪汉鼎. 理解与解释——诠释学经典文选. 北京：东方出版社，2001：74-75.
⑦ 让·格朗丹. 哲学解释学导论. 何卫平译. 北京：商务印书馆，2009：139.

狄尔泰说："一门科学，只有当它的对象通过一种基于生命、表达和理解之间系统关系的程式而成为能够被我们所理解的东西时，才隶属于人文研究。"[①]狄尔泰确信，人文研究的关键词是"理解"。说明适用于自然科学，而理解乃是探索内在与外在的东西之统一的现象。科学说明自然，人文研究理解生命之表现。[②]

狄尔泰自认为是历史学派的方法主义者。狄尔泰将自己毕生的研究视为一种历史理性批判，这种历史理性批判的任务是要为精神科学作为科学提供认识论的合法性。[③]解释学进入了这样一种关系，即派给精神科学一个新的重要任务。解释学始终反对历史怀疑主义和主观专断，并为理解的确定性辩护。[④]也就是说，捍卫"理解的确定性，反对历史的怀疑论和主观任意性"[⑤]。

狄尔泰两个最基本的目标：第一，它专注于对于客体——它具有固定、持久、客观身份——的解释问题上；由于这种客体自身相对地不会改变，从而精神科学就可能设想获得客观有效知识的可能性。人类通过生命的客观化来理解自身。人的自我理解必须采取一种解释学的迂回，通过被固定下来的表达再次回溯到过去。[⑥]第二，这种客体明确地要求"历史的"而非科学的理解模式；它只能通过参照所有在其历史性和时间性中生命本身才被理解。对生命表现之意义更为深刻的领悟只能通过历史的理解来达到。[⑦]

狄尔泰毕生致力于为历史理解建立一种非自然科学的方法论，在后期，他将精神科学建立在一套历史的和解释学的、而非自然科学的观念与方法的基础之上。"体验"和"生命自身"是反复出现的主题。正如伽达默尔所说："在狄尔泰那里，生命和认识之间的关系是根本的基点。"[⑧]

四、贝蒂：解释的客观规则

贝蒂提出，解释的路由是一种倒转，即回溯过去。解释"是一种创造过程的倒转：在解释学过程中，解释者必须通过在他内在自我内重新思考富有意义形式而从相反的方向经历原来的创造过程"。在这种倒转里所包含的困难

① 理查德 E 帕尔默．诠释学．潘德荣译．北京：商务印书馆，2012：138-139.
② 理查德 E 帕尔默．诠释学．潘德荣译．北京：商务印书馆，2012：137.
③ 让·格朗丹．哲学解释学导论．何卫平译．北京：商务印书馆，2009：139.
④ 狄尔泰．对他人及其生命表现的理解．李超杰译//洪汉鼎．理解与解释——诠释学经典文选．北京：东方出版社，2001：107.
⑤ 让·格朗丹．哲学解释学导论．何卫平译．北京：商务印书馆，2009：148.
⑥ 理查德 E 帕尔默．诠释学．潘德荣译．北京：商务印书馆，2012：151-152.
⑦ 理查德 E 帕尔默．诠释学．潘德荣译．北京：商务印书馆，2012：158-159.
⑧ 理查德 E 帕尔默．诠释学．潘德荣译．北京：商务印书馆，2012：233.

在于转换成与原来主观性不同的另一主观性。一方面是客观性要求，解释者关于包含在富有意义形式里的意义的重新构造必须尽可能符合它们的意义内容；另一方面，客观性要求只能由解释者的主观性，以及他对他以一种适合于所说对象的方式去理解的能力的先决条件有意识才能达到。这就是说，解释者被呼吁从他自身之内重新构造思想和重新创造思想，使它成为他自己的，同时又必须将它客观化。因此在这里有两个方面之间的冲突：一方面是那种不能与理解自发性相分离的主观因素，另一方面是作为要达到的意义它在性的客观性。①

为了排除主观倾向对重建过程的影响，贝蒂的解释学试图提出解释的客观规则或标准，他提出了四条：一是解释学的客体自主性的规则或解释学标准的内在性规则。被规定的意义不能以一种任意的行动和某种偷摸方式被推入富有意义的形式，正相反，这种意义应当从富有意义的形式中被推知。富有意义的形式必须被认为是独立自主的，并且必须按照它们自身的发展逻辑。②也就是说，要解释的意思是文本原有的、固有的意思，而不是解释者的假想。二是意义融贯性规则或整体规则。整体的意义必定是从它的个别元素推出，并且个别元素必须通过它是其部分的无所不包和无所不进的整体来理解。③它要求解释学的研究将文本视为自身一致和意思连贯的东西。三是理解的实际性规则。解释者的任务是回溯创造过程，在自身之内重构创造过程，重新转换外来的他人思想，过去的一部分、一个记忆的事件于我们自己生活的实际存在之中；这就是说，通过一种转换，调整和综合它们于我们自己经验框架内的理智视域里，这种转换是基于一种有如我们能重新认识和重新构造那个思想的统一的综合。④四是解释学的意义符合规则，又称为解释学的和谐一致规则或理解的意义正确性规则。按照这一规则，解释者应当以这样一种方式把他自己生动的现实性带入与他从对象所接受的刺激紧密和谐一致之中，以至我们和他人以一种和谐一致的方式进行共鸣。⑤

贝蒂全力以赴抵制“主观主义的”和“相对主义的”倾向。贝蒂的解释学

① 埃米里奥·贝蒂. 作为精神科学一般方法论的诠释学. 洪汉鼎译//洪汉鼎. 理解与解释——诠释学经典文选. 北京：东方出版社，2001：130.

② 埃米里奥·贝蒂. 作为精神科学一般方法论的诠释学. 洪汉鼎译//洪汉鼎. 理解与解释——诠释学经典文选. 北京：东方出版社，2001：131.

③ 埃米里奥·贝蒂. 作为精神科学一般方法论的诠释学. 洪汉鼎译//洪汉鼎. 理解与解释——诠释学经典文选. 北京：东方出版社，2001：132.

④ 埃米里奥·贝蒂. 作为精神科学一般方法论的诠释学. 洪汉鼎译//洪汉鼎. 理解与解释——诠释学经典文选. 北京：东方出版社，2001：135.

⑤ 埃米里奥·贝蒂. 作为精神科学一般方法论的诠释学. 洪汉鼎译//洪汉鼎. 理解与解释——诠释学经典文选. 北京：东方出版社，2001：161.

企图通过严格的原则和程序的控制来建立一个确定的精神科学方法论的基础，目的是要恢复一种服从科学标准的解释学观念，建立一门肯定能捍卫客观性的解释学，以保证精神科学中解释的客观性。贝蒂对历史现象的原始意义，以及这些现象对现时和我们对未来负有责任的价值意义进行了重要的适当的区分，并认为历史现象的原始意义并不消失于现时的价值意义之中。①

贝蒂警告并反对用“在场的意味（significance，即现时的价值意义）及其在改变历史纪元中的相关性”，来混淆属于解释的客体的意义（meaning，即历史现象的原始意义）。一方面，意义（即历史现象的原始意义）是客观的，它内在于文本和文本与历史情境的关系之中；另一方面，意味（即现时的价值意义）由于解释者的情境而仅属于在场的解释。在“文本的意义”（不会变化的）和“文本对今天的我们的意义”，即它的意味（变化着的）之间存在不同。从一个解释者到另一个解释者所发生的变化“不是作品的意义（meaning），而是他们与意义（meaning）的关系”②。

为了理解的可能，解释者必须与历史情境相连；而为了理解的有效，解释者必须与历史情境分离。贝蒂将这一两难困境化解为两个规则之间的张力：实际性规则（再现必须在解释者的解释学情境中，也就是自己生活的实际情况中完成）和客体的自主性规则。③

贝蒂解释学的解释路由是倒转，强调回溯过去；他反对主观主义和怀疑主义，强调解释的客观性并提出解释的客观标准；他区分了“意义”和“意味”，即历史现象的原始意义和现时的价值意义，这有利于化解实际性规则和客体的自主性规则之间的困境。

五、赫施：保卫作者

赫施加入了贝蒂和伽达默尔之间的这场辩论，他站在贝蒂的立场，也关注有效性和客观性问题。从贝蒂和赫施的观点来看，因为伽达默尔忽视了作者原意的这一问题，他就已经拒绝了获得一种决定性的客观意义的可能性。④伽达默尔过分强调了依赖于解释者及其情境的意味（significance），而忽视了属于文本的原始意义（meaning）。⑤

---

① 让·格朗丹. 哲学解释学导论. 何卫平译. 北京：商务印书馆，2009：203-204.
② 肖恩·加拉格尔. 解释学与教育. 张光陆译. 上海：华东师范大学出版社，2009：171.
③ 肖恩·加拉格尔. 解释学与教育. 张光陆译. 上海：华东师范大学出版社，2009：173.
④ 肖恩·加拉格尔. 解释学与教育. 张光陆译. 上海：华东师范大学出版社，2009：12.
⑤ 肖恩·加拉格尔. 解释学与教育. 张光陆译. 上海：华东师范大学出版社，2009：171.

为了捍卫文本（原文译为“本文”）作者原意的存在，赫施区分了含义和意义的不同。赫施认为，作品对作者来说的意义（指现时的价值意义）会发生很大的变化，作品的含义（指历史现象的原始意义）却根本不会变。[①]发生变化的实际上并不是文本的含义，而是文本对作者来说的意义。一件文本具有特定的含义，这特定的含义就存在于作者用一系列符合系统所要表达的事物中，因此，这含义也就能被符号所复现；意义则是指含义与某个人、某个系统、某个情境或与某个完全任意的事物之间的关系。像其他所有人一样，在时间行程中作者的态度、感情、观点和价值标准都会发生变化，因此，他经常是在一个新的视野中去看待其作品的。毫无疑问，对作者来说发生变化的并不是作品的含义，而是作者与作品含义的关系。因此，意义总是包含着一种关系，这种关系的一个固定的、不会发生变化的极点就是文本含义。[②]

赫施指出，对文本所做的新理解虽然改变了文本的意义，却并没有改变文本的含义，而且也不足以去怀疑作者原初所确定含义的凝固性和具有典范性质的权威性。[③]正确性的解释不应与创造性的解释相混淆，正确性是指解释与文本所复现含义之间的一种相和状态。[④]文本含义是可复制的。我们正是根据含义具有确定性特点，才说含义是可复制的。[⑤]含义能够为解释者所把握。赫施进一步指出，人们之所以以为含义是不确定的、不可复制的，主要原因有二：其一，人们误把对含义体验的不可复制性视为含义本身的不可复制性了；其二，人们把确切理解的不可能性误当成理解的不可能性。[⑥]赫施指出，所有解释性目标都要求具备这样一个条件，即作者意指的含义不仅是确定的，而且是可复制的。[⑦]

第二节　意义的生成

在 20 世纪以前的西方解释学传统中，无论是最早的古希腊的解释学，还是中世纪的释义学和文献学，阿斯特的古典解释学，甚至德国近代施莱尔马赫和狄尔泰的浪漫主义解释学，乃至当代贝蒂和赫施的保守主义解释学，其中贯

① 赫施. 解释的有效性. 王才勇译. 北京：生活•读书•新知三联书店，1991：16.
② 赫施. 解释的有效性. 王才勇译. 北京：生活•读书•新知三联书店，1991：16-17.
③ 赫施. 解释的有效性. 王才勇译. 北京：生活•读书•新知三联书店，1991：18.
④ 赫施. 解释的有效性. 王才勇译. 北京：生活•读书•新知三联书店，1991：19.
⑤ 赫施. 解释的有效性. 王才勇译. 北京：生活•读书•新知三联书店，1991：56.
⑥ 赫施. 解释的有效性. 王才勇译. 北京：生活•读书•新知三联书店，1991：25-26.
⑦ 赫施. 解释的有效性. 王才勇译. 北京：生活•读书•新知三联书店，1991：37.

穿着一个明显的客观主义精神，即解释学一致主张：解释学努力帮助读者去把握文本的原意，去把握创作该文本作者的原意，以阻止误解现象的发生。当进入 20 世纪时，西方的传统解释学发生了一个根本的转向，在德国出现了以海德格尔（M. Heidegger）和伽达默尔为代表的现代哲学解释学思潮，这股思潮一反传统解释学的客观主义精神，他们宣称：传统解释学要去把握文本作者之原意是徒劳的，作者创作该文本的情境与读者理解该文本的情境不可能一致，相对读者而言，文本作者的原意是变迁的东西，实际并不固化存在，当作者创造出了一件文本之后，该文本就脱离了作者的原意，按照其自足的生命存在。①

一、伽达默尔：时间距离

伽达默尔在《真理与方法》（*Truth and Method*）一书中指出：传统解释学中的客观主义努力对文本作者原意的迷信，没有看到人类理解的历史性。在伽达默尔看来，理解是以历史性的方式历史地存在的，也就是说，都是处于历史的发展演变中的“视域”，因此，理解不是消极地复制文本，而是一种进行创造性的努力。理解就是文本所拥有的诸过去视域与主体的现在视域的叠合。伽达默尔称之为“视域融合”，这样一来，人们面对文本所达到的理解就永远只能是文本与主体相互融通的产物。鉴于理解的历史性，文本作者的原意是不存在的，它在历史长河中已演变成一系列他者，因而，理解根本无法去复制文本作者的原意。②

客观性概念在传统上与绝对主义相联系。客观性往往要求包含我们陈述的无时间性或绝对真理。传统解释学确实致力于这样一种客观性解释，他们把解释的标准视为作者意图的复制或重构，解释是唯一性的或绝对性的。就此而言，伽达默尔的哲学解释学并不想追求这种所谓实在或文本意义的照相式或复制式的客观性，因为这样一种客观性丢弃了文本意义的开放性和解释者的创造性。③

文本的意义超越它的作者，这并不只是暂时的，而是永远如此的。因此，理解受某个特定问题的推动，但它不只是一种复制的活动，而始终是一种创造性的活动，因为它包含应用。④应用乃是将文本意义与现在相联系的解释学

① 赫施. 解释的有效性. 王才勇译. 北京：生活·读书·新知三联书店，1991：（中译本前言）1.
② 赫施. 解释的有效性. 王才勇译. 北京：生活·读书·新知三联书店，1991：（中译本前言）1-2.
③ 洪汉鼎. 解释学——它的历史和当代发展. 北京：人民出版社，2001：5.
④ 汉斯-格奥尔格·伽达默尔. 诠释学 I：真理与方法. 修订译本. 洪汉鼎译. 北京：商务印书馆，2007：403. 让·格朗丹. 哲学解释学导论. 何卫平译. 北京：商务印书馆，2009：184.

功能。[①]理解始终包含应用于现在。[②]它意味着一种视域的创造性融合。视域融合意指我们对文本或历史事件的理解与该文本或历史事件与我们自己境遇的关系以这样一种方式整合在一起，以至“原始的”或“臆想的”意义不能与文本或事件为我们的意义相区别。[③]但是，这只在局部意义上是正确的：“人们只能在自己的视域内并通过它来理解。”[④]

既然创造性地沟通文本视域与解释者视域之间的张力是解释的任务，真正的历史意识之基本重要性也就毋庸置辨了。解释沟通着时间间距，本来就是一种历史行为，它需要理解历史际遇的本性，因为解释学经验就是历史的际遇。[⑤]解释要求解释者清楚地描述作品在今天的意义；解释要求解释者跨越他的视域和文本视域之间的历史间距。[⑥]

《真理与方法》强调了时间距离的生产性。多亏了时间的距离，这样的判断才具有了某种确定性，而且这也说明了时间距离所富有的成果性。[⑦]引导这种析取的时间距离是在经常的运动和扩展中得到理解的，这就是它对于理解具有的创造性方面。时间距离可以让具有特定性质的前见消退，并使对真正的理解有帮助的前见浮现出来。[⑧]时间距离常常能使解释学的真正批判性问题得以解决，也就是说，才能把我们得以进行理解的真前见与我们由之产生误解的假前见分开来。[⑨]

时间距离并不是某种必须被克服的东西，一个重要的问题在于把时间距离看成是理解一种积极的创造性的可能性。时间距离不是一个张着大口的鸿沟，而是被习俗和传统的连续性所填满，正是由于这种连续性，一切传承物才向我们呈现出来。在这里，无论怎么讲一个事件的真正创造性也不过分。[⑩]时间距离可以使存在于事件里的真正意义充分地显露出来。但是，对一个文本或一部艺术作品里的真正意义的汲舀是永无止境的，它实际上是一种无限的过程。这不仅是指新的错误源不断被消除，以至于真正的意义从一切混杂的东西中被过滤出来，也指新的理解源泉不断产生，使得意想不到的意义关系展现出来。促成这种过滤过程的时间距离，本身并没有一种封闭的界限，而是

---

① 理查德 E 帕尔默. 诠释学. 潘德荣译. 北京：商务印书馆，2012：244.
② 理查德 E 帕尔默. 诠释学. 潘德荣译. 北京：商务印书馆，2012：249.
③ 乔治娅·沃恩克. 伽达默尔——诠释学、传统和理性. 洪汉鼎译. 北京：商务印书馆，2009：84-85.
④ 理查德 E 帕尔默. 诠释学. 潘德荣译. 北京：商务印书馆，2012：302.
⑤ 理查德 E 帕尔默. 诠释学. 潘德荣译. 北京：商务印书馆，2012：306.
⑥ 理查德 E 帕尔默. 诠释学. 潘德荣译. 北京：商务印书馆，2012：315.
⑦ 让·格朗丹. 哲学解释学导论.何卫平译. 北京：商务印书馆，2009：180.
⑧ 汉斯-格奥尔格·伽达默尔. 诠释学II：真理与方法. 修订译本. 洪汉鼎译. 北京：商务印书馆，2007：75.
⑨ 汉斯-格奥尔格·伽达默尔. 诠释学I：真理与方法. 修订译本. 洪汉鼎译. 北京：商务印书馆，2007：406.
⑩ 汉斯-格奥尔格·伽达默尔. 诠释学I：真理与方法. 修订译本. 洪汉鼎译. 北京：商务印书馆，2007：404.

在一种不断运动和扩展的过程中被把握。①

伽达默尔指出阅读中的真正动力是由存在于读者和作者之间的历史（或时间）距离创造的。伽达默尔指明解释总是生成性的。“每一时代都必须按照它自己的方式来理解历史传承下来的文本，因为这文本属于整个传统的一部分，而每一时代则是对这整个传统有一种实际的兴趣，并试图在这个传统中理解自己。当某个文本对解释者产生兴趣时，该文本的真实意义并不依赖于作者及其最初的读者所表现的偶然性。至少这种意义不是完全从这里得到的，因为这种意义总是同时由解释者的历史处境所规定的，因而也是由整个客观的历史进程所规定的……不过，这一点具有根本的重要性。文本的意义超越它的作者，这并不只是暂时的，而是永远如此的。因此，理解就不只是一种复制的行为，而始终是一种创造性的行为。”②

解释绝不是简单的重复、复制、再现、重建或者恢复被解释者的原意。解释产生新的意义，解释者和被解释者之间的距离是影响解释的肯定力量。“因此，时间距离并不是某种必须被克服的东西……事实上，重要的问题在于把时间距离看成是理解的一种积极的创造性的可能性。”③“间距化”原则说明我们有能力正视陌生的和不熟悉的事物。伽达默尔和利科尔都探讨了作为文本解释学原则的间距化。按照以往施莱尔马赫和历史学派的看法，间距化是理解的障碍和误解的原因；而利科尔遵循伽达默尔的看法，认为“人类经验的历史真实性的根本特征，即在间距中并通过间距而交流”④。

二、利科尔：间距化

间距化概念具有下面4个特征。

（1）间距化包含客观化。将要被解释的事物成为一个独立存在的客体，正如伽达默尔所言：“一种保持距离的客观性。”它是让解释者感到陌生的东西。至少，这是一个具备解释学情境特征的“张力”的时刻。

（2）间距化包含超越。间距化必定以某种方式包含超越。伽达默尔指出了这一事实：解释客体的意义总是超越解释者，只有当解释者超越自身并展现自身，而且让解释的客体有发言权，客体的意义才能出现。

（3）间距化涉及解释的生成性。解释者狭隘的主观性和创造者的主观意

① 汉斯-格奥尔格·伽达默尔. 诠释学I：真理与方法. 修订译本. 洪汉鼎译. 北京：商务印书馆，2007：406.
② 汉斯-格奥尔格·伽达默尔. 诠释学I：真理与方法. 修订译本. 洪汉鼎译. 北京：商务印书馆，2007：403.
③ 汉斯-格奥尔格·伽达默尔. 诠释学I：真理与方法. 修订译本. 洪汉鼎译. 北京：商务印书馆，2007：404.
④ 保罗·利科. 诠释学与人文科学：语言、行为、解释文集. 孔明安，张剑，李西祥译. 北京：中国人民大学出版社，2011：92.

图都不能绝对地统治解释。这两种主观性所产生的距离让新的意义出现成为可能。解释的生成性介于纯粹地无中生有的创造和完全的再现之间。

（4）间距化包含可能性的推测。实际上，所生成的东西就等同于一个情境之内的我们自身的可能性。可能性的推测参与了和效果历史之间的必然张力。效果历史意味着我们发现自身已经处在传统之中，我们不可能完全客观化。但是通过间距化，我们仍然能够推测我们的可能性，使它们客观化，于是超越我们自身。[①]

在利科尔看来，“与主体间的交流的特殊情况相比，文本更为独特：它是交流中间距的范式”[②]。间距化是所有交流的必要条件。而且，通过对间距化的分析，我们逐渐认清需要解释的文本在不同的方面都是自立的。[③]文本有其独立的生命，超出作者的意图，超越原创时的条件，超出最初的读者。这就是利科尔所说的“疏远的间距化”的“肯定的和生成性的作用”。意义总是超越事件[④]；话语被具体化，并在一个结构化的作品中经历“有意的具体表现”并要求解释。文本产生了自己的世界，或者更为准确地说，在阅读文本时，一个新的意义世界就诞生了。在这一方面，利科尔主张解释包含“筹划我们自己最大的可能性”。“文本中必须被解释的就是一个我可能寄居的被筹划世界，由此我得以施展自己最大的可能性。”[⑤]于是，间距化使文本面向“一系列无限的阅读”，也就是面向来自阅读的无限解释的可能性。[⑥]所有这一切证明了“间距化肯定的和生成性的作用处于人经验的历史真实性的核心”[⑦]。

利科尔用了一个关键性的概念——“间距化”，间距化概念显示了4个形式：间距化的第一个形式通过所说的意义来超越言说事件。正是意义被刻写在书写中，言语行为的“意向性外化”使这一刻写得以成为可能；也就是说，通过不同的语法和句法手段，言语行为的建构特征在书写中得以实现。间距化的第二个形式涉及原初说话者与被刻写的表达之间的关系。在口头话语中，说话者的意向与所说内容的意义之间常常重叠，然而，在书写的情形下，就不存在这样的巧合。“文本的意指与作者的意思再也不会重合；因此，文本意义和心理意义拥有不同的命运。”间距化的第三个形式在被刻写的表达与原初

① 肖恩·加拉格尔. 解释学与教育. 张光陆译. 上海：华东师范大学出版社，2009：106.
② 保罗·利科. 诠释学与人文科学：语言、行为、解释文集. 孔明安，张剑，李西祥译. 北京：中国人民大学出版社，2011：92.
③ 肖恩·加拉格尔. 解释学与教育. 张光陆译. 上海：华东师范大学出版社，2009：107.
④ 保罗·利科. 诠释学与人文科学：语言、行为、解释文集. 孔明安，张剑，李西祥译. 北京：中国人民大学出版社，2011：94.
⑤ 保罗·利科. 诠释学与人文科学：语言、行为、解释文集. 孔明安，张剑，李西祥译. 北京：中国人民大学出版社，2011：102.
⑥ 肖恩·加拉格尔. 解释学与教育. 张光陆译. 上海：华东师范大学出版社，2009：107-108.
⑦ 肖恩·加拉格尔. 解释学与教育. 张光陆译. 上海：华东师范大学出版社，2009：108.

听众之间引入了差异。在口头话语中，通过对话关系以确定听者，与此相反，书写话语面对的是未知的听众，它面对任何有潜在可能阅读的人。因此，文本的复杂结构从其产品的社会历史环境中“自身消解了语境”，并开辟了某种被阅读的无限可能性。间距化的第四个也是最后一个形式，与文本从明确指称的限定中的解放有关。①前两个形式的间距化，即通过所说的意思使所说的事件黯然失色，以及所说的意思与言谈主体的分离，利科尔称之为解释辩证法的第一个运动。间距的后两个形式，即文本面对的读者之无限性及文本自身指称范围的不定性，利科尔称之为解释辩证法的第二个运动，它意味着书写的话语与说话者和说话语境关系的截断，表明解释的开放性和无限性。②

疏异间距是这样一种态度，它使人文科学中占统治地位的客观化成为了可能；但这一间距又成为各门学科的科学地位的前提，它同时是一种衰退，它破坏了我们据以所属并参与到历史实在中的那种基本的原始关系。③在解释的过程中，解释者和被解释者之间保持着距离，解释者就有可能产生新的意义和可能性。不熟悉是解释者和被解释者之间辩证互动的必要方面。所有的解释都发生在一定的距离之中，所以，所有的解释都是生成性的。这看似显而易见，至少对把文本看作范式的解释学来说是如此。实际上，如果所有的解释都如同阅读，那么间距化原则都适用。间距化原则是所有的解释原则。④

总之，在读者和作者之间的距离不是直线式距离，读者情境和作者情境之间不是平面镜式的，他们之间分别是曲线距离和多棱镜式。自然这种解释学是具有生成性的，在读者和作者之间、读者情境和作者情境之间具有张力，这被伽达默尔看作“正确的位置”，即解释发挥作用的中间点。

伽达默尔的间距化概念体现在读者与作者间、读者情境与作者情境间的时间距离，而利科尔的间距概念不只是体现在时间距离上，它更独特而重要地加上了“文本范式”的中间桥梁作用，来沟通读者与作者间、读者情境与作者情境间的对话。正如利科尔所言：“与主体间的交流的特殊情况相比，文本更为独特；它是交流中间距的范式。”

伽达默尔以时间距离把现时视域与过去视域连接起来，以达到视域融合。以现时视域看过去的文本，是现在与过去间的对话，是读者与作者间的对话，在这个过程中难免带有读者的偏见、前见，自然地就不可能与过去情境完全

---

① 保罗·利科. 诠释学与人文科学：语言、行为、解释文集. 孔明安，张剑，李西祥译. 北京：中国人民大学出版社，2011：13-14.

② 洪汉鼎. 解释学——它的历史和当代发展. 北京：人民出版社，2001：301-302.

③ 保罗·利科. 诠释学与人文科学：语言、行为、解释文集. 孔明安，张剑，李西祥译. 北京：中国人民大学出版社，2011：91.

④ 肖恩·加拉格尔. 解释学与教育. 张光陆译. 上海：华东师范大学出版社，2009：109.

一致，造成意义的生成性和创造性。在这个过程中发生了意义的生成，并不是完全再现作者原初的含义。

伽达默尔与贝蒂、赫施等有一个共同特点，就是解释的视域都回溯到过去传统中，只不过贝蒂、赫施等强调作者及其情境这一头，强调作者的原初含义，再现作者含义，也就是说，解释即意义的再现；伽达默尔则强调读者及其情境这一头，强调以现在读者的眼光去看待原初含义，生成一定新的意义，即意义的生成。也就是说，解释即意义的生成。利科尔与他持有相似的观点，伽达默尔和利科尔都探讨了作为文本解释学的间距化原则，都认为“人类经验的历史真实性的根本特征，即在间距中并通过间距而交流”。不过利科尔更调和伽达默尔与哈贝马斯的观点，哈贝马斯的批判解释学是在与伽达默尔的争论过程中发展的。

第三节 权力的生成

一、认识与兴趣

哈贝马斯在其著名的法兰克福大学就职演讲“认识与兴趣”（*Knowledge and human interests*）[①]（1965）及三年后出版的同名著作（1968）中，试图用解释学观点来克服法兰克福学派早期批判理论的一些困难，并在1967年发表的《论社会科学的逻辑》（*On the Logic of the Social Sciences*）[②]中又详尽地讨论了解释学。哈贝马斯根据当代解释学观点，相对于法兰克福学派早期批判理论的技术的认识兴趣而提出一种实践的认识兴趣，以使一种解放的认识兴趣置于两者之上。按照哈贝马斯的观点，技术的认识兴趣包含在经验-分析的科学观中，实践的认识兴趣包含在历史-解释的科学观中，解放的认识兴趣包含在以批判为导向的科学观之中[③]，以及在此基础上建立相应的自然科学、精神科学和批判的社会科学的三种科学。哈贝马斯区别了三种基本的兴趣，每一种兴趣支配着一个研究领域，由此形成了科学组织。

首先，存在着技术兴趣或曰工具性兴趣，它支配着“经验分析科学”。在可能的经验陈述的含义存在于它们的技术可利用性的意义上，这种兴趣支配

① Habermas J. Knowledge and Human Interests. Trans. Shapiro J J. Boston：Beacon Press，1971.

② Habermas J. On the Logic of the Social Sciences. Trans. Nicholsen S W，Stark J A. Cambridge：The MIT Press，1988.

③ 尤尔根·哈贝马斯. 作为“意识形态”的技术与科学. 李黎，郭官义译. 上海：学林出版社，1999：126.

着此种科学：经验分析科学的相关事实是由内在于工具性活动的行为体系中的个体经验的先天组织所建构的。对于理解哈贝马斯视为现代意识形态的功能，亦即科学和技术自身的功能时，具有决定性意义。意识形态的迫近的可能性来源于经验知识与技术兴趣之间的相互关联，这种技术兴趣，哈贝马斯将其确切地定义为“在对客观化过程进行技术控制中的认识兴趣”①。

技术兴趣是人们试图通过技术占有或支配外部世界的兴趣，它的意向是把人类从自然界的强制中解放出来。换句话说，技术兴趣试图解决自然界的不可认识和不可理解性，排除自然界对人的盲目统治。因此，技术兴趣也可以称为有成效地控制自然过程的兴趣。技术兴趣促成并决定着自然科学的思想和研究。自然科学包含着技术兴趣；技术兴趣为自然科学奠定了基础。②经验分析科学理论的主要兴趣是使可有效地加以控制的活动有可能从信息上得到维护和扩大，并以这种兴趣来揭示现实。③

其次，还存在着实践兴趣。实践兴趣是主体间的交往领域，哈贝马斯把这一领域与“历史解释学科学”领域相互联系起来。在这一领域中产生的命题的意义不是来自可能的预测和技术可利用性，而是来自意义的理解。这种理解通过以下方式完成：在普通语言中交换的信息阐释，以传统所传递的文本阐释的方式及利用使社会角色体制化的规则的内在化方式来完成。④

哈贝马斯把维护人际间的相互理解及确保人的共同性的兴趣，叫作实践兴趣。实践兴趣是精神科学研究的原动力，指导着精神科学的发展。“历史的解释学的科学包含着实践的认识兴趣。”⑤也就是说，解释学研究的主要兴趣是维护和扩大可能的、指明行为方向的谅解的主体通性，并以这种兴趣来揭示现实。对内涵的理解按其结构来说，目标是行动者在流传下来的自我认识的框架内的可能的认识。解释学的规则规定着精神科学陈述的可能的内涵和意义。⑥实践兴趣对人类的历史的解释，目的是把人从僵死的意识形态的依附关系中解放出来，并且“确保个人和集团的……自我理解以及其他个人和集团的相互理解”⑦。

最后，第三种兴趣为解放兴趣。哈贝马斯把这种兴趣与第三种科学，即批

① 保罗·利科. 诠释学与人文科学：语言、行为、解释文集. 孔明安，张剑，李西祥译. 北京：中国人民大学出版社，2011：40.
② 尤尔根·哈贝马斯. 认识与兴趣. 郭官义，李黎译. 上海：学林出版社，1999：12.
③ 尤尔根·哈贝马斯. 作为“意识形态”的技术与科学. 李黎，郭官义译. 上海：学林出版社，1999：127.
④ 保罗·利科. 诠释学与人文科学：语言、行为、解释文集. 孔明安，张剑，李西祥译. 北京：中国人民大学出版社，2011：40-41.
⑤ 尤尔根·哈贝马斯. 认识与兴趣. 郭官义，李黎译. 上海：学林出版社，1999：12.
⑥ 尤尔根·哈贝马斯. 作为“意识形态”的技术与科学. 李黎，郭官义译. 上海：学林出版社，1999：127-128.
⑦ 尤尔根·哈贝马斯. 认识与兴趣. 郭官义，李黎译. 上海：学林出版社，1999：12-13.

判的社会科学联系起来。批判的社会科学的任务是在经验社会科学所遵循的规范之下，区分出那些“意识形态上冻结了的”只有通过批判才能改变的依赖关系。因此批判的方式是解放兴趣所统治的，哈贝马斯称之为自我反思。自我反思能把主体从依附于对象化的力量中解放出来。自我反思是由解放的认识兴趣决定的。以批判为导向的科学同哲学一样都具有解放的认识兴趣。①解放的兴趣就是人类对自由、独立和主体性的兴趣，它们为之奋斗的目标，是社会解放，是在人与人之间建立一种没有统治的交往关系和取得一种普遍的、没有压制的共识。②

哈贝马斯认为，批判的社会科学家能够帮助人们认识被意识形态歪曲的社会状况。人类历史的前进与发展，首先取决于解放兴趣，解放兴趣本身又决定于指导人们获得共识和拥有控制自然界的技术力量的兴趣。③

通过技术兴趣、实践兴趣和解放兴趣，以及在此基础上建立起来的三种科学（自然科学、精神科学和批判的社会科学）的论述，哈贝马斯试图让人们认识到：在当今的发达社会中，技术兴趣所创造的成果——技术，已经被统治集团滥用，给人类带来了不幸和灾难；人们的实践兴趣——人与人之间的平等对话关系，在相当大的程度上遭到了阻挠和破坏，人们达成共识的途径仍然受掌握着政治和经济大权的少数人所控制。在这种情况下，只有解放兴趣所指导的批判的社会科学，才能使广大阶层和社会摆脱物质匮乏和人际关系的紧张的困境。④

哈贝马斯的认识兴趣理论是一种通过在生活中挖掘知识根基，对认识论进行激进化的尝试。哈贝马斯的核心观点是：“我们理解现实的特定视角”，引导系统性研究的“一般认知策略”，“在人类的自然史中具有基础”。它们依赖于“社会生活—文化形式的命令”。技术兴趣是引导自然科学的一般取向扎根于自然环境中预测、控制事件之“人类学深层兴趣”中；实践兴趣引导“历史解释学科学”的一般取向扎根于一种“人类学深层兴趣”中，它确保和扩展了人类行为相互理解和自我理解的可能性；自我反思和它所奠基的释放兴趣是从力量寄居于隐晦中的伪自然束缚中解放出来的研究模式，既想容纳哲学反思的传统，又想容纳马克思和弗洛伊德（S. Freud）之后的批判的自我反思。⑤

① 尤尔根·哈贝马斯. 作为“意识形态”的技术与科学. 李黎，郭官义译. 上海：学林出版社，1999：129.
② 尤尔根·哈贝马斯. 认识与兴趣. 郭官义，李黎译. 上海：学林出版社，1999：13.
③ 尤尔根·哈贝马斯. 认识与兴趣. 郭官义，李黎译. 上海：学林出版社，1999：13.
④ 尤尔根·哈贝马斯. 认识与兴趣. 郭官义，李黎译. 上海：学林出版社，1999：13-14.
⑤ 托马斯·麦卡锡. 哈贝马斯的批判理论. 王江涛译. 上海：华东师范大学出版社，2009：70-71.

二、意识形态批判

“意识形态”（ideology）一词最初是由法国哲学家特拉西（D. D. Tracy）在 1796 年用来描述他的一门新学科的计划的，这门学科有关对观念和感知的系统分析，对它们的产生、结合与后果的分析。他的四卷本《观念学的要素》出版于 1803～1815 年，研讨了思想、感觉、记忆与判断等官能，以及习惯、动作和意志等。①

后来观念学家成为拿破仑政权失败的替罪羊。拿破仑（B. Napoleon）谴责观念学并把它的特点说成是精明治国的对立面：几乎所有宗教和哲学思想都被谴责为意识形态。这个词本身已成为一个死命压制反对派以支撑摇摇欲坠的政权的皇帝手中的武器。②

在曼海姆（K. Mannheim）那里，意识形态成为一种针对社会与思想史的研究方法，一种被曼海姆描述为“知识社会学”的方法。

按照戈伊斯（R. Geuss）在其著作《批判理论的观念：哈贝马斯和法兰克福学派》（*The Idea of A Critical Theory：Habermas and the Frankfurt School*，1981）里的说法，意识形态至少有三种不同的意义：其一是“描述意义上的意识形态”（ideology in the descriptive sense），这种意义的意识形态是社会—文化总体结构中的一部分，是一种非褒非贬的中性意义上的意识形态；其二是“贬义的意识形态”（ideology in the pejorative sense），这是指“虚假的意识”“欺骗性的幻象”的否定性的意识形态；其三是“褒义的意识形态”（ideology in the positive sense），这是指一种反映社会存在和现实历史过程的肯定性的意识形态。不过，在 19 世纪，意识形态主要指一种与社会宰制结合起来的思想系统或观念体系，从而形成歪曲的交往和虚假的意识，意识形态成了一种与社会存在和现实不相符合的颠倒式的观念反映。③

汤普森（J. B. Thompson）把它描述为“意识形态的批判性概念”。批判性概念传达负面的、批判的或贬义的意思。不像中性概念，批判性概念意味着特点为意识形态或意识形态的这种现象是误导的、幻想的或片面的；把一些现象的特点视为意识形态就带有对它们的含蓄批判或谴责。④

根据汤普森提出的概念，意识形态分析首先关心的是象征形式与权力关

① 约翰 B 汤普森. 意识形态与现代文化. 第 2 版. 高铦等译. 南京：译林出版社，2012：31-33.
② 约翰 B 汤普森. 意识形态与现代文化. 第 2 版. 高铦等译. 南京：译林出版社，2012：32-34.
③ 洪汉鼎. 诠释学——它的历史和当代发展. 北京：人民出版社，2001：278-279.
④ 约翰 B 汤普森. 意识形态与现代文化. 第 2 版. 高铦等译. 南京：译林出版社，2012：59-60.

系交叉的方式。它关心的是社会领域中的意义借以被调动起来并且支撑那些占据权势地位的人与集团的方式。要更加鲜明地界定这个中心内容：研究意识形态就是研究意义服务于建立和支撑统治关系的方式。意识形态概念的形成要根据象征形式调动意义来服务于建立和支撑统治关系的方式：建立指的是意义可以积极地创建和制定统治关系；支撑指的是意义可以通过生产与接收象征形式的现有进程来服务于维持和再造统治关系。意识形态现象就是只有在特定社会历史环境中服务于建立和支撑统治关系的有意义的象征现象。[①]

象征形式只有在服务于建立和支撑系统不对称的权力关系时才是意识形态的，正是这种服务于统治人物和集团的活动既限定了意识形态现象，使之具有特征性并脱离象征形式的一般运转，又赋予提出的意识形态概念以负面的意思。[②]根据这种概念，意识形态在性质上就是霸权的，就是说它必定服务于建立和支撑统治关系，从而重建一个有利于统治人物与集团的社会秩序。

三、批判解释学

批判解释学（critical hermeneutics）[③]又称为“深度解释学”（depth hermeneutics）[④]。哈贝马斯、阿佩尔的解释学被称为批判解释学。[⑤]阿佩尔将他的正式理论表述为“先验解释学”或“先验的实用主义”[⑥]。批判解释学由一些像哈贝马斯和阿佩尔这样的批判理论家发展而成，这些批判理论家从马克思、弗洛伊德及社会批判主义的法兰克福学派的著作中获得灵感。批判解释学的特征是激进解释学和保守解释学的奇特结合。一方面，批判解释学是激进的，其社会和政治的目的在于延续一种被称为“激进的”传统。批判理论的目的在于把社会和个人从政治权力和经济剥削中解放出来。解释学被用来作为一种洞察虚假意识、揭露我们信仰体系的意识形态本质、增进正常交流

① 约翰 B 汤普森. 意识形态与现代文化. 高铦等译. 南京：译林出版社，2012：62-65.

② 约翰 B 汤普森. 意识形态与现代文化. 高铦等译. 南京：译林出版社，2012：76.

③ “critical hermeneutics”可译为“批判解释学”或“批判诠释学”，“depth hermeneutics”可译为“深度解释学”“深度诠释学”“深度阐释学”“深层解释学”或“深层诠释学”等。

④ Bingham C. Hermeneutics//Peterson P，Baker E，McGaw B. International Encyclopedia of Educaion. Vol. 6. 3rd ed. Oxford：Elsevier，2010：65; Thompson J B. Studies in the Theory of Ideology. Los Angeles：University of California Press，1984：134-139；约翰 B汤普森. 意识形态与现代文化. 高铦等译. 南京：译林出版社，2012：300-318；利科尔. 解释学与人文科学. 陶远华等译. 石家庄：河北人民出版社，1987：87-99；陆炜. 批判解释学何以是批判的——析哈贝马斯的批判解释学思想. 复旦学报（社会科学版），1994，(2)：41-46.

⑤ Bingham C. Hermeneutics//Peterson P，Baker E，McGaw B. International Encyclopedia of Educaion. Vol. 6. 3rd ed. Oxford：Elsevier，2010：65；肖恩·加拉格尔. 解释学与教育. 张光陆译. 上海：华东师范大学出版社，2009：9.

⑥ 卡尔-奥托·阿佩尔. 哲学的改造. 孙周兴，陆兴华译. 上海：上海译文出版社，2005：102-147.

的方法，从而达到一种解放的合意。另一方面，批判解释学是保守的，它承诺要摧毁虚假意识，而不同于激进解释学所主张的——我们必须生活在虚假意识之中。它是保守的，它期望能够在事实上达到一种没有意识形态的合意。这就如同说，只要用正确的方法，我们就能摆脱有限的、历史的情景的限制，从而可获致一种绝对客观的解释，这和传统解释学的观点是一致的。①

批判解释学是一种意识形态批判性质的解释学，是批判理论与解释学的“合金”。批判解释学走上了反对解释学普遍性要求的第三条道路（前两条道路是指解释学上的两次“哥白尼式革命”），从而使解释学思想同意识形态批判结合了起来，相对于伽达默尔式的解释学而言，深度解释学本身是一种“元解释学”。作为批判理论的重要代表，哈贝马斯赋予解释学在批判计划中占有一席之地。哈贝马斯认为，解释学是一种深度解释学，它揭示和消除交流中的欺骗和扭曲，是在“一个自我形成的过程中”被明确表达的批判反思程序的一部分。②从批判理论的观点来看，解释学应该为像意识形态批判这样的批判科学服务。批判要求对支持和维护统治权力结构的那些意识形态和机构进行独特的和质疑的解释。它需要一种消除和超越意识形态偏见的理解。在其最为理想的形式下，批判理论需要一种摆脱压抑的传统的控制能力，并获得一种意识形态中立的、无传统的和无偏见的交流。深度解释学试图获得虚假意识背后的客观真理。正如哈贝马斯所宣称的那样，深度解释学的实践能够真正让我们超越受到限制的交流而达到反思性的解放。③

哈贝马斯认为，批判解释学是一种反思和批判，“经过反思式的决定带给我们与意识有关的语言体验”，是“对使他人信服和说服他人的方式的反思”，它将经验科学的方法与解释学的方法结合起来，通过阐释意义来研究符号语言构建的社会现象，说明共同的真理性认识是通过语言的语境和日常交往的解释达到的。④

伽达默尔、利科尔、汤普森、麦卡锡（T. McCarthy）都就“解释学与意识形态批判”论题进行过探讨，提出了自己的看法，并出现了利科尔等称作的“深度解释学”⑤和汤普森的深度解释学方法论⑥。但他们对解释学的批判方式有些差别⑦。哈贝马斯是法兰克福学派批判理论的第二代核心人物，他的思想与

---

① 肖恩·加拉格尔. 解释学与教育. 张光陆译. 上海：华东师范大学出版社，2009：9.
② Habermas J. Knowledge and Human Interests. Trans. Shapiro J J. Boston：Beacon Press，1971：197-218.
③ 肖恩·加拉格尔. 解释学与教育. 张光陆译. 上海：华东师范大学出版社，2009：196-197.
④ 洪波. 哈贝马斯交往行为理论的解释学基础. 马克思主义与现实，2007，(1)：150-153.
⑤ 约翰 B 汤普森. 意识形态与现代文化. 第2版. 高铦等译. 南京：译林出版社，2012：23，300-301.
⑥ 约翰 B 汤普森. 意识形态与现代文化. 第2版. 高铦等译. 南京：译林出版社，2012：23-25，300-318.
⑦ 乔治娅·沃恩克. 伽达默尔——诠释学、传统和理性. 洪汉鼎译. 北京：商务印书馆，2009：141-150.

批判理论、批判教育学（理论）有着更深的渊源。

哈贝马斯的批判解释学是在与伽达默尔的系列论战中得以形成的，哲学解释学成为批判解释学的可靠起点。伽达默尔的哲学解释学是哈贝马斯的批判解释学的最重要谱系。[①]

格朗丹（J. Grondin）在《哲学解释学导论》的第七章第二节中以“哈贝马斯以相互理解的名义批判相互理解”为标题，正如哈贝马斯所言“一个人被引向用伽达默尔来反对伽达默尔的领域”，这一节的标题似乎很矛盾，但它的意思只是要表明在哈贝马斯与解释学的关系中的一种可能的发展。1967～1970 年，哈贝马斯试图揭示一种解放的意识形态批判的合法性，它被认为是效仿客观化的科学，如心理分析，并被设计出来反对解释学的理解概念的普遍化。所以在 20 世纪 80 年代，他构建了一种交往行动的理论和一门与之相关的商谈伦理学，后者从语言上预设的普遍一致的观念中得出它的合法性。这一点在后来的发展或强调的变化上，表明了一种暗含的和鲜为人知的受惠于哲学解释学对普遍性的要求。[②]

哈贝马斯指出，把语言具体化为生活方式是一种唯心主义的臆想，它基于这样一种见解，即认为“语言所表达的意识决定着实际生活的物质存在”。事实上，社会的客观联系不产生于主体通性意义上的和符号流传意义上的领域中。社会语言的基础结构是通过现实强制——使用技术的方法和社会暴力镇压的关系——而形成的。“这两个强制范畴不仅是解释的对象，而且，在语言的背后，它们也影响着语法规则本身，而我们就是按照语法规则来解释世界的。客观联系（社会行为只有从客观联系中才能得到理解）产生于语言，也产生于劳动和统治。”[③]诚然，可以把语言理解为一切社会制度都依赖的“元制度”，因为社会行为形成于日常语言的交往中。然而这种元制度又依赖于社会过程，成了统治和社会势力的媒介，正因如此，语言就变成了意识形态的东西，鉴于此，问题就不是语言中包含着欺骗，而是化为意识形态的语言的概念系统本身就意味着欺骗，在哈贝马斯看来，解释学的经验已说明了语言对实际关系的这种依赖性，从而解释学的经验就成了意识形态批判。[④]

在《哈贝马斯传》[⑤]（*Jurgen Habermas*，1991）中，霍斯特（D. Horster）阐释了批判解释学。哈贝马斯在批判地吸收伽达默尔解释学的基础上，认为

---

① 刘志丹. 哈贝马斯语言哲学思想研究，长春：吉林大学，2012：72-73.
② 让·格朗丹. 哲学解释学导论. 何为平译. 北京：商务印书馆，2009：204-205.
③ 哈贝马斯. 评伽达默尔的《真理与方法》一书. 郭官义译. 哲学译丛，1986，(3)：71-74.
④ 哈贝马斯. 评伽达默尔的《真理与方法》一书. 郭官义译. 哲学译丛，1986，(3)：71-74.
⑤ 得特勒夫·霍尔斯特. 哈贝马斯传. 章国锋译. 上海：东方出版中心，2000.

解释学的构想应当在三个方面得到补充：意识形态批判的补充、社会系统分析的补充和历史哲学的补充。

在《伽达默尔——诠释学、传统和理性》（*Gardamer：Hermeneutics，Tradition and Reason*）[①]一书的第四章“诠释学与意识形态批判”中，沃恩克（G. Warnke）考察了哈贝马斯和阿佩尔与伽达默尔的争论。哈贝马斯和阿佩尔强调伽达默尔的分析作为对像赫施那样的客观主义立场批判的重要意义；不过他们论证说，在采取传统作为正确解释的标准时，伽达默尔也摧毁了确定它自己合理性的任何基础，因而伽达默尔忽略了传统的解释可能受意识形态影响进而扭曲的事实。

在《诠释学与人文科学：语言、行为、解释文集》[②]中的第二篇论文《诠释学与意识形态批判》继续探讨了解释学的传统。这篇文章聚焦于发生在德国的一场争论。这场争论始于1967年哈贝马斯出版的《社会科学的逻辑》，书中哈贝马斯对伽达默尔1960年第一次出版的《真理与方法》进行了尖锐的批判，伽达默尔回应了哈贝马斯，一场生动的争论就爆发了，双方都试图限定对方提出的普遍性的要求。利科尔对此的详细研究不仅是对该文献的极佳导论，也是对这场争论有创见性的重要贡献。利科尔试图超越某种毫无结果的自相矛盾，即双方冲突观点的纯粹并列，并走向或许是真正建构性的对话。他指出解释学再也不能将方法论问题视为次要的、派生性的，就像伽达默尔所做的那样；因为只有在间距中，而且只有通过某种意味着客观分析和批判的可能性间距，才属于传统。相应地，意识形态的批判再也不能声称，其朝气蓬勃源于完全不同于解释学的支配原则的兴趣；因为我们对当前的批判只有在理想的名义下，这一理想是从其对过去的创造性的占有中获得其内容的。

在《哈贝马斯的批判理论》（*The Critical Theory of Haberams*）[③]中，托马斯·麦卡锡主要追溯哈贝马斯从20世纪50年代直到现在的批判理论思想的发展。在批判性地回顾了一些社会研究解释性任务的方法之后，麦卡锡在细节上研究批判理论和解释学、批判理论和社会系统理论之间问题的核心观点并提出很多批评的观点。

在《批判解释学》（*Critical Hermeneutics*）[④]中，约翰·B. 汤普森通过将哈贝马斯和利科尔的解释学进行比较，从而建构了一种新的解释学观念。他

① 乔治娅·沃恩克. 伽达默尔——诠释学、传统和理性. 洪汉鼎译. 北京：商务印书馆，2009.
② 利科. 诠释学与人文科学：语言、行为、解释文集. 孔明安等译. 北京：中国人民大学出版社，2011：20.
③ McCarthy T. The Critical Theory of Haberams. Massachusetts，Cambridge: The MIT Press，1978；托马斯·麦卡锡. 哈贝马斯的批判理论. 王江涛译. 上海：华东师范大学出版社，2010.
④ Thompson J B. Critical Hermeneutics. Cambridge：Cambridge University Press，1981.

认为，哈贝马斯前期的以精神分析为范例的深层解释学理论很难扩展到社会层面，其中涉及的系统被扭曲的交往概念本身也模糊不清。此外，他还论及了哈贝马斯对行为分类的不确切性、“重建”含义的多样性及将“理想言说环境”作为交往的必要前提在现实中的无效性，这些观点都触及批判解释学的核心。

在《意识形态与现代文化》（*Ideology and Modern Culture*）①中，汤普森批判性地汲取利科尔、哈贝马斯等的著作后，提出以深度解释学作为分析文化现象（即分析结构背景中的象征形式）的一个总的方法论架构。深度解释学是包括三个主要阶段或程序的一种方法论架构。第一阶段可以称为“社会—历史分析”，有关象征形式生产、流通与接收的社会与历史条件。深度解释学架构的第二阶段可以称为“正式的或推论的分析”。进行正式或推论分析就是把象征形式作为复杂的象征构造来研究，它显示一种连接的结构。深度解释学架构的第三个也是最终的阶段可以正确地称为“解释”（或“再解释”）。这个阶段有关创造性地阐明一个象征形式说了什么或代表了什么；有关创造性地构建可能的意义。

汤普森认为意识形态分析是深度解释学的一种特定形式或版本。这种形式的特定性在于：各阶段的深度解释学方法都被运用以凸现象征形式的意识形态特点，也就是说，以凸现意义服务于建立和维持统治关系的方式。“意识形态解释”阶段根据深度解释学的方法论架构加以阐明，获得了精确的含义：解释意识形态就是阐述象征形式所调动的意义与该意义所维持的统治关系之间的联系。意识形态的解释依靠社会-历史分析、正式的或推论的分析阶段，但给予它们批判性的强调：使用它们的目的在于揭示意义服务于权力。意识形态的解释是具有批判意图的深度解释学。因此，当我们关注解释象征形式的意识形态特点时，解释过程中所固有的潜在冲突就有了一个鲜明的新形式。②

汤普森、麦卡锡和利科尔都对哈贝马斯的批判解释学进行了批判。

汤普森首先肯定了哈贝马斯解释学的价值。“哈贝马斯的作品为社会科学方法论中的许多问题作出了重要贡献。其中之一就是关注解释和理解的关系。自从狄尔泰的著作问世以来，这个问题就一直是持续争论的主体。哈贝马斯对这场争论的主要贡献在于他将精神分析学的模式作为批判理论的基础。”③汤普森对深层解释学的批判着眼于以下方面：第一，“系统扭曲的交往”概念并不清晰。第二，系统扭曲的交往并不能扩展到社会层面，即

① 约翰 B 汤普森. 意识形态与现代文化. 第2版. 高铦等译. 南京：译林出版社，2012：23-25，300-318.
② 约翰 B 汤普森. 意识形态与现代文化. 第2版. 高铦等译. 南京：译林出版社，2012：23-25.
③ Thompson J B. Critical Hermeneutics. Cambridge：Cambridge University Press，1981：105-106.

系统扭曲的交往并不能以意识形态的姿态出现。第三，哈贝马斯对意义范畴的说明暗含了很多难以解决的难题，同时，他使概念客观化的做法也不是十分清晰。①

麦卡锡指出，缺少文化遗产的具体的输入，批判就会变成空洞的批判。哈贝马斯并没有否认批判性反思与解释性理解的亲密关系。但是，他确实否认他自己与伽达默尔之间的差异只是关于传统合适方法的差异——即对优先的权威接受的态度或者对那种无法在理性商谈中进行奠基之任何有效性主张的批判态度。正如利科尔所指出的那样，“我们的解放兴趣将我称作的‘伦理疏离性’（ethical distance）引入到我们与任何传统遗产的关系中”②。

利科尔认为：“最终解释学会说，如果你不是从你自身所拒绝的作为非位置的地方，即作为主体的非位置出发，那么当你诉诸自我反思时，你是从何处出发的呢？确实，你是在传统的基础上说话的。这一传统也许与伽达默尔的传统不同；它也许是启蒙的传统，而伽达默尔却是浪漫主义的传统。然而，它依旧是一种传统，是解放的传统而不是回忆的传统。批判也是一种传统。我甚至说它陷入了最激动人心的传统，即自由活动的传统之中，即出走埃及和复活的传统之中。也许不再存在对解放的兴趣，不再存在对自由的预期，如果出走埃及和复活从人们的记忆中抹去的话……”“在勾勒对传统的回忆和自由预期的辩证法时，我无论如何都不想取消解释学与意识形态批判之间的区别。二者都具有自己的独特地位以及不同领域的优先性，如果可以这么说的话：一方面，是对文化遗产的关注，它极为确定地聚焦于文本的理论性；另一方面，是制度理论和统治现象理论，它关注的则是物化和异化分析。就二者都必须总是领域化而言，为了赋予它们对普遍性的要求以具体特征，它们的差异必须抵制住任何合并的趋势而保留下来。但是，哲学反思的任务是消除这些欺骗性的二律背反，这些二律背反将重新阐释从过去接受的文化遗产的兴趣与在未来主义的筹划中解放人性的兴趣对立起来。这两种兴趣彻底被分离时，那么，解释学与批判二者本身都将只不过是……意识形态！”③

总之，本书所研究的批判解释学主要指的是哈贝马斯的批判解释学。哈贝马斯批判解释学是在与伽达默尔的系列论战中得以发展的，它强调的是意识形态批判，使解释学思想同意识形态批判结合起来，将文本视为话语，找出

① Thompson J B. Critical Hermeneutics. Cambridge：Cambridge University Press，1981：166-167.

② 托马斯·麦卡锡. 哈贝马斯的批判理论. 王江涛译. 上海：华东师范大学出版社，2009：242-244.

③ 保罗·利科. 诠释学与人文科学：语言、行为、解释文集. 孔明安，张剑，李西祥译. 北京：中国人民大学出版社，2011：58-59.

社会、历史与文化想象投射在文本中且未完成的深层意义[①]，揭露权力关系，揭示意义服务权力。

第四节　解释学的转向

一、解释学论争

在解释学的发展史上，发生了三次有影响的大论争（在这里主要阐述第一次及第二次论争），这三次论争都是以伽达默尔为轴心，跟其他不同派系的代表们展开的。尽管伽达默尔的解释学取得了前所未有的成就，但它自身还存在不够完善的地方，它在当代引起的许多争论就说明了这一点，如伽达默尔同贝蒂、赫施展开的关于意义与含义的真理模式之争、同德里达关于对话与解构的解释模式之争、同阿佩尔展开的关于经验与先验的真理标准之争、同哈贝马斯之争、同罗兰·巴尔特（Roland Barthes）之争、同列奥·施特劳斯（Leo Strauss）之争，等等，其内容非常广泛，这些论争推动了解释学的进一步发展。

利科尔称有关解释学辩论的冲突为“僵局”。在利科尔那里，解释学史上的三大论争被称为三大“僵局”。在加拉格尔、麦卡锡那里也采用了利科尔的“僵局”概念。加拉格尔认为，与三次论争对应的，三种有关解释学的本质和范围的辩论清晰地界定了这三种僵局：僵局 I——再现；僵局II——权威和解放；僵局III——对话。这些辩论的每一个焦点都是伽达默尔的解释学理论。[②]在对待这些论争的态度方面，麦卡锡认为，正如有的学者所指出的那样，不需要保留这种类型的僵局。借助一种解放和启蒙的兴趣，解释学理解可以通过批判的方式进行研究。缺少文化遗产的具体的输入，批判就会变成空洞的批判。[③]利科尔试图进行调和，他的哲学（包括解释学）总的特点就是具有辩证性和综合性，他擅长将前人和同时代人的矛盾对立的观点加以折中地处理，从而形成自己独特的看法，这种看法往往处于否定之否定的环节上，因此不能简单归结为一种折中主义。他从辩证综合的角度研究解释学就表现了解释学今后发展的一个重要趋势和方向。[④]

① 廖炳惠. 关键词 200：文学与批评研究的通用词汇编. 南京：江苏教育出版社，2006：66-67.
② 肖恩·加拉格尔. 解释学与教育. 张光陆译. 上海：华东师范大学出版社，2009：10-20.
③ 托马斯·麦卡锡. 哈贝马斯的批判理论. 王江涛译. 上海：华东师范大学出版社，2009：243.
④ 何卫平. 建构马克思主义解释学的一种可能的思路——以伽达默尔的思想为参照. 马克思主义哲学研究，2012，(10)：196-201.

格朗丹在《哲学解释学导论》中着重谈到了三个人，他们都以伽达默尔的批判者的身份出场，一个是贝蒂，一个是哈贝马斯，再一个就是德里达。贝蒂的思想很难说处于现代新解释学的范围内，他基本上是站在施莱尔马赫和狄尔泰的立场上来追求客观性、批评伽达默尔的，有较多的古典色彩；其他两位则是真正处于与伽达默尔大体相同的理论背景下的，因此，其争论影响更大。

诚然，当代同伽达默尔思想交锋的绝不止这三个人，但直接与解释学有关的主要是这三个人，而且从影响史和效果史来看，这些争论的意义特别重大，其本身属于解释学内部的自否定，充分体现一种辩证法的张力。这些论争是极富成果的，它最终表明客观、传统、批判和解构在解释学那里不应当对立起来，而应当达到统一，相互制约，只有这样才有可能消除客观主义、独断主义、相对主义和虚无主义的困扰。①

（一）第一次论争

第一次论争主要是在伽达默尔与贝蒂之间进行的辩论，争论的焦点是解释的有效性和客观性。贝蒂是保守解释学的代表，在人文和社会科学的方法论及有效和客观解释的可能性方面，他发起了一场和伽达默尔之间的重要辩论。

帕尔默在《诠释学》一书中介绍说，在《作为精神科学一般方法论的诠释学》（1962）的开头，贝蒂就宣称，他的主要目的在于厘清解释与意义赋予之间的本质区别。

贝蒂解释学规则的几个范例及他对伽达默尔立场的反驳，是贝蒂捍卫客观性的例证。贝蒂的目的是要恢复一种服从科学标准的解释学观念，这种标准能保证精神科学中解释的客观性。然而，对于贝蒂来说，整个问题都围绕着认识地理解作者的意图，即作者所指的意思展开的。因此，解释者必须要排除个人的旨趣和筹划，并尊重作者意图的自主性。

（二）第二次论争

第二次论争发生在伽达默尔的哲学解释学与哈贝马斯的批判解释学之间，而且这是影响最大的一次。在哈贝马斯1965年的就职演讲“认识与兴趣”里，我们就可看到他已试图用解释学观点来克服法兰克福学派早期批判理论的一些困难，继后于1967年发表的《论社会科学的逻辑》中又详尽地讨论了解释学，并认为伽达默尔的哲学解释学代表了对社会科学的实证主义的批判。

① 让·格朗丹．哲学解释学导论．何为平译．北京：商务印书馆，2009：323-324.

不过，在这里哈贝马斯也对伽达默尔哲学解释学作了系统的批判，并认为伽达默尔的理论具有相对主义倾向及其对海德格尔存在论基础缺乏批判性的反思，之后哈贝马斯把其中关于伽达默尔的部分单独抽出来成《评伽达默尔的〈真理与方法〉》一文再次发表于1971年。对于哈贝马斯的这种批判，伽达默尔于同年在其《短篇著作集》第1卷中发表了《修辞学、诠释学与意识形态批判》作为回答。1970年，哈贝马斯为伽达默尔70周年诞辰纪念文集《诠释学与辩证法》提交了一篇题为《解释学的普遍性要求》的论文，其中批评了伽达默尔关于解释学问题的普遍性主张，此后双方争论进一步扩大，苏尔康普出版社在1971年专门出版了一本论战性的文集《诠释学与意识形态批判》，其中除收入伽达默尔、哈贝马斯两人以前的论辩外，还有阿佩尔、布勃纳（Bubner）等参与这场论战的文章，以及伽达默尔的答辩。伽达默尔在1975年出版的《真理与方法》第3版序言中还再次对哈贝马斯的批评提出反批评。①

有关解释学的语言、权力和普遍性的冲突构成了当代解释学理论的第二个僵局，也是哈贝马斯—伽达默尔争论的焦点。它可以通过下列问题来表达：解释学，甚至于当被认为是深度解释学时，实际上能否让我们脱离受到限制的交流而到达一种反思的解放，还是说这样一种批判反思本身亦受解释学的限制所束缚呢？②

哈贝马斯对伽达默尔哲学解释学的批判有如下几点：①真理与方法的对立导致伽达默尔错误地和抽象地把解释学经验与科学方法论对立起来。②伽达默尔对“传统”“前（成）见”和“权威”的正名掩盖了反思和批判精神。③当伽达默尔用他关于前见结构的观点为这种前见恢复名誉时，哈贝马斯问道：“真有合法的前见吗？”总之，哈贝马斯站在意识形态批判立场，揭示了伽达默尔哲学解释学缺乏反思与批判精神，这种解释学不能成为批判的社会科学。③

对于伽达默尔这种关于解释学的普遍性要求的主张，哈贝马斯提出如下的批判：首先解释学意识必须有一个解释学理解范围的限制，如果超出这范围，特别是涉及不可理解的表达，它就会不完善。哈贝马斯根据精神分析学的成果，提出一种“深层解释学”的语言分析，他认为唯有深层解释学才能说明被歪曲的交往的特别不可理解性。按照哈贝马斯的观点，这种深层解释学要成立，还需要一种关于交往能力的理论，何谓交往能力理论呢？这是哈贝马斯依据语言学和语言分析哲学的最新发展提出的一种批判社会学理论。按照

① 洪汉鼎. 诠释学——它的历史和当代发展. 北京：人民出版社，2001：275.
② 肖恩·加拉格尔. 解释学与教育. 张光陆译. 上海：华东师范大学出版社，2009：16.
③ 洪汉鼎. 诠释学——它的历史和当代发展. 北京：人民出版社，2001：284-287.

哈贝马斯的看法，深层解释学的解释只能在一种交往能力理论的框架中得以发展。哈贝马斯认为，正是在深层解释学运用交往能力的过程中，我们看到了一贯被歪曲的交往现象。哈贝马斯说："在现时条件下，指出由批判提出的普遍性的错误要求的限度，比指出解释学主张的普遍性的限制，更为紧迫。"①

超语言的因素是伽达默尔与哈贝马斯争论的焦点。正常的解释被一些超语言的和超解释学的因素所扭曲：像经济地位和社会阶级这样一些物质的和霸权的因素。这些因素正如同语言和特定的传统那样制约着解释和交流。②

格朗丹③、邓友超等都介绍了伽达默尔与哈贝马斯之间论争的观点。邓友超认为，伽达默尔与哈贝马斯之间论争的焦点是偏见、权威、语言和反思。④

利科尔对这次论争进行了调和，提出了文本解释学和现象学解释学。利科尔的解释学表现出浓厚的异中求同、整合对立面的理论思维意向；十分注重谋求本体与方法的统一。

利科尔也十分注重通过解释来沟通差异。当代西方解释学内部有著名的伽达默尔与哈贝马斯之争。为了平息他们的争论，并在浪漫主义传统与理性主义传统之间求一中道，利科尔把双方争论的焦点归结为以下两个相互关联的问题：第一，解释哲学能够说明意识形态批判的要求吗?如果能，代价是什么?第二，意识形态批判在什么条件下可能进行?归根到底，它能离开解释学的先决条件吗?

对于第一个问题，利科尔回答说，由于伽达默尔解释学所寻求的不再是藏在文本背后的意图，而是它面前展开的世界，这就表现出了与浪漫主义解释学最明显的决裂。"文本打开现实方面的权力原则隐含了反对任何给定现实的力量源泉，因此是（隐含了）对现实批判的可能性。"⑤这就使解释学事实上转向了对意识形态的批判。它组成了意识形态批判的最基本的可能性，同时也为意识形态的批判指明了范围。在利科尔"发展了由伽达默尔本人所概述的主题"⑥之后，理解不再是把自己"结合"到文本，而是把自己暴露给文本。在这个过程中，自我由于把握了解释所蕴含的可能世界而拥有了扩展的可能性。这样，解释学就表现出了对主观错觉进行批判的最基本的可能。"'错误意识'的批判因此能够成为解释学的组成部分，它也把哈贝马斯归之

① 洪汉鼎. 诠释学——它的历史和当代发展. 北京：人民出版社，2001：291-293.
② 肖恩·加拉格尔.解释学与教育. 张光陆译. 上海：华东师范大学出版社，2009：198.
③ 让·格朗丹. 哲学解释学导论. 何为平译. 北京：商务印书馆，2009：204-214.
④ 邓友超. 教育解释学论纲. 教育理论与实践，2006，(12)：1-5.
⑤ 利科尔. 解释学与人文科学. 陶远华等译. 石家庄：河北人民出版社，1987：93.
⑥ 利科尔. 解释学与人文科学. 陶远华等译. 石家庄：河北人民出版社，1987：93.

于它的超越解释学方面看作为意识形态批判的一部分。”[①]

对于第二个问题，利科尔更是做了机智而又不乏深刻的揭示。他问道，如果意识形态的批判不是从它自己谴责为“先验的主观的非立场”的地方，那么又是从什么地方谈起、在什么时候求助于自我反思的呢?显然，尽管哈贝马斯批评伽达默尔过于注重传统，但是，“事实上，你也是从传统的基础谈起的。这传统也许和伽达默尔的传统不相同；它也许是启蒙的传统，伽达默尔的传统却是浪漫主义的。但它却是传统，是期望的传统，而不是回忆的传统。批判也是传统”[②]。可见，归根到底，意识形态理论也没有离开解释学的先决条件即传统。

利科尔指出了哈贝马斯与伽达默尔以下 4 个主要分歧，也即探讨哈贝马斯的被认为是替代传统解释学的意识形态批判。

（1）伽达默尔从哲学浪漫主义那里借来了偏见的概念，并用海德格尔前理解的概念重新阐释了这一概念；哈贝马斯却形成了兴趣的概念，这一概念来源于由卢卡奇（G. Lukacs）和法兰克福学派如霍克海默、阿多诺（Adorno）、马尔库塞、阿佩尔等重新阐释的马克思主义传统。

（2）伽达默尔诉诸人文科学，它关注的是文化传统的当代重新阐释；哈贝马斯则求助于批判的社会科学，它直接针对体制的物化。

（3）伽达默尔引入误解作为理解的内在障碍；哈贝马斯形成了其意识形态理论，它被理解为由潜在力量的运用而导致对交往的系统歪曲。

（4）伽达默尔把解释学的任务建基于“我们之所是的对话”的本体论基础之上；哈贝马斯援引无限制和无制约的交往之规范性理想，这种交往不是先于我们而存在，而是从未来的某一点引导我们。[③]

二、三次转向

解释学也实现了三次重大转向[④]：第一次是从特殊解释学到普遍解释学的转向。施莱尔马赫是这次转向的先锋人物，他“把解释学从独断论的教条中解放出来，使之成为一种解释规则体系的普遍解释学”[⑤]。第二次是从方法论解释学到本体论解释学的转向。此次转向的代表人物是伽达默尔，他在海德格

① 利科尔. 解释学与人文科学. 陶远华等译. 石家庄：河北人民出版社，1987：94.

② 利科尔. 解释学与人文科学. 陶远华等译. 石家庄：河北人民出版社，1987：99.

③ 保罗·利科. 诠释学与人文科学：语言、行为、解释文集. 孔明安等译. 北京：中国人民大学出版社，2011：38.

④ 洪汉鼎. 理解与解释——诠释学经典文选. 北京：东方出版社，2001：25-27；洪汉鼎. 诠释学——它的历史和当代发展. 北京：人民出版社，2001：27-29.

⑤ 洪汉鼎. 理解与解释——诠释学经典文选. 北京：东方出版社，2001：26.

尔的启发之下，实现了解释学从方法论到本体论的转变。“解释学不再被认为是对深藏于文本里的作者心理意向的探究，而是被规定对文本所展示的存在世界的阐释。”[①]第三次是从单纯作为本体论哲学的解释学到作为实践哲学的解释学的转向。这次转向的目的在于为解释学增添实践维度，从而恢复亚里士多德提倡的“实践智慧”观念。

三、二次革命

利科尔提出了文本解释学，哈贝马斯也提出了批判解释学。哈贝马斯的批判解释学实现了自己在解释学领域的新突破，这种新突破主要体现在哈贝马斯为解释学注入了批判精神和反思意识，使解释学思想与社会批判、意识形态批判相结合。

利科尔认为，解释学经历了二次“哥白尼式革命”。利科尔高度评价了海德格尔与伽达默尔的理论贡献。他指出，如果从局部解释学向一般解释学的第一个变动能够被誉为“哥白尼式革命”，那么，“我们现在正着手研究的第二个变动必须被看作是第二次哥白尼式变革的预兆，它将使方法论的问题从属于基本的本体论”[②]。

利科尔虽然没有明确指出但对哈贝马斯的批判解释学是第三条道路有所暗示，认为它是与一种元解释学或深度解释学联系在一起的。[③]格朗丹[④]、汤普森[⑤]等都转引了利科尔的观点。陆炜也认为，哈贝马斯的批判解释学走上了反对解释学普遍性要求的第三条道路，从而使解释学思想同意识形态的批判结合了起来。相对于伽达默尔式的普通解释学而言，深层解释学本身便是一种元解释学。[⑥]

四、其他类型

格朗丹在《哲学解释学导论》中将解释学分为三个走向：左、中、右。格朗丹认为，现代新解释学的真正原点应当在海德格尔那里，海德格尔之后，它

---

① 洪汉鼎. 理解与解释——诠释学经典文选. 北京：东方出版社，2001：26.
② 利科尔. 解释学与人文科学. 陶远华等译. 石家庄：河北人民出版社，1987：52-53.
③ 利科尔. 解释学与人文科学. 陶远华等译. 石家庄：河北人民出版社，1987：87-99.
④ 让·格朗丹. 哲学解释学导论. 何为平译. 北京：商务印书馆，2009：209.
⑤ Thompson J B. Studies in the Theory of Ideology. Los Angeles：University of California Press，1984：134-139；约翰 B 汤普森. 意识形态与现代文化. 第2版. 高铦等译. 南京：译林出版社，2012：300-314.
⑥ 陆炜. 批判解释学何以是批判的——析哈贝马斯的批判解释学思想. 复旦学报（社会科学版），1994，(2)：41-46.

大抵分为三个走向：左、中、右（这种划分不是意识形态意义上的）。右翼的代表是伽达默尔，他的观点相对来说比较稳重；左翼的代表是德里达，他的观点相对来说比较激进；中间的代表是哈贝马斯。他们各自所突出的传统、批判和解构的思想从根源上都可以追溯到海德格尔，因为海德格尔的解释学本来就含有这三个因素，只不过相对来讲处于潜在的状态。①

加拉格尔把解释学分为保守解释学（conservative hermeneutics）、中庸解释学（moderate hermeneutics）、激进解释学（radical hermeneutics）和批判解释学（critical hermeneutics）4 种类型。①保守解释学基于 19 世纪由施莱尔马赫和狄尔泰所确定的解释传统。很明显，这种方法被历史学家贝蒂和美国的文学教授、教育改革家赫施所采用。解释的目的就是通过采纳指导阅读过程的定义清晰的解释学规则，再现作者的意义或意图。②中庸解释学是由像伽达默尔和利科尔这样一些理论家提出的。他们主张没有任何方法能够保证对作者作品的绝对客观的解释，这是因为作为读者，我们为历史存在的偏见所制约。中庸解释学提出来一种有点乐观的解释观点。解释包含着创造，解释并不只是再现。③激进解释学受尼采和海德格尔的启发，由像德里达和福柯这样的解构主义者和后现代主义者所践行。解释需要和文本中的词语一起游戏，而不是用它们去发现文本内外的真理。解构主义的方法使文本出局。激进解释学的目的在于解构文本的意义，是要表明所有的解释都是偶然的或相对的。④批判解释学由一些像哈贝马斯和阿佩尔这样的批判理论家发展而成。批判理论的目的在于把社会和个人从政治权力和经济剥削中解放出来。解释学被用来作为一种洞察虚假意识、揭露我们信仰体系的意识形态本质、增进没有扭曲的交流的方法，从而达到一种解放的合意。②宾厄姆（C. Bingham）在《解释学》一文中引用了加拉格尔的四分法。③

第五节 教育模式的转向

意义的再现（reproduction of meaning）体现为贝蒂保守解释学的“意义符合规则”与赫施的“原意论”；意义的生成（generation of significance）体现为伽达默尔哲学解释学和利科尔文本解释学的“间距化生成性”；权力的生成

① 让·格朗丹. 哲学解释学导论. 何为平译. 北京：商务印书馆，2009：323.

② 肖恩·加拉格尔. 解释学与教育. 张光陆译. 上海：华东师范大学出版社，2009：7-10.

③ Bingham C. Hermeneutics//Peterson P，Baker E，McGaw B. International Encyclopedia of Educaion. Vol.6. 3rd ed. Oxford：Elsevier，2010：64-67.

（generation of power）体现为哈贝马斯批判解释学的“意识形态批判”与“转化解放兴趣”，它们在教育领域中分别表现为传输模式（transmission model）、生成模式（generative model）、转化模式（transformative model）。

传输模式、生成模式和转化模式，对这三种模式，温克做过精彩的论述。

一、传输模式

传输模式也常常被称作灌输模式、储存模式或复制模式，是教师站在讲台前将知识灌输进学生的脑子里，教师拥有知识，学生接受知识。教师的工作是采用“授受法”传输知识。教师是权威，教师控制着什么人应该知道什么。“权力始终是教育学的一部分。”[①]“教育行动使它灌输的文化专断得以再生产，从而有助于作为它专断强加权力的基础的权力关系的再生产（即文化再生产的社会再生产功能）。”[②]这种模式是以教师为中心，是一种单向度的而不是多向交流，学生被动或缺乏相互交流，教学场所只局限于教室，将真实世界关在了窗外。

弗莱雷认为，在传输模式教育中，知识是那些自以为知识渊博的人赐予在他们看来一无所知的人的一种恩赐。把他人想象成绝对的无知者，这是压迫意识的一个特征，它否认了教育与知识是探究的过程。教师在学生面前是以必要的对立面出现。[③]学生在接受知识的过程中，只能被迫地复制教师灌输的知识，是意义的再现。这些态度和做法整体上反映了压迫社会的面貌，反映了压迫意识和维系的社会结构：

（1）教师教，学生被教；

（2）教师无所不知，学生一无所知；

（3）教师思考，学生被考虑；

（4）教师讲，学生听——温顺地听；

（5）教师制定纪律，学生遵守纪律；

（6）教师作出选择并将选择强加于学生，学生唯命是从；

（7）教师作出行动，学生则幻想通过教师的行动而行动；

（8）教师选择学习内容，学生（没人征求其意见）适应学习内容；

（9）教师把自己作为学生自由的对立面而建立起来的专业权威与知识

---

① 琼·温克. 批判教育学——来自真实世界的笔记. 路旦俊译. 湖南：湖南教育出版社，2008：99-100.

② 布尔迪约 P，帕斯隆 JC. 再生产：一种教育系统理论的要点. 邢克超译. 北京：商务印书馆，2002：18.

③ 保罗·弗莱雷. 被压迫者教育学. 顾建新等译. 上海：华东师范大学出版社，2001：25.

权威混为一谈；

（10）教师是学习过程的主体，而学生只是纯粹的客体。[①]

传输模式教育麻痹、抑制创造力，非人性化，不怀疑，无批判性反思，“试图维持意识的淹没状态”[②]，学生既不关心这个世界被揭露，也不关心这个世界被改造，这样，“占少数的统治者就越容易发号施令”[③]。

二、生成模式

生成模式是指学生们必须积极地参与到学习过程中来。学生们聚集在一起，构建自己的知识体系。学习不是被动的。学生们将观点和以前掌握的知识结合在一起，然后生成意义。教师的工作是提供平台并采用“参与式”引导学习，让学生们从中学到东西。[④]这种模式是教师和学生积极地共同参与到学习活动当中，进行参与式学习、探究式学习、讨论式学习、创造性学习，但教学场所仍局限于教室，学习与社会隔离。

生成模式介于传输模式和转化模式之间，介于纯粹地无中生有的创造和完全的再现之间。尽管生成模式包括一定的知识创造性，但由于学习与社会隔离，往往容易局限于教育视角狭隘地看待教育问题，未能把教育问题置入社会、经济、文化大背景下去批判性分析，未能把教育思想同意识形态批判结合起来，将文本视为话语，找出社会、历史、文化与教育想象投射在文本中且未完成的深层意义，未能揭示权力关系。

三、转化模式

转化模式是指在转化教育学或批判教育学中，目标虽然包括生成知识，学习场所却从教室延伸到了社会。好的建设性教学法常常局限于教室内，批判教育学却从教室开始，延伸到社会，然后学生们的生活才能得到改善，自身或社会转化才能发生，这正是在实践批判教育学。[⑤]这种模式是转化了教师的权威，使学生“赋权增能”，教师和学生积极地共同参与到学习活动当中，教学场所超越教室，从教室延伸到社会。

---

① 保罗·弗莱雷．被压迫者教育学．顾建新等译．上海：华东师范大学出版社，2001：25-26.

② 保罗·弗莱雷．被压迫者教育学．顾建新等译．上海：华东师范大学出版社，2001：32.

③ 保罗·弗莱雷．被压迫者教育学．顾建新等译．上海：华东师范大学出版社，2001：28.

④ 琼·温克．批判教育学——来自真实世界的笔记．路旦俊译．长沙：湖南教育出版社，2008：99-100.

⑤ 琼·温克．批判教育学——来自真实世界的笔记．路旦俊译．长沙：湖南教育出版社，2008：99-101.

转化模式受到哈贝马斯的自我反思和解放兴趣、弗莱雷的批判意识觉醒和解放教育学，以及库恩（T. S. Kuhn）的“范式转换”等理论的启发和影响。哈贝马斯认为，自我反思能把主体从依附于对象化的力量中解放出来。自我反思是由解放兴趣决定的。以批判为导向的科学同哲学一样都具有解放兴趣。[①]批判性反思和理性交谈是教育转化模式的关键，学生在实践批判教育学时，从教室延伸到社会，当学生把知识应用到对社会的理解时，自然会出现观点上的“迷惘困境”。为了实现对真实世界的理解，学生就得从自己的经验中进行自我反思，将自己从课本和前见的束缚中解放出来，理性地评估原来的假设，理性地分析探索，平等地与教师和其他参与者交流、提问与对话，这是自身意识化的结果。通过这样，最终改变自己的观点，重新构建自己的新的世界观，也使他人的观点发生转变。弗莱雷认为，教育转化模式是“人性化的教育学”，在师生之间建立了“永久的对话关系”，它的“根基在于为自身解放作斗争的人的教育学”，“……被压迫者揭露压迫世界，并通过实践投身于改造世界。……压迫现实已被改造，这种教育学不再属于被压迫者，而成为永久的解放过程中所有人的教育学”[②]。

四、模式转换

与传输模式和生成模式相比，转化模式具有它的独特之处：一是从学习活动场景来说，转化模式打破了传统的教育模式，把学习场所从教室延伸到社会，也就是说，社会即学校，生活即教育，学习者通过这种模式进入真实世界。学生们研究的问题及各种可能的解决方法反映了大社会的困境，而社会的复杂性反映在结构策略和课堂教学的内容上。学生们行动并运用他们生成的知识为自己和社会化服务。[③]二是从教学方法来看，转化模式强调实践、应用、与现实生活联系在一起。批判教育学发展的中心是，需要揭示作为一种文化的实践，教育是如何在建造师生关系的不对称的权力关系中产生而不只是传递知识。[④]教师和学生们不仅体验批判教育学，而且生活在批判教育学中。三是从师生关系来看，转化模式强调师生共同参与，教学和课程的设计依据

① 尤尔根·哈贝马斯. 作为“意识形态”的技术与科学. 李黎，郭官义译. 上海：学林出版社，1999：129.

② Freire P Pedagogy of the Oppressed. 30th anniversary ed. New York：Continuum International Publishing Group，2000：53-54，68.

③ 琼·温克. 批判教育学——来自真实世界的笔记. 路旦俊译. 长沙：湖南教育出版社，2008：99-101.

④ 亨利 A 吉罗克斯. 跨越边界：文化工作者与教育政治学. 刘惠珍等译. 上海：华东师范大学出版社，2002：117.

于民主原理。所有过程将通过反思与对话联系在一起，且反思与对话在教室和社会中至关重要。[①]交流自由地从学习者传到学习者身上，教师成为学习过程中的一个平等参与者，教师角色转化了。四是体现了教育模式的转换，具体表征为从单向度的、由教师完全控制、灌输的“教”的模式向师生一起共同参与、行动的“学”的模式逐步转移，更加倾向于面对真实的境遇，个体生活经验及其意义和权力结构的一种深刻变化或根本性改变，尤其是权力关系、意义体系。转化模式已经取代了传输模式的传统地位，这犹如库恩的“范式转换”，也就是说，教育传输模式（即库恩所指的常规科学）的方法、意义观点、意义体系（即一组特别的知识、信念、价值判断和情感等）不再能应付一系列的反常现象：由此危机爆发并不断持续，直到一项新的教育转化模式（即库恩所指的新科学成就）诞生，重新指导研究，并被奉为新一代的范式。这种现象就是范式转换。[②]

与教育模式转换相对应的，温克提出的创造性对话有四个阶段：一是描写阶段。学生（无论是读者还是听者）接近文本或对话，开始理解其内容、人物、背景、情节和作者的意图。这常常是第一阶段，读者或听者在这个阶段中开始“明白”文本的观点。二是个人理解阶段，发生在读者或听者将自己的世界带入到文本中时。当读者依据自己的个人经历将自己与文本中的文字结合在一起时，他的反应便会千变万化。三是批判性/多元文化/无偏见阶段。指读者或听者批判性地反思并看到常常隐藏在文字中的微妙的以种族或性别为核心的偏见的程度。四是创造性/转化阶段。学生们在此阶段运用这种新知识和看法来改变自我和社会。[③]

从传输模式到生成模式再到转化模式不是教育中唯一的三种视角。从传输模式到转化模式之间有一个连续体。其他人运用过不同语言来描述这三种教与学的方式。在弗里曼（Y. Freeman）和弗里曼（D. Freeman）的《世界之间：接触第二语言习得》（*Between Worlds: Access to Second Language Acquisition*）中说明这三种方式将学生视作植物、建造者和探险家。将学生视作植物的是传输模式，因为老师给学生提供他们所需的一切。将学生视作建造者反映了学习知识和获得读写能力时的构建和生成模式。将学生视作探险家则是向转化模式发展。卡明斯描述了这三种典型的教与学方式：传统的、进步的和转化的。[④]

① 琼·温克. 批判教育学——来自真实世界的笔记. 路旦俊译. 长沙：湖南教育出版社，2008：201.
② 托马斯·库恩. 科学革命的结构. 第2版. 金吾伦，胡新和译. 北京：北京大学出版社，2012：16.
③ 琼·温克. 批判教育学——来自真实世界的笔记. 路旦俊译. 长沙：湖南教育出版社，2008：57.
④ 琼·温克. 批判教育学——来自真实世界的笔记. 路旦俊译. 长沙：湖南教育出版社，2008：110.

麦兹洛（J. Mezirow）提出了转化学习理论，它是对教育转化模式的补充。转化性学习（transformation learning）是一种非常深度的学习。这种学习的内容会涉及个体如何看待自己，如何面对生命，以及自我觉知和认同的改变。转化性学习通常会出现在一些危急的情况下，此时个体会同时发生认知与情感图式的重构，由此对行动的理解与处理方法会产生一种质的变化。[①]

未来的学生们需要能够获得新知识，对它进行批判的反思、解释并对新方法加以运用。不断变化的世界正拉着我们进入教育的转化模式世界。从意识形态的角度来说，有些人抵触转化是因为无法控制知识。教育的目的是为大家将社会转化成一个真正民主的环境。“尤其是，一个不仅改变、更拥有改变之理想的社会，将会更为进步，将会有不同的教育标准和方法，而不只是注重其传统的延续。”[②]“批判教育学涉及的是希望，而我们所有人都想得到希望。”[③]

第六节　意义服务权力

贝蒂和赫施的保守解释学割裂了现时情境与历史情境的关联，抛弃了实际性规则，进而脱离现时的价值意义，强调解释是一种倒转，要求回溯到历史的客观的自主性，追求历史现象的原始意义（即原初含义），这种解释是机械的平面镜式的解释，注重原始意义的再现，它返回到历史的原点，坚定维护传统的权威和霸权意识。

伽达默尔的哲学解释学建立现时情境与历史情境的视域融合，强调了实际性规则对历史的客观的自主性的创造。强调解释是一种时间距离，带有偏见、前见、成见回溯到历史的连续性中，追求历史现象的原始意义创新，生成现时的价值意义。这种解释是一种曲线的多棱镜式的解释，注重现时意义的生成，它参与到历史传统的对话中，伽达默尔强调的是历史性、参与和过去的对话，强调的主要是那种在不断变化的新的情境中经常被重新表述之价值和洞见来源的传统，妥协维护传统的权威和霸权意识。

哈贝马斯的批判解释学是断裂、分化传统，打破传统的天然实体，强调批判性疏离、批判距离和自我反思，改变主体对传统的看法，追求权力关系的转化。这种解释是一种深度解释学、元解释学，注重权力的生成，它参与到未完成的、未来的、应该进行的对话，强调我们自身从统治、压制和扭曲中解放出来，摒

① 魏戈，陈向明．教师实践性知识研究在荷兰——与波琳·梅耶尔教授对话．全球教育展望，2015，(3)：3-11.
② 琼·温克．批判教育学——来自真实世界的笔记．路旦俊译．长沙：湖南教育出版社，2008：219.
③ 琼·温克．批判教育学——来自真实世界的笔记．路旦俊译．长沙：湖南教育出版社，2008：230.

弃传统的权威和进行意识形态批判，从而推进解释学朝着意义服务权力转向。

哈贝马斯对伽达默尔的哲学解释学进行了批判。虽然伽达默尔的哲学解释学正确地论述了意义问题与应用问题之间的内在联系，应用促进意义的生成。但是哈贝马斯指出，在同意语言表现的应用要求时，也要考虑关系问题，因为同意往往有“系统地被歪曲的可能性”。他认为伽达默尔解释学只考虑理解与同意的统一，而未考虑理解与批判的统一。①在注重真理时，伽达默尔是否忽略某些观点在坚持一种压制的状态和权力分配不公时所可能具有的意识形态作用呢？②

这有可能以种种方式被联系到权力和统治的关系，只要我们单独依赖解释学理解，就一直不会清楚这种关系乃是需要超出解释学对意义的关注，而去到哈贝马斯称之为“指称系统”（reference system）的东西，它是由权力关系和社会内社会劳动条件所组成③，即全面的社会理论。因而它可能停留在表面层次而不能进入自由、平等和所有权讲法里所含的意识形态扭曲能得以表现的深度层次。它的意识形态向度乃在于系统地掩盖表现出的社会价值和理想得以被社会现实所破坏的方式。④社会的自我理解里的系统的和意识形态的歪曲可以通过超出解释学去到社会批判理论中加以揭露。⑤

批评者认为，传统的教育模式往往把教育理论当作一门价值无涉的纯科学来看待。教育理论依赖于许多关于理论、知识和科学的性质和作用的有缺陷的假定，并延伸出种种断章取义的、支离破碎的调查方式，强调直接的、可测量的和线性的方法论，忽视了有关意义与社会控制、意识形态和学校知识之间更大的关联这样一些根本的问题。⑥

教育既代表一种为寻求意义而进行的斗争，也是一种在权力关系上展开的斗争，权力与政治被给予一种根本的表达；意义、欲望、语言和价值的产生参与和反映着一些更深的信念，这些信念涉及什么东西属于人的本质、是值得去想象的、是为了一种特定的未来和社会生活的形式而值得去进行探索和斗争的。⑦学校并不是脱离社会的其他部分而绝对孤立地存在的，学校是特定的规则和社会关系的具体呈现。学校组织的性质，建立在价值的基础之上。与此类似，课程设计、实施和评估总是代表着有关知识性质、课堂社会关系及权

---

① 洪汉鼎. 诠释学——它的历史和当代发展. 北京：人民出版社，2001：283-284.
② 乔治娅·沃恩克. 伽达默尔——诠释学、传统和理性. 洪汉鼎译. 北京：商务印书馆，2009：135.
③ 乔治娅·沃恩克. 伽达默尔——诠释学、传统和理性. 洪汉鼎译. 北京：商务印书馆，2009：137.
④ 乔治娅·沃恩克. 伽达默尔——诠释学、传统和理性. 洪汉鼎译. 北京：商务印书馆，2009：141.
⑤ 乔治娅·沃恩克. 伽达默尔——诠释学、传统和理性. 洪汉鼎译. 北京：商务印书馆，2009：156.
⑥ 亨利 A 吉鲁. 教师作为知识分子：迈向批判教育学. 朱红文译. 北京：教育科学出版社，2008：23.
⑦ 亨利 A 吉鲁. 教师作为知识分子：迈向批判教育学. 朱红文译. 北京：教育科学出版社，2008：132.

力分配的判断方式。[①]

批评者认为需要对课程、学校与社会之间的关系进行彻底的重新审视。这种重新审视集中在两个广泛的交互关系上。一方面，是学校同主导社会之间的关系，这里的焦点主要是政治的意识形态的，其着重点是强调学校如何在隐性课程和正规课程体系中发挥自己的功能，再生产那些维持更广大社会秩序的文化信念和经济关系。另一方面，关注点在于日常课堂关系的结构如何产生出不同的意义、限制、文化价值和社会关系。在这两个关注点之下，隐含着对意义与社会控制之间关系的一种更深切的兴趣。[②]

阿普尔已经把课程问题的争论提升到批判的新高度，提倡把课程定义为“意识形态中的学习”的课程观。在这一观点看来，关于知识的生产、分配和评估的问题，与更大的社会中的控制和支配的问题是直接联系在一起的。[③]课程必须摒弃所谓价值无涉的意识形态的伪装，兼具批判性和深刻的历史性。[④]隐性课程隐含着意义的深层结构及传达给学生的未言明的规范、价值和信念。[⑤]关于课程内容的争论，可被视为更广泛的世界和社会确立“象征性表达”而展开的权力斗争，书本和其他媒体上的象征性表达，经常被用来为特定社会团体的支配性地位寻找正当理由，并巩固他们的地位，强调他们的文化和取得的成就注定是重要的，是值得记载下来的。[⑥]

教育是一种文本的、文字的和可见的实践的结构，它探索人们认识自身的过程和认识他人及周围环境的方式。它承认那些出现在社会文化生产各个领域中的符号形式，表现了相互对抗、不平等的权力关系。作为文化生产的一种形式，教育受知识、欲望、价值和社会实践的建构的影响。教育能够争夺符号生产的主导形式。教育作为一种文化实践，既在争夺也在复制着各种形式的图像、文字、谈话和行动的结构、表现欲的具体实施。它让文化工作者、教师和学生们知道了他们自己及他们群体的未来。[⑦]转化性知识分子这个范畴的核心是有必要使教育更有政治性，从而使政治更有教育性。使教育更有政治性，意味着要将学校教育直接插进政治领域中，因为学校教育既代表界定意义的斗争，也代表在权力关系上的斗争。[⑧]

① 亨利 A 吉鲁. 教师作为知识分子：迈向批判教育学. 朱红文译. 北京：教育科学出版社，2008：25.
② 亨利 A 吉鲁. 教师作为知识分子：迈向批判教育学. 朱红文译. 北京：教育科学出版社，2008：27.
③ 亨利 A 吉鲁. 教师作为知识分子：迈向批判教育学. 朱红文译. 北京：教育科学出版社，2008：28.
④ 亨利 A 吉鲁. 教师作为知识分子：迈向批判教育学. 朱红文译. 北京：教育科学出版社，2008：29-30.
⑤ 亨利 A 吉鲁. 教师作为知识分子：迈向批判教育学. 朱红文译. 北京：教育科学出版社，2008：34.
⑥ 史利特 C，格兰特 C. 当前教科书中种族、阶级、性别和残疾人问题. 侯定凯译//阿普尔 M，克丽斯蒂安-史密斯 L. 教科书政治学. 上海：华东师范大学出版社，2005：93.
⑦ 亨利 A 吉罗克斯. 跨越边界：文化工作者与教育政治学. 刘惠珍等译. 上海：华东师范大学出版社，2002：4.
⑧ 亨利 A 吉鲁. 教师作为知识分子：迈向批判教育学. 朱红文译. 北京：教育科学出版社，2008：154.

第三章　美国批判教育学的范式和转换

库恩在 1962 年出版了《科学革命的结构》（*The Structure of Scientific Revolutions*）一书，在 1965 年 7 月 13 日的学术讨论会上，玛格丽特·玛斯特曼（Margaret Masterman）强有力地宣称“托马斯·库恩是当代一位杰出的科学哲学家”[①]。《科学革命的结构》中用了两个重要的概念“不可通约性”（incommensurability）和“范式”（paradigm）。“范式”一词成为自然科学和社会科学研究中一个十分重要的概念，它激起了人们的兴趣，但也遭到许多人的批评，“它几乎可以让任何人作任何理解”[②]。库恩说，“范式是共有的范例，这是我现在认为本书中最有新意而最不为人所理解的那些方面中的核心内容”[③]，“范式，处处可见”，“批评者不管同意不同意我，都一致指出这个词被用于大量不同的意义”[④]。玛格丽特·玛斯特曼发现库恩在《科学革命的结构》中对“范式”一词至少有 21 种不同的用法，而令人好奇的是，库恩自己说其实是有 22 种含义。从“一种具体科学成就”到“一组特定的信念和先入之见”，后者包括各种仪器的、理论的、形而上学等方面的承诺。[⑤]玛格丽特·玛斯特曼在《范式的本质》（*The Nature of Paradigm*）一文中系统地考察了库恩的范式概念，并将其概括为三种类型：①形而上学范式，或可称为元范式（metaparadigm）；②社会学范式（sociological paradigm）；③人工范式（artifact paradigm）或构造范式（construct paradigm）。[⑥]

---

① 玛格丽特·玛斯特曼. 范式的本质. 周寄中译//伊姆雷·拉卡托斯，艾兰·马斯格雷夫. 批判与知识的增长. 北京：华夏出版社，1987：73.

② 托马斯·库恩. 必要的张力：科学的传统和变革论文选. 范岱年，纪树立译. 北京：北京大学出版社，2004：287.

③ 托马斯·库恩. 科学革命的结构. 第 2 版. 金吾伦，胡新和译. 北京：北京大学出版社，2012：157.

④ 托马斯·库恩. 必要的张力：科学的传统和变革论文选. 范岱年，纪树立译. 北京：北京大学出版社，2004：287.

⑤ 玛格丽特·玛斯特曼. 范式的本质. 周寄中译//伊姆雷·拉卡托斯，艾兰·马斯格雷夫. 批判与知识的增长. 北京：华夏出版社，1987：77-83；托马斯·库恩. 必要的张力：科学的传统和变革论文选. 范岱年，纪树立译. 北京：北京大学出版社，2004：287-288；托马斯·库恩. 科学革命的结构. 第 2 版. 金吾伦，胡新和译. 北京：北京大学出版社，2012：11.

⑥ 玛格丽特·玛斯特曼. 范式的本质. 周寄中译//伊姆雷·拉卡托斯，艾兰·马斯格雷夫. 批判与知识的增长. 北京：华夏出版社，1987：83-84；李创同. 论库恩沉浮：兼论悟与不可通约性. 上海：上海人民出版社，2006：89-90.

第一节　库恩的范式理论

库恩借鉴维特根斯坦的“家族相似”概念来论证他的范式概念。家族相似性在维特根斯坦看来，一个家庭的成员之间的各种各样的相似之处：体形、相貌、眼睛的颜色、步姿、性情等，以同样方式互相重叠和交叉。[①]对维特根斯坦来说，游戏、椅子和树叶都是自然家族，每一家族都由重叠和交叉的相似之网所构成。这张网的存在充分说明了我们认定相应的对象或活动是成功的。只有当我们命名的家族重叠并逐渐相互融合——即只有当自然家族不存在时——我们在辩论和命名中获得的成功才能证实，对应于我们所使用的每一类名称都有一套共同的特征。[②]

在常规科学中，也具有类似于上述家族成员之间的关系。它们所共有的东西并不是说，它们符合某一组明显的或甚至完全可发现的规则和假定，这组规则和假定赋予该传统以它所具有的特征，并植根于科学家的思想之中。相反地，它们可以通过相似和模拟将科学整体的这一部分或那一部分联系起来，这个科学整体就是从事研究的共同体认作是已确立了的成就。范式比能从其中明白地抽象出来进行研究的任何一组规则更优先、更具约束力、更加完备。[③]没有范式，人们简直就无法对事物加以区分，也没有一致赞同要加以研究的问题。[④]

关于范式，库恩后来改用“科学共同体”“学科基质”“分类学”“词典”等概念。“范式”一词无论在实际上还是在逻辑上，都很接近于“科学共同体”这个词。一种范式是，也不仅是一个科学共同体成员所共有的东西。反过来说，也正由于他们掌握了共有的范式才组成了这个科学共同体，尽管这些成员在其他方面也是各不相同的。作为经验概括，对这正反两种说法都可以为之辩护。要把“范式”这个词阐述好，首先必须认识科学共同体的独立存在。[⑤]在正常情况下，一个科学共同体是解决它的范式所规定的问题或谜题的极为有效的工具。[⑥]

① 维特根斯坦. 哲学研究. 李步楼译. 北京：商务印书馆，1996：48.
② 托马斯·库恩. 科学革命的结构. 第2版. 金吾伦，胡新和译. 北京：北京大学出版社，2012：38.
③ 托马斯·库恩. 科学革命的结构. 第2版. 金吾伦，胡新和译. 北京：北京大学出版社，2012：38.
④ 托马斯·库恩. 科学革命的结构. 第2版. 金吾伦，胡新和译. 北京：北京大学出版社，2012：（导读）18.
⑤ 托马斯·库恩. 必要的张力：科学的传统和变革论文选. 范岱年，纪树立等译. 北京：北京大学出版社，2004：288.
⑥ 托马斯·库恩. 必要的张力：科学的传统和变革论文选. 范岱年，纪树立等译. 北京：北京大学出版社，

一个科学共同体由同一个科学专业领域中的工作者组成。在一种绝大多数其他领域无法比拟的程度上，他们都经受过近似的教育和专业训练；在这个过程中，他们都钻研过同样的技术文献，并从中获取许多同样的教益。通常一种标准文献的范围标出了一个科学学科的界限，每个科学共同体一般有一个它自己的主题。在科学中、在共同体中都有学派，即以不相容的观点来探讨同一主题。批判教育学流派主要可分为具有保守性的德国流派和具有创新风格的英美流派；在美国批判教育学中，也可分为许多形态，如对应原理和再生产理论、非改革主义者的改革、边界教育学、革命的多元文化主义、务实的批判教育学、转化教育学、批判生态教育学、三棱镜式批判教育学、革命的-学术的批判教育学、解放教育学等不同形态，在本章第二节将论述到。虽然不同流派和形态存在争辩，甚至持有针锋相对的观点，但是它们都是为了揭示教育中的不公平、不平等，为了人的解放及有利于人的解放的社会这同一主题。科学共同体的成员把自己看作并且别人也认为他们是唯一的去追求同一组共有的目标，包括训练他们的接班人的人。在这种团体中，交流相当充分，专业判断也相当一致。另外，由于不同的科学共同体集中于不同的主题，不同的团体之间的专业交流有时十分吃力，并常常导致误解。如果继续下去，还可能引发重大的、难以预料的分歧。①

是什么共同因素决定科学共同体内部专业交流成问题、专业见解一致的特点呢？如果以“专业基体”（disciplinary matric，又译为学科基质）来表示，意思会更明确一些。“专业”，是一门专门学科的实际工作者所共同掌握的；“基体”，是由各种各样条理化的因素所组成，而每一因素又需要进一步说明。这种专业基体的组成，包括大部分或全部的群体承诺的宗旨，《科学革命的结构》一书说是“一种范式”或“一组范式”。这里指的是综合意义上的“范式”，它由不同的承诺和实践所组成，其中强调的有符号概括、模型和范例。所有或大部分当作范式、范式的一部分或具有范式性的团体的承诺对象，都是专业基体的组成成分，并形成一个整体而共同起作用。②

一个范式就是一个科学共同体的成员所共有的东西，反过来，一个科学共同体由共有一个范式的人组成。③同样，美国批判教育学这个科学共同体，是由许多美国批判教育学家所组成的，而且存在这些批判教育学家所共有的东西。究竟在何种意义上，某个特定科学共同体工作的全部观众和裁决者都是

2004：139.

① 托马斯·库恩. 科学革命的结构. 第2版. 金吾伦，胡新和译. 北京：北京大学出版社，2012：148-149.

② 托马斯·库恩. 必要的张力：科学的传统和变革论文选. 范岱年，纪树立等译. 北京：北京大学出版社，2004：290.

③ 托马斯·库恩. 科学革命的结构. 第2版. 金吾伦，胡新和译. 北京：北京大学出版社，2012：147.

这个共同体的成员。[①]除了令人瞩目之外，科学成就还必须：一是“空前地吸引一批坚定的拥护者”，使他们脱离科学活动的其他竞争模式；二是它们必须是开放性的，具有许多的问题，以留待“重新组成的一批实践者去解决”。库恩总结说：“凡是共有这两点特征的成就，我此后便称之为‘范式’。”[②]

范式间的差异不只是关于实质的，因为范式不仅指涉自然，而且支撑着产生它们的那门科学。范式是一个成熟的科学共同体在某段时间内所认可的研究方法、问题领域和解题标准的源头活水。因此，接受新范式，常常需要重新定义相应的科学。有些老问题会移交给另一门科学去研究，或被宣布为完全“不科学”的问题。以前不存在的或认为无足轻重的问题，随着新范式的出现，可能会成为能导致重大科学成就的基本问题。随着问题的改变，那些把科学解答从形而上学思辨、文字游戏或数学谜题中分辨出来的标准也要改变。科学革命中出现的新的常规科学传统，与以前的传统不仅逻辑上不相容，而且实际上是不可通约的。[③]

范式一改变，这世界本身也随之改变了。科学家由一个新范式指引，去采用新工具，注意新领域。甚至更为重要的是，在革命过程中科学家用熟悉的工具去注意以前注意过的地方时，他们会看到新的不同的东西。这就好像整个科学共同体突然被载运到另一个行星上去，在那里他们过去所熟悉的物体显现在一种不同的光线中，并与他们不熟悉的物体结合在一起。当然，那种事并没有发生过，科学共同体并没有经历地理上的迁移；实验室外日常事务依旧进行。尽管如此，范式改变的确使科学家对他们研究所及的世界的看法变了。仅就他们通过所见所为来认知世界而言，我们就可以说：在革命之后，科学家们所面对的是一个不同的世界。[④]这就是库恩所说的范式转换。前文中所分析的从传输模式向转化模式转换，就是库恩的范式转换理论应用的一个典型例子。在本章第四节中将要论述的“美国批判教育学的发展脉络”，可分为“对应原理和再生产理论”“抵制理论”“后现代批判教育学”三个阶段，实际上又是美国批判教育学的三种形态的演变，也是美国批判教育学的范式转换。因为从传输模式到转化模式之间有一个连续体，同样从“对应原理和再生产理论”阶段到“后现代批判教育学”阶段也有一个连续体，所以，从传输模式到转化模式的转向及从“对应原理和再生产理论”阶段到“后现代批判教育学”阶段的转换过程都是一个局部渐变的过程，不是库恩所言的范式的格式

① 托马斯·库恩. 科学革命的结构. 第2版. 金吾伦，胡新和译. 北京：北京大学出版社，2012：175.
② 托马斯·库恩. 科学革命的结构. 第2版. 金吾伦，胡新和译. 北京：北京大学出版社，2012：(导读)15-16.
③ 托马斯·库恩. 科学革命的结构. 第2版. 金吾伦，胡新和译. 北京：北京大学出版社，2012：88.
④ 托马斯·库恩. 科学革命的结构. 第2版. 金吾伦，胡新和译. 北京：北京大学出版社，2012：94.

塔转换，而是范式的局部转换。

不管范式有多少种用法，还是可以分成两组，各有名称，可分别讨论。范式的一种意义是综合的，包括一个科学群体所共有的全部承诺；另一种意义则是把其中特别重要的承诺抽出来，成为前者的一个子集。[①]也就是说，“范式”一词有两种意义不同的使用方式。一方面，它代表一个特定共同体的成员所共有的信念、价值、技术等构成的整体。另一方面，它指称那个整体的一种元素，即具体的谜题解答；把它们当作模型和范例，可以取代明确的规则以作为常规科学中其他谜题解答的基础。[②]据此，在分析美国批判教育学问题特征时可以从两个视角出发，一是从整体视角，即本章第二节“美国批判教育学的范式分析”，在此节中，从美国批判教育学共同体的视角来把握美国批判教育学的整体特征；二是，在本章第三节中，从整体的一种元素出发，来把握美国批判教育学的形态，即美国批判教育学范式中的典型模型和范例。这样从整体和元素两个视角出发，能更完整、更有说服力地透析美国批判教育学范式。

第二节 美国批判教育学的范式分析

库恩的范式理论虽然主要是指自然科学方面的哲学思想，论证范式理论的例子也主要出自自然科学史，但是范式理论仍然适用于其他科学中，因为任何一门学科都有它自己共同体的成员所共有的东西，如理论假设、主题、问题、方法等。范式理论在批判教育学中也同样适用，范式是指在批判教育学中很重要的一个概念、问题、议题、假设或理念。构建美国批判教育学范式的目的，在于提供一个理论架构，分析美国批判教育学共同体的属性、理论来源、理论假设和承诺、研究主题、目标和任务、研究方法等，以及更好地了解美国批判教育学所衍生的理论。

一、美国批判教育学共同体的属性

教育被深深地卷入文化政治学。[③]作为文化政治学的形式，批判教育学拒绝把教学狭隘地规定为与工具性技术、技能和客体的相关。[④]教育中涉及的理

① 托马斯·库恩. 必要的张力. 范岱年，纪树立等译. 北京：北京大学出版社，2004：288.
② 托马斯·库恩. 科学革命的结构. 第2版. 金吾伦，胡新和译. 北京：北京大学出版社，2012：147.
③ 阿普尔. 意识形态与课程. 黄忠敬译. 上海：华东师范大学出版社，2001：（第二版序言）2.
④ 亨利 A 吉罗克斯. 跨越边界：文化工作者与教育政治学. 刘惠珍等译. 上海：华东师范大学出版社，2002：117.

论、政策和实践不是技术性问题，它们本质上是伦理性和政治性问题。[①]

批判教育学拒绝价值中立的话语。[②]阿普尔认为教育并非一个价值中立的事业，就教育制度的本质而言，无论教育工作者是否意识到，他们已经卷入了一项政治活动，教育工作者不应该把他们的教育活动与不平等的制度安排和支配我们先进工业经济的各种意识形态完全分割开来。[③]意识形态、霸权和选择性传统构成了进行政治分析基础的批判性因素。[④]

在斯宾塞（H. Spencer）著名问题——“什么知识最有价值”的背后，存在另一个更具有争议性的问题，即“谁的知识最有价值”。在回答“在学校谁的知识被社会认可”“用谁的文化去教育孩子”[⑤]这些问题上，阿普尔提出一系列更加具有政治性的问题。“一个集合型文化的特定方面为何并如何成为学校内客观的事实性的知识？具体而言，官方知识是如何代表了一个社会当中占统治地位的利益团体的意识形态配置的？学校又是如何使得这些有局限性的甚至是片面的知识标准成为无可置疑的真理呢？”[⑥]“怎样付费、寻求达到什么目标、如何测量这些目标、谁有权控制、什么教科书被通过、谁做得好和谁做得不好、谁有权提出和回答这些问题，等等。”[⑦]正规的学校教育在很大程度上是由政府来组织和控制的，这就意味着一个完整的学校教育过程在本质上是政治性的。因而，作为政治机构的一个有机部分，教育系统经常处于这些重要斗争的中心，即为民主而斗争、为合法的权威和文化而斗争、为谁应当从政府政策和实践中获益最大而斗争。

课程的设计，天生就是一个政治和道德的过程。它涉及有价值教育活动的竞争性意识形态、政治和强烈的个人概念。[⑧]阿普尔指出，批判教育学者的任务不是去抗拒课程设置和教学方法的政治，而是去认识这种政治是如何发挥作用的，弄清楚并且去运用它。[⑨]任何课程表面上符合政治的指导方针，但是否要注入批判教育学的种种文化与政治，且注入批判、开放、民主、滋养等的元素，全存乎老师一心。在这个课程中，可能性的语言不只是期求教师传授不同国家、习惯及风俗的内容，而是因为它所涉及的社会正义及人性状态乃

① 迈克尔 W 阿普尔. 意识形态与课程. 黄忠敬译. 上海：华东师范大学出版社，2001：（第二版序言）2.
② 亨利 A 吉罗克斯. 跨越边界：文化工作者与教育政治学. 刘惠珍等译. 上海：华东师范大学出版社，2002：121.
③ 迈克尔 W 阿普尔. 意识形态与课程. 黄忠敬译. 上海：华东师范大学出版社，2001：1.
④ 迈克尔 W 阿普尔. 意识形态与课程. 黄忠敬译. 上海：华东师范大学出版社，2001：6.
⑤ 阿普尔 M，克里斯蒂安-史密斯 L. 教科书政治学. 侯定凯译. 上海：华东师范大学出版社，2005：1.
⑥ 迈克尔 W 阿普尔. 教育与权力. 第2版. 曲囡囡，刘明堂译. 上海：华东师范大学出版社，2008：18.
⑦ 迈克尔 W 阿普尔. 国家与知识政治. 黄忠敬，刘世清，王琴译. 上海：华东师范大学出版社，2006：1.
⑧ 迈克尔 W 阿普尔. 意识形态与课程. 黄忠敬译. 上海：华东师范大学出版社，2001：128.
⑨ 迈克尔·阿普尔. 官方知识：保守时代的民主教育. 第2版. 曲囡囡，刘明堂译. 上海：华东师范大学出版社，2004：41.

是教学事业的核心议题。[①]

教科书不仅是“事实”的“传输系统”，它还是政治、经济、文化活动、斗争及相互妥协等共同作用的结果。教科书是真正由人们根据自己的真实兴趣构思、设计和创作出来的。它的出版发行受到政治和经济领域中市场、资源、权力等因素的制约。将学校课程看作中立的知识，显然是一种天真的想法。相反地，被认为是合法的知识，恰恰是复杂的权力关系，以及身份等级、种族、性别、宗教团体不断斗争的结果。因此，教育和权力是相辅相成、不可分割的。持续不断的社会动荡凸显了教育和权力之间的关系。[②]

围绕将什么编入教科书中、将什么排除在教科书之外的“正式知识”的争论，事实上蕴含了更深层次的政治、经济文化联系和历史。围绕教科书所暴露的冲突，往往反映出权力关系上更深层次的问题。[③]在教科书政治学的语境中，我们最关注的话题应该是权力。有关教科书的争论只是文化政治学的一种形式。[④]作为一种教育学的实践活动，教科书不能只是作为思想生产的一个研究领域来阅读，还要联系更广泛的制度实践和社会结构中的权力关系。实际上，教科书权威不仅是一场关于确立和发展政治问题的斗争，还是知识和权力关系斗争的过程和结果。[⑤]

没有任何一种观察、命名是意识形态中立或无辜的，没有一种思想、观点或理论是透明的、自然天成或自由浮动的，如果有这种事情存在，那正反映了一种中产阶级想要掩饰既有社会利益的迷思。任何观点总是必然地跟某种利益联结在一起，而且在某种的权力关系下述说，并且跟特定的权力知识关系连接在一起。绝对没有一种东西，是不受人类意识的中介支配的。知道任何事情，都是某种权力知识关系的结果。关键的问题是：谁有权力来生产某种形式的知识，他的知识又比别人更具合法性基础吗？[⑥]

夏皮罗（Shapiro）已经写过颇能代表批判教育学而且清晰准确的声明。第一，批判教育学是一个形式，在其他领域中这一形式也被人描述为文化政治。第二，采取批判教育学乃是对教学风格与教学政治所作的意识选择。第三，知识从来不是“都给我吧”。第四，我们知道批判教育学在这场要终结许多屈服、压迫与异化形式的奋斗中并不孤独。第五，有些是修辞上的问题。批

① 贝瑞·康柏. 批判教育学导论. 张盈堃，彭秉权，蔡宜刚等译. 台北：心理出版社股份有限公司，2004：263.
② 阿普尔 M，克里斯蒂安-史密斯 L. 教科书政治学. 侯定凯译. 上海：华东师范大学出版社，2005：2.
③ 阿普尔 M，克里斯蒂安-史密斯 L. 教科书政治学. 侯定凯译. 上海：华东师范大学出版社，2005：4.
④ 阿普尔 M，克里斯蒂安-史密斯 L. 教科书政治学. 侯定凯译. 上海：华东师范大学出版社，2005：8.
⑤ 阿罗诺维茨 S，吉鲁 H. 教科书权威、文化和文化素养的政治学. 侯定凯译//阿普尔 M，克里斯蒂安-史密斯 L. 教科书政治学. 侯定凯译. 上海：华东师范大学出版社，2005：267.
⑥ 彼得·麦克拉伦. 校园生活——批判教育学导论. 萧昭君，陈巨擘译. 台北：巨流图书有限公司，2003：XV.

判教育学不只是个工作平台，也不是一个人人都采用却了无意义的学科模型。第六，批判教育学终极的目的在于肯定其他人类的历史感与自我意识。①批判教育学就是关于意识形态提升，而在意图上它是道德的，在本质上是伦理的，以寻求正义作为终点。②

金奇洛说，批判教育学是一个复杂的概念，它需要许多信奉它的参与者。③一般而言，如同知识一样，批判教育学的所有特征是由设计者及设计者所持有的价值所塑造的。金奇洛从社会或者文化的角度，描述了批判教育学的 11 项中心特征。在这些特征中，④其中“批判教育学基于正义和平等的社会和教育愿景、批判教育学构建教育是天生政治性的信念、批判教育学奉献于减轻人类的苦难、边缘化和批判教育学”四项特征都描述了批判教育学的政治属性和正义担当。

由此可见，美国批判教育学是一门价值关涉、揭示权力关系的文化政治学，使政治更像教育，而教育更像政治，表现为解放兴趣包含在以批判为导向的科学观之中，以及在此基础上建立的批判的社会科学。

二、美国批判教育学共同体的理论来源

由于美国批判教育学形态繁多，种类复杂，自然它的理论来源也不尽相同，但从一定意义上来说，美国批判教育学理论主要来自下列三条主线：一是以杜威为主线的北美本土的进步主义民主教育传统；二是拉丁美洲的巴西批判教育理论家弗莱雷的解放/批判教育学理论；三是欧洲大陆的德国法兰克福学派的批判理论、英国伯明翰文化研究学派的大众文化理论、法国后现代主义的权力理论和解构/延异理论。当然，除此之外，美国批判教育学还受到其他理论的影响，如新马克思主义理论、布迪厄的文化资本理论、葛兰西的意识形态霸权理论等。

巴西解放教育学理论家弗莱雷被认为是半个世纪以来最重要的教育家，是自赫尔巴特（J. F. Herbart）、杜威以来，教育理论史的“第三次革命”的开创者和实施者。⑤其巨著《被压迫者教育学》自问世以来，对整个教育界产生

① 贝瑞·康柏. 批判教育学导论. 张盈堃，彭秉权，蔡宜刚等译. 台北：心理出版社股份有限公司，2004：292-293.
② 贝瑞·康柏. 批判教育学导论. 张盈堃，彭秉权，蔡宜刚等译. 台北：心理出版社股份有限公司，2004：312.
③ Kincheloe J. Critical Pedagogy Primer. New York：Peter Lang，2005：2.
④ Kincheloe J. Critical Pedagogy Primer. New York：Peter Lang，2005：5-34.
⑤ 董标. 哪里有压迫，哪里就应该有《被压迫者教育学》——试述保罗·费莱雷的“解放教育学”. 比较教育研究，2002，(8)：1-6.

了巨大的影响。

温克提出了“批判教育学究竟来自哪里”的问题，她追溯美国批判教育学的根源，从拉丁美洲的声音、欧洲的声音、东方的声音，直到北美的多层声音。她描述了来自拉丁美洲的弗莱雷，欧洲的葛兰西、马克思、法兰克福学派的批判理论、斯库特纳布-坎加斯，东方的甘地等的观点及与批判教育学的关联。在论及北美的批判声音时，她直接评论那些最直接地影响了她本人经历和思想的批判理论家，如杜威、阿达、麦克拉勃、吉鲁、麦克拉伦、卡明斯、克拉申。[①]温克注重将批判教育学的来源划归于真实世界，她认为：“批判教育学的历史继续进展；它不是一个产物，而是一个发展过程，而阅读批判教育学记载的每个人都是这个发展中的一部分。”[②]

金奇洛认为，法兰克福学派批判理论是美国批判教育学的根源，批判理论为批判教育学奠定了基础。批判教育学的概念——关注广泛领域中导致人类压迫的权力压迫关系的转化——在批判理论中找到了它的起源和发展，并且在新纪元中拥抱新的批判话语。[③]

达德尔、巴尔托达诺和托里斯分析了批判教育学形成的主要影响：①20世纪教育家和活动家，如杜威、霍顿、赫伯特、科尔、鲍尔斯和金蒂斯、卡努瓦、阿普尔和伊利奇；②巴西的弗莱雷和波瓦；③葛兰西和福柯；④法兰克福学派。[④]

康柏认为，批判教育学的种子埋藏在杜威及康茨的伟大身影下，到最近的弗莱雷、吉鲁及格林，还有不计其数的其他学者，好比阿普尔与麦克拉伦。这些学者都对我们学校梦魇般的处境做出勇敢的回应。[⑤]

古尔-泽弗认为，批判教育学建立在法兰克福学派批判理论的核心概念之上。[⑥]弗莱雷的教育学，如同吉鲁的教育学，以作为“批判教育学”而著名，它以法兰克福学派批判理论作为它的主要来源之一，还有激进理论教育学和葛兰西的意识形态批判。[⑦]

---

① Wink J. Critical Pedagogy：Notes from the Real world. 3rd ed. Boston，MA：Allyn and Bacon，2005：83-117.

② Wink J. Critical Pedagogy：Notes from the Real world. 3rd ed. Boston，MA：Allyn and Bacon，2005：117.

③ Kincheloe J. Critical Pedagogy Primer. New York：Peter Lang，2005：45.

④ Darder A，Baltodano M，Torres R D. Critical pedagogy：An introduction//Darder A，Baltodano M，Torres R D. The Critical Pedagogy Reader. New York：RoutledgeFalmer，2003：1-21.

⑤ 贝瑞・康柏. 批判教育学的议题与趋势. 彭秉权译. 高雄：丽文文化事业股份有限公司，2005：5.

⑥ Gur-Ze'ev I. Critical theory and critical pedagogy today：Toward a new critical language in education (introduction)//Gur-Ze'ev I. Critical Theory and Critical Pedagogy Today：Toward a New Critical Language in Education. Haifa：Haifa University，2005：7-34.

⑦ Gur-Ze'ev I. Toward a nonreperssive critical pedagogy. Educational Theory，1998，48(3)，463-486.

布来茵[①]、格恩克[②]、马洛特[③]与古尔-泽弗持有相似的观点，他们认为，北美当代批判教育学的起源往往追溯到两个主要来源——后期巴西教育家弗莱雷和德国的法兰克福学派的批判思想家。金奇洛表明，今天从事批判教育学的任何人必须参考弗莱雷的工作；麦克拉伦称弗莱雷为“批判教育学的首席哲学家”。有些人会把批判教育学与吉鲁联系在一起，他在20世纪80年代创造了“批判教育学”这个词。还有人也许会把批判教育学与法兰克福学派批判理论家霍克海默、马尔库塞或者更多的当代批判理论家像阿普尔、肖尔、胡克斯联系在一起——所有杰出人物在教师教育中出现和实施批判教育学，正如今天我们所知道的那样。[④]

阿普尔指出，《意识形态与课程》此书中所提出的问题仍深深地植根于长期以来的传统——植根于杜威和康茨界定民主教育的尝试，植根于过去民主的课程改革，植根于休伯纳“我们不能从课程论述中清除个人、伦理和政治的因素”的雄辩主张，植根于格林的作为教育者自身的“存在位置”的引人注目的主张，等等。[⑤]新马克思主义理论传统提供了一种最令人信服的组织人们的教育思想和行为的理论框架。[⑥]

阿普尔说，他所要审视的这种政治/经济关系在很大程度上与卡茨(Kats)、卡雷尔（Karier）和范伯格（Feinberg）在教育历史和教育哲学领域中所做的工作，与鲍尔斯、金蒂斯、卡努瓦和莱文在教育经济学领域内的工作，以及扬、伯恩斯坦和布迪厄在教育社会学领域内的工作有着很大的相似性。[⑦]

在阿普尔看来，批判教育学是跨学科建制或者说超越学科建制的。正是这种跨学科建制，让阿普尔难以认同强贴在他身上的任何标签。阿普尔认同新葛兰西主义的意识形态霸权理论和英国伯明翰文化研究学派关于大众文化的理解；此外，诸如女性主义和萨义德的后殖民理论资源都为他所批判性地接纳；正如杰瑞利（J. M. Giarelli）在其《文化政治与教育》一书序中所言，阿普尔又继承了由杜威所创建的进步主义民主政治和学术批判传统。[⑧]

---

① Breuing M. Problematizing critical pedagogy. International Journal of Critical Pedagogy，2011，3(3)：1-23.

② Groenke S L.Social reconstructionism and the roots of critical pedagogy: Implications for teacher education in the neoliberal era// Groenke S L, HatchJ A. Critical Pedagogy and Teacher Education in the Neoliberal Era: Small Openings. Berlin: Springer，2009.

③ Malott C S. Critical Pedagogy and Cognition：An Introduction to a Postformal Educational Psychology. New York：Springer，2011：113，135-136.

④ Groenke S L.Social reconstructionism and the roots of critical pedagogy: Implications for teacher education in the neoliberal era// Groenke S L, HatchJ A. Critical Pedagogy and Teacher Education in the Neoliberal Era: Small Openings. Berlin: Springer，2009.

⑤ 迈克尔 W 阿普尔. 意识形态与课程. 黄忠敬译. 上海：华东师范大学出版社，2001：（第二版序言）2.

⑥ 迈克尔 W 阿普尔. 意识形态与课程. 黄忠敬译. 上海：华东师范大学出版社，2001：1.

⑦ 迈克尔 W 阿普尔. 教育与权力. 第2版. 曲囡囡，刘明堂译. 上海：华东师范大学出版社，2008：19.

⑧ 迈克尔 W 阿普尔. 文化政治与教育. 阎光才等译. 北京：教育科学出版社，2005：VI；阎光才. 你站在

受葛兰西理论框架、文化研究、女权主义和后殖民理论，以及像布迪厄、伯恩斯坦、福柯等这些人物的理论的、经验主义的和历史性理论及其他传统的影响，一般而言，批判社会学理论中大量的最具有创新性的工作现在能够在批判教育研究中找到。①

三、美国批判教育学共同体的理论假设和承诺

美国批判教育学从世界充满矛盾与权力、持续的不平等现象的理论预设出发，担当关注弱势群体、被压迫者和边缘人群的承诺。

麦克拉伦认为，批判教育理论家从如下的预设出发：男人与女人基本上是不自由的，他们居住的世界充满矛盾与权力、持续的不平等现象。②

吉鲁认为，批判教育学的这些假设包括：将观念从执行中分离出来的要求；学校知识的标准化，目的是为了管理与控制学校知识；为了保证实践考虑的优先地位而贬抑教师与学生的批判性的、智识的工作。

在预备教师的培训中，可以发现这种工具理性在历史上的最有力的表达。美国的师资培训课程长期被行为主义的取向所支配，强调把握学科的范围及教学技巧，这种情况已经被很好地记录下来了。③

阿普尔指出，我们的任务是"保护在社会民主旗帜下获得的部分利益和权利，并把它们扩展和超越到一个更加民主化的经济、政治和文化之中"④。

阿普尔认为国家课程的一个最邪恶的效应将是使"不平等合法化"。这可能有助于造成一种幻觉，即无论学生存在多么大的差异性，他们都有共同性。他们在文化意义上都是平等的。⑤

四、美国批判教育学共同体的方法论

阿普尔教育理论的批判性是一种立场、一种态度，也是一种方法、一种理性的追求。说到底，就是一种方法论。阿普尔教育理论批判方法是以批判的立场和方法为核心，以阶级分析、意识形态分析、历史分析、话语分析等为支持

谁的一边. 读书，2005，(2)：67-74.

① 迈克尔 W 阿普尔. 国家与知识政治. 黄忠敬，刘世清，王琴译. 上海：华东师范大学出版社，2006：3.

② 彼得·麦克拉伦. 校园生活——批判教育学导论. 萧昭君，陈巨擘译. 台北：巨流图书有限公司，2003：279.

③ 亨利 A 吉鲁. 教师作为知识分子：迈向批判教育学. 朱红文译. 北京：教育科学出版社，2008：149.

④ 迈克尔 W 阿普尔. 意识形态与课程. 黄忠敬译. 上海：华东师范大学出版社，2001：（第二版序言）6.

⑤ 迈克尔 W 阿普尔. 文化政治与教育. 阎光才等译. 北京：教育科学出版社，2005：21.

的方法论，特别是关系分析方法论。①

阿普尔认为，批判教育工作者要从关系论的角度来理解教育，把教育与更广泛社会的不平等联系起来，完成这个批判性检视的主要方法就是要把正规教育机构放回到它们所在的更广泛和不平等的社会中去。②

阿普尔说，到目前为止他所进行的争论一直是非常政治性的，这是关键。在过去30多年里，他一直坚持，必须把教育看作一个政治行动。他曾指出，为了这样做，我们需要关联性地思考（think relationally，即关系分析）。也就是说，理解教育要求我们要把它放回到更大社会的不平等的权力关系中去，放回到由这些关系所产生的压迫与受压迫（和冲突）的关系中去。因而，不要简单地质问学生是否掌握了特殊的学科知识或在普遍的测试中做得好，我们应当质问一些不同的问题：这是谁的知识？它是如何变成“官方的”？此知识与社会中拥有文化、社会和经济资本的人的关系是什么？谁从这些被界定为合法知识中受益，谁没有？作为批判性的教育者和活动分子，在改变现存教育与社会不平等和建立社会的更加公正的课程与教学方面我们能够做什么？③

在过去已经开展了大量的有关标定的研究，强烈地受到社会现象学、符号互动论和其他观点的影响，趋向于把类似“现实”这样的标签在某种程度上被视为社会的建构。然而，这个现象学的传统常常没有关注到阿普尔所称的关系分析。因为这一点，我们必须提防由标签理论家和其他人所做的在分类和标签的通常分析中的一些重要局限。事实上，不用关系的眼光来看待标定，也就是没有公开地关注经济和文化权力与学校之间的联系使我们落入概念性和政治性的陷阱，即符号互动论、标签理论家和学校现象社会学家所做的研究常常是封闭的。④

吉鲁认为，批判教育工作者要通过将教育斗争同更为广泛的、在公共生活领域中的争取民主、多元性和公共生活重建的斗争紧密联系起来，从而对非随意性、组织性的权力关系加以转换。⑤在某种程度上，这要求教学实践把语言、文化和身份的空间，与它们在更大的物理和社会空间中的部署联系起来。⑥

---

① 辛治洋．论阿普尔教育理论的批判性．重庆：西南师范大学：2003.1-6.

② 迈克尔 W 阿普尔．意识形态与课程．黄忠敬译．上海：华东师范大学出版社，2001：（第二版序言）3-4.

③ 迈克尔 W 阿普尔．教育的“正确”之路：市场、标准、上帝和不平等．黄忠敬，吴晋婷译．上海：华东师范大学出版社，2008：（第二版序言）2-3.

④ 迈克尔 W 阿普尔．意识形态与课程．黄忠敬译．上海：华东师范大学出版社，2001：160.

⑤ 亨利 A 吉罗克斯．跨越边界：文化工作者与教育政治学．刘惠珍等译.上海：华东师范大学出版社，2002：26.

⑥ 亨利 A 吉鲁．教师作为知识分子：迈向批判教育学．朱红文译．北京：教育科学出版社，2008：（中文版序）V.

美国批判教育学在方法论上有一个共同点，就是它的批判性，即关系分析或称为关联性思考。关系分析，就是从关系论的角度来理解教育，理解教育置于社会、政治、经济、文化大背景下，把教育置于更大社会的不平等的权力关系中去。

五、美国批判教育学共同体的研究主题

阿普尔认为，用于理解我们生活于其中的世界并采取行动的概念本身并不能决定我们可能发现的答案。答案不是由词语而是由对这些概念的理解产生影响的权力关系来决定。然而，有些不断浮现的对教育争论的关键词。这些关键词有复杂的历史，此历史在今天联结着这些关键词产生并为此进行斗争的社会运动。这些词语有着自己的历史，但是它们逐渐地相互交织。在每个主题的背后是另外一些词语的集合，它们拥有情感价值并支持我们日常生活中不同权力的运作方式，并且这些概念是相互交织的。每个概念都联结着一系列有关“适当的”制度、价值、社会关系和政策的假设。[①]

达德尔、巴尔托达诺和托里斯阐述了批判教育学的哲学原则：①文化政治；②政治经济；③知识历史；④辩证理论；⑤意识形态和批判；⑥霸权；⑦抵制和反霸权；⑧实践：理论和实践的联结；⑨对话和意识觉醒；⑩批判教育学的批判；　女权主义批判；　来自边境之地（borderlands）的批判；　后现代扭曲；　放弃阶级；　批判教育学是政治性的。[②]

布来茵进行了一项质性调查研究，17 位参与者给出了他们自己的关于批判教育学的定义及其价值和目的。他们虽然给出了不同的答案，但他们认为，批判教育学主要聚焦在批判意识、民主、权力、霸权、社会正义、实践、批判反思、转化、以学生为中心等方面。批判教育话语强调民主、文化教养、后结构主义，以及嵌入在阶级、性别、种族和性话语中的身份和差异政治。[③]

温克列举了与批判教育学话语相关的一些术语：意识化、符号化、文化资本、辩证、对话、话语、霸权、隐性课程、读写能力、实践、提问、培养、命名、边缘化、学校教育、沉默、社会化、声音。[④]

---

① 迈克尔 W 阿普尔. 教育的“正确”之路：市场、标准、上帝和不平等. 黄忠敬，吴晋婷译. 上海：华东师范大学出版社，2008：8.

② Darder A，Baltodano M，Torres R D. Critical pedagogy：An introduction//Darder A，Baltodano M，Torres R D. The Critical Pedagogy Reader. Lodon：RoutledgeFalmer，2003：1-21.

③ Breuing M. Problematizing critical pedagogy. International Journal of Critical Pedagogy，2011，3(3)，1-23.

④ Wink J. Critical Pedagogy：Notes from the Real world. 3rd ed. Boston，MA：Allyn and Bacon，2005：32-61，148.

克里斯滕森和奥尔德里奇认为，批判教育学有它自己的词汇，并且是我们呈现在这领域最显著和使用过的词汇。为了阐明批判教育学和进入对话，简要讨论意识觉醒、符号化、文化资本、辩证法、多样性、霸权、隐性课程、父权制和实践是必要的。①

阿普尔早期集中于对课程、教学及普通教育政治本质的研究，其关注点是为意识形态与文化而斗争。什么是合法性的知识？是谁的知识？知识以什么形式呈现？知识如何被选择？由谁来选择这些知识？通过这些知识要达到什么目的？这些已成为阿普尔、弗里耶（Frier）、肖尔等一些富有批判精神的教育学家研究的中心议题。用阿普尔的话来说，教科书就是"属于特定人群的合法知识"的化身。每当统治阶级的霸权遭到质疑的历史时刻，教科书就成为意识形态激烈斗争的场所。②

对于右翼霸权、全球化、社会公平和教育的批判性作品来说，核心性的概念，如市场、标准、上帝、不平等、新自由主义、新保守主义、国家和公民社会、霸权、反霸权、认同、混合、边缘化、下层、抵制及所有批判性词汇，都能被多方面使用。它们用来彰显一系列紧张的、复杂的和相矛盾的历史、地理、经济和文化关系、经历和现实。但是，我们在使用这些词汇过程中不应该丢失的是，这些词汇自身的历史和所代表的利益的政治性。③

在关于意义、生存空间，人身权利，在学校、媒体、国家及其他地点的日常生活中的规则上的斗争及占统治地位的团体如何努力保有或复兴他们所认定的规则，这些构成了阿普尔《官方知识：保守时代的民主教育》这本书的核心。④吉鲁认为，为了探索重新建构的可能性，应特别把下列几个概念作为关注的焦点，即合理性、问题框架、意识形态和文化资本。⑤

由于美国批判教育学研究者众多，关注的重点不同，其研究主题自然同中有异，即使是同一研究者，也会因其研究的兴趣在不同阶段也有相异。如阿普尔早期关注的重点是意识形态与课程、揭示课程意识的权力关系，自然其此阶段提出了意识形态霸权、隐性课程、文化资本、"谁的知识最有价值"等研究主题；阿普尔后来还针对右翼霸权进行了批判，处在批判保守主义现代化阶段，自然此阶段的研究主题是市场、标准、不平等、新自由主义、新保守

---

① Christensen L M，Aldridge J. Critical Pedagogy for Early Childhood and Elementary Educators. Dordrecht：Springer Netherland，2013：viii.

② 朱尔斯 D. 培养民主意识：格林达内教科书的内容和意识形态（1979-1983）. 侯定凯译//阿普尔 M，克里斯蒂安-史密斯 L. 教科书政治学. 侯定凯译. 上海：华东师范大学出版社：319-320.

③ 迈克尔 W 阿普尔. 全球危机、社会公平和教育. 李慧敏译. 北京：中国政法大学出版社，2012：266.

④ 迈克尔·阿普尔. 官方知识：保守时代的民主教育. 第2版. 曲囡囡，刘明堂译. 上海：华东师范大学出版社，2004：（序言）8.

⑤ 亨利 A 吉鲁. 教师作为知识分子：迈向批判教育学. 朱红文译. 北京：教育科学出版社，2008：13-14.

主义等。但综合来说，从发展史来看美国批判教育学可以分为再生产阶段、抵制阶段和后现代主义阶段。在再生产阶段，其主题为文化资本、隐性课程、霸权、再生产等；在抵制阶段，其主题为反霸权、意识化、抵制等；在后现代主义阶段，差异、边界、边缘化、沉默、声音、学校是民主的公共领域、转化性知识分子等自然是其研究主题。但不管美国批判教育学处于何阶段，正义、平等、民主、对话、政治化、赋权增能等都是其主旋律。

六、美国批判教育学共同体的目标和任务

马洛特认为，批判教育学的目标是帮助教师提高他们对全球社会正义思维的复杂性，因此批判的责任是涉及服从民主和社会正义的理想。①

阿普尔提出教育中的批判性分析及分析家的任务有以下 9 项：①它必须“承担见证否定性”的任务。即去揭示教育政策及实践与剥削和控制相互联系的方式，并在社会中反对这种联系。②从事这样的批判性分析，指出矛盾和采取可能措施的空间。目标就是用一种概念的/政治的框架来批判性地考察现实，该框架看重的是更积极地进行反霸权行动的空间。③从事挑战现存的特殊权力关系，或者被称为“非改革主义者的改革”（nonreformist reforms）的任务。④当葛兰西提出，一种真正的反霸权教育的任务之一不是摒弃“精英知识”，而且要将这些知识的形式和内容重组，使“有机”和“公共”知识分子能够真实地服务于社会需求。⑤批判性工作保持激进传统的活力。⑥当传统足以处理以下现实的时候，保持这些传统的活力并积极批判它们的事情不会进行。⑦批判主义教育者也一定要与他们的工作所支持的积极社会活动行为一致。⑧作为一个很有责任心的精神领导者。⑨参与社会活动也意味着运用其作为一个学者/活动家的优势。即需要利用自己的优势来打开大学和其他地方的空间，为那些不在这些地方的人、为那些在这个空间或学术领域中没有发出声音的人服务。阿普尔说：“这个列表并不是一个最终的列表。但是它意味着一个责任范围，这个范围是我及其他作者重点关注的对象。当然，没有人能同时承担这个范围中的所有责任，这些责任是集体性的，需要合作。”②

吉鲁认为，批判教育学的主要目标和使命是发展学生的权能，介入他们自己的自我形成，改变使这种自我介入成为必要的更广泛的社会的压迫性特征，以及创造把学生建构为政治主体的条件，是为了更公正和合理的民主而

① Malott C S. Critical Pedagogy and Cognition：An Introduction to a Postformal Educational Psychology. New York：Springer，2011：160.

② 迈克尔 W 阿普尔. 全球危机、社会公平和教育. 李慧敏译. 北京：中国政法大学出版社，2012：20-24.

改造更广泛的社会秩序。[①]教育批判者主要的意识形态和政治任务，是去揭发学校如何经由意识形态的与物质的形式的特权与支配，组构来自不同阶级、性别及种族的学生的生活经验，从而复制资本逻辑。[②]

建构批判教育学的核心问题就是教师如何帮助学生，尤其是那些来自受压迫阶级的学生，认识到主导的学校文化不是中立的，并且通常不会满足他们的需求。同时，教师还有必要探究这种文化如何作用，使学生感觉没有权力。问题的答案部分地在于揭露那些占据着主导性学校文化中心的迷信、谎言和不公正，建构一种参与而不是回避个人经历和批判实践的批判性教学模式。这样一种活动需要有一种对话和批判的方式，揭露主导性学校文化逃避个人经历的企图，并质问引导者日常学校教育经验的假定和实践。[③]

麦克拉伦认为，批判教育学基本上关心的是对权力和知识关系的了解。[④]批判教育家的整体目标，是要向学生揭露在他们的解释背后的所有运作力量，教他们质疑他们的经验中的意识形态本质，并且协助学生发现社区、文化和更大的社会脉络之间的互相关联，即参与学校和社会的辩证关系过程。[⑤]批判理论家的目标是一致的：要让没有权力的，变得更有能力、权力，以改变社会不平等和不公正的现象。[⑥]

批判教育学的责任是与被统治者和处在边缘位置的族群团结在一起，同时，提供各种学习和行动的方式。除了质疑批判那些被认为理所当然的学校教育以外，批判理论家也致力于个人的自我增能和社会转型改革的解放工作。[⑦]批判教育学的传统代表一种学校教育的方式，让学生增能是它的必要使命，它也致力于改造更大的社会秩序，以达到社会正义与平等。批判教育学的中心任务是发展一种语言，让教育工作者及一般大众可以揭露、了解跟学校教育有关的种种关系，那些影响学校教育的更大的社会关系，以及学生带进学校的那些只有历史建构意义的需求和能力。[⑧]“批判教育学的目的，不只在

① 亨利 A 吉鲁. 教师作为知识分子：迈向批判教育学. 朱红文译. 北京：教育科学出版社，2008：196.
② 亨利 A 吉鲁. 教师作为知识分子：迈向批判教育学. 朱红文译. 北京：教育科学出版社，2008：（导论）1.
③ 亨利 A 吉鲁. 教师作为知识分子：迈向批判教育学. 朱红文译. 北京：教育科学出版社，2008：18.
④ 彼得·麦克拉伦. 校园生活——批判教育学导论. 萧昭君，陈巨擘译. 台北：巨流图书有限公司，2003：299.
⑤ 彼得·麦克拉伦. 校园生活——批判教育学导论. 萧昭君，陈巨擘译. 台北：巨流图书有限公司，2003：369-370.
⑥ 彼得·麦克拉伦. 校园生活——批判教育学导论. 萧昭君，陈巨擘译. 台北：巨流图书有限公司，2003：268.
⑦ 彼得·麦克拉伦. 校园生活——批判教育学导论. 萧昭君，陈巨擘译. 台北：巨流图书有限公司，2003：274.
⑧ 彼得·麦克拉伦. 校园生活——批判教育学导论. 萧昭君，陈巨擘译. 台北：巨流图书有限公司，2003：XII.

于协助老师增能，也在协助老师进行增能的教学。”①“学校是一个促进学生自我增能以及自我改造的文化场域。”②

麦克拉伦认为，批判教育学者最感兴趣的，应当是哈贝马斯所谓的解放的知识，跟吉鲁的行动导向的引导性的知识类似。解放的知识企图调解并且超越技术性知识和实务知识之间的对立状态，解放的知识协助我们了解权力和特权的关系，如何扭曲和控制社会关系，它的目的在于创造一种经由有意识、集体的行动，可克服和改变非理性、宰制和压迫等问题的环境。简而言之，它要创造一种基础，去成就社会公义、平等和增能。③

康柏认为，批判教育者的任务是探索学生与教师行动之激进的抵抗的可能性，以及承担起此一可能性中所导致的社会结构之改变。④一种批判的、后现代的多元文化主义目的是要让学生参与民主的课程关系，让不平等的关系最终得以消弭⑤，把教育左翼所具有的多样性联结起来，好比体现在后现代的批判性，以及预言式或精神式的传统⑥，实现批判理论学者对一般教育与社会改革可能性的理念；在道德、伦理和精神方面，将改革奠定在既先验又具有主体性的批判、希望与人性之上。⑦

批判的（文化的）权能赋予必然涉及校长与教师有意识地反省学校里的全部活动。这种文化的（批判的）权能赋予必然包括学校里各种文化相关问题之有见地的决定。为谁做此决定，为何做此决定？为什么需要另类的教学方法论？决定如何受到置身的传统环境所影响？是否强化了刻板印象？是否再生产了不平等？如何能暗中抵制不平等？如何挑战由学校所制定的、异化的绩效交代措施？有什么样的另类测验形式存在，不会把学生做不合适的分流？教学如何影响种族、阶级和性别？这些类型的问题成为批判地（文化地）赋予教师权能的要素。⑧

总之，美国批判教育学是一门价值关涉、揭示权力关系的文化政治学；汲取杜威、弗莱雷及法兰克福学派等思想元素；从世界充满矛盾和权力、持续的

---

① 彼得·麦克拉伦. 校园生活——批判教育学导论. 萧昭君，陈巨擘译. 台北：巨流图书有限公司，2003：XVII.
② 彼得·麦克拉伦. 校园生活——批判教育学导论. 萧昭君，陈巨擘译. 台北：巨流图书有限公司，2003：281.
③ 彼得·麦克拉伦. 校园生活——批判教育学导论. 萧昭君，陈巨擘译. 台北：巨流图书有限公司，2003：286.
④ 贝瑞·康柏. 批判教育学导论. 张盈堃，彭秉权，蔡宜刚等译. 台北：心理出版社股份有限公司，2004：62.
⑤ 贝瑞·康柏. 批判教育学导论. 张盈堃，彭秉权，蔡宜刚等译. 台北：心理出版社股份有限公司，2004：72.
⑥ 贝瑞·康柏. 批判教育学的议题与趋势. 彭秉权译. 高雄：丽文文化事业股份有限公司，2005：iv.
⑦ 贝瑞·康柏. 批判教育学的议题与趋势. 彭秉权译. 高雄：丽文文化事业股份有限公司，2005：v.
⑧ 贝瑞·康柏. 批判教育学导论. 张盈堃，彭秉权，蔡宜刚等译. 台北：心理出版社股份有限公司，2004：88.

不平等现象的理论预设出发；应用“关系分析”方法，把教育与更广泛的社会的不平等联系起来，担当关注弱势群体、被压迫者、边缘人群的承诺；研究关于合法性知识、公民社会、批判意识、霸权、意识形态、文化资本、对话、隐性课程、命名、边缘化及所有批判性词汇等主题；提出教育中的批判性分析及分析家的任务，创造一种基础，成就社会公义、民主、平等和增能。

第三节　美国批判教育学的形态研究[①]

形态这里可以理解为库恩所说的范式的两种意义的其中一种，是指把其中特别重要的承诺从一个科学群体所共有的全部承诺中抽出来成为共同体综合的一个子集。以此类推，美国批判教育学的每一种形态就是美国批判教育学共同体的一个子集、一个典范模型和范例，进一步“分析描述解释美国批判教育学的构成及其与文明的关系”[②]。

批判教育学产生于 20 世纪 70 年代中期，批判教育学者以独特的方式把教育理论与政治、文化和教育实践等结合起来，发展至今基本上形成了具有不同风格的两个流派：一派具有“盎格鲁-撒克逊”创新性风格的英美流派；另一派则具有“欧陆”保守性风格的德国流派。20 世纪 70 年代，在社会科学，特别是教育领域，批判教育学被许多人作为可行的和充满活力的选择而追捧。[③]在批判教育学的旗帜下，各种理论竞相发展，变成了与时俱进的进步理论的同义词，并被赋予了一种启蒙和解放的使命，就像马克思所言，“哲学家们只是用不同的方式解释世界，而问题在于改变世界”[④]。批判教育学为教育实践打开了一扇富于批判和解放色彩的希望之窗。

“批判学者认为教育不是反映现实的一面镜子，而是塑造现实的一把锤子。关于教育的批判研究是对政治、权力与教育之间的关系进行剖析。批判教育研究已经不再处于现有教育学科的边缘。就当今关于课程、考试、管理、教师培训、教育投资以及几乎任何一个有意义的教育问题之争议而言，它们已

---

① 卢朝佑，扈中平. 英美流派批判教育学的价值诉求和理论局限. 外国教育研究，2014，(10)：15-29；卢朝佑，扈中平. 英美流派批判教育学的价值诉求和理论局限. 教育学（中国人民大学复印报刊资料），2015，(1)：154-163.

② 董标教授于 2011 年 9 月 13 日给博士研究生主讲《教育学形态研究是什么？》时对“教育学形态”所下的定义，是指“分析描述解释教育学的构成及其与文明的关系”。

③ Wardekker W L，Miedama S. Critical pedagogy：An evaluation and a direction for reformulation. Curriculum Inquiry，1997，27(1)，45-61.

④ 中共中央马克思恩格斯列宁斯大林著作编译局. 马克思恩格斯选集：第 1 卷. 第 2 版. 北京：人民出版社，1995：61.

从边缘进入中心。”①然而，现在批判教育学的地位与这些期望相差甚远。“今天批判教育学面临一个非常奇怪的情况。当它正被定位在一个看似舒适的位置并且受到很多自由派人士、后殖民主义者、多元文化主义者、后现代主义者和女权主义者（在长串的崇拜者的名称中只列举了少数几个而已）的热烈欢迎时，却被当前情形的秩序所驯化、安抚、甚至被阉割。在不同的标题下，它变得太成功了；然而在批判教育学的旗帜下，它成为驯化、迷失方向或教条主义。正如这个系列的许多作者已经指出的那样，如今论及‘批判教育学’成为困难之事；在批判教育学的旗帜下为传播自己的各种各样的和冲突的教育学中，实际上阐明它们的共同基本要素是相当雄心勃勃之事。”②自从它产生以来，在相对较短的时期里，批判教育学遭遇到严厉的批判，甚至现在被许多人认为是“一个胎死腹中的婴儿”③。

要给批判教育学下一个准确的定义是非常难的，因为批判教育学非常复杂，也在不断发展。它不是有限的，不是固定的，不是轻而易举就能被下定义、被理解的。④麦克拉伦说：“必须强调指出，没有什么唯一的批判教育学。”⑤批判教育学并不是只有一种路线，而是有很多不同路线的批判教育学、女性主义教育学、后殖民教育学和后现代教育学，这些有时候都被放在批判教育学这个名词的大雨伞下。⑥每个人的经验不同，批判教育学的定义也各不相同。批判教育学鼓励我们根据自己的生活经历去找到个人发现的魔力。于是，在不同的语境下，批判教育学被认为是“一种理论、一种哲学、一种对现实的看法、一种方法论、一种方法、一个希望、一种许诺、一种意识形态”或“一个口号、一种战场上的呐喊声……一个研究领域、一门学科”⑦。下面这些主要来自不同的美国批判教育学者的定义、形态，可以有助于说明美国批判教育学的共同特征，而且也能揭示它们的不同之处。

① Torres C A. Education，Power，and Personal Biography：Dialogues with Critical Educators. New York：Routledge，1998：1.

② Gur-Ze'ev I. Critical theory and critical pedagogy today：Toward a new critical language in education(introduction)//Gur-Ze'ev I. Critical Theory and Critical Pedagogy Today：Toward a New Critical Language in Education. Haifa：Haifa University，2005：7-34.

③ Wardekker W L，Miedama S. Critical pedagogy：An evaluation and a direction for reformulation. Curriculum Inquiry，1997，27(1)，45-61.

④ Wink J.Critical Pedagogy：Notes from the Real world. 3rd ed. Boston，MA：Allyn and Bacon，2005：1.

⑤ McLaren P. Life in school：An introduction to critical pedagogy in the foundations of education. 3rd ed. New York：Longman，1989：227.

⑥ 彼得·麦克拉伦. 校园生活——批判教育学导论. 萧昭君，陈巨擘译. 台北：巨流图书有限公司，2003：370.

⑦ Palmer R E. Beyond hermeneutics? Some remarks on the meaning and scope of herneneutics. University of Dayton Review，1984，17：1-5.

一、对应原理和再生产理论

文献将鲍尔斯和金蒂斯对应原理和再生产理论置于西方新马克思主义教育学或者批判教育学传统的大背景下进行考察。论述教育学中的新马克思主义思潮，绕不过鲍尔斯和金蒂斯，以及他们的代表作《资本主义美国的学校教育》（*Schooling in Capitalist America*，1976），两人被视为教育学中新马克思主义的代表人物。《资本主义美国的学校教育》初版于1976年问世，是鲍尔斯和金蒂斯两人的联名之作。但早在1971年，鲍尔斯就曾发表过一篇单独署名的论文，名为“不平等的教育和社会分工的再生产”，它最先刊载在《激进政治经济学评论》1971年第3期上。①后来又被编入J. 卡拉贝尔和A. H. 哈尔西合编的《教育中的权力与意识形态》（纽约牛津大学出版社，1977年英文版）一书中。②

在这篇文章中，鲍尔斯试图论证：①在美国，学校并不是作为追求平等的一部分，而是为了满足资本主义雇主对有纪律、有技能的劳动力的需要，为了提供一种控制社会的途径以利于政治上的稳定而发展起来的；②随着有技能的、受过良好教育的劳动力在经济上的地位日趋重要，学校制度中的种种不平等现象，在一代一代地再生产，原阶级结构也变得越来越重要了；③美国的学校制度充满了阶级不平等现象，而在过去的半个世纪中，这些不平等现象并没有显示出减少的迹象；④对学校董事会和其他教育决策机构明显的不平等控制，并没有对学校制度中不平等现象的持续和普遍的存在提出充分的解释。虽然政治权力的不平等分配有助于维护教育的不平等，但这些不平等的根源要到政治领域之外，亦即在阶级结构本身之内及资本主义社会所特有的阶级亚文化群中去寻找。因此，不平等的教育是植根于使之合法化并使之再生的那种阶级结构之中的。教育上的种种不平等现象可以看作资本主义社会整个网状组织的一部分，只要资本主义存在一天，它们就有可能存在一天。③

鲍尔斯和金蒂斯的《资本主义美国的学校教育》代表了教育对应原理（correspondence principle，又称为符应原则）研究的顶峰，也是他们的总体原则最重要和最有影响的实证应用。他们的研究立足于一个比较传统的经济

---

① 贺晓星.论教育社会学中的新马克思主义——S. 鲍尔斯和 H. 吉丁斯的对应理论及其转向. 南京师大学报（社会科学版），2014，(6)：90-97.

② 塞缪尔·鲍尔斯. 不平等的教育和社会分工的再生产. 夏孝川译. //张人杰. 国外教育社会学基本文选. 上海：华东师范大学出版社，1989：240-241.

③ 塞缪尔·鲍尔斯. 不平等的教育和社会分工的再生产. 夏孝川译. //张人杰. 国外教育社会学基本文选. 上海：华东师范大学出版社，1989：218-219.

基础——上层建筑模型，以一种教育和生产过程的对应为出发点，它是结构主义的。事实上，关于鲍尔斯和金蒂斯的著作最有意思的一面是，它既代表了对应原理研究的制高点，也代表了它突然衰退的起点。鉴于这个原因，《资本主义美国的学校教育》构成了教育再生产理论中后续发展的一个关键出发点。①

在此书中，鲍尔斯和金蒂斯提出了 5 个基本论点：①经济不平等的流行度和个人发展的形式主要归因于界定资本主义制度的市场、财产和权力关系。②教育制度不增加或减少不平等和压制的个人发展的总体程度。③教育制度运行方式并不是主要通过日常活动中教师和管理者的有意识的意愿，而是通过一个社会关系间的密切的对应，该社会关系控制着工作场所的人际交往及教育制度的社会关系。④尽管学校制度有效地服务于利润和政治稳定的利益，但它几乎不是社会统治集团手中完美的操纵工具。⑤教育组织——尤其是在学校结构和职业结构之间的对应上——在美国历史的不同时期采取了具有显著不同特点的形式，并且已经演变成为应对政治和经济斗争的组织，这种政治和经济斗争与资本积累的过程、工龄制度的扩展、从企业家的向公司经济的转变相联系。②

对应命题的具体内涵在工作和教育关系中的权威关系、奖励结构和任务组织这三个层次上展开。鲍尔斯和金蒂斯指出：具体来说，管理者和教师、教师和学生、学生和学生，以及学生与其工作之间的权威与控制的关系复制了主导工作场所的劳动等级划分。权力沿着从管理者到全体教师再到全体学生的金字塔式的垂直权威来组织。学生对他们的课程有一定的控制权，类似于工人对他工作的内容一样。学校的动机系统，涉及成绩和其他外在奖励及失败的危险，而非教育（学习）过程的复杂社会利益或其有形结果（知识），密切地反映了工人的动机中的工资的作用及对失业的恐惧。工作的分立性本质体现在制度化而鲜有启发性的学生间竞争，以及学术知识的专门化和区域化。最后，教育中主导和从属的关系因层次而不同。高中的规则取向反映了对低级工人的密切监督；来自在名牌学校的持续监督的规范和自由的内在化反映了上层的白领工作的社会关系。大多数州立大学和社区学院，介于两者之间，符合低级技术、服务和监督人员的行为要件。③

鲍尔斯和金蒂斯认为，资本主义美国的学校教育主要有两方面的功能：

① 雷蒙德·艾伦·蒙罗，卡洛斯·阿尔伯特·托雷斯. 社会理论与教育：社会与文化再生产理论批判. 宇文利译. 上海：上海人民出版社，2012：120.

② Bowles S，Gintis H. Schooling in Capitalist America：Educational Reform and the Contradictions of Economic Life. Chicago：Haymarket Books，2011：11-13.

③ Bowles S，Gintis H. Schooling in Capitalist America：Educational Reform and the Contradictions of Economic Life. Chicago：Haymarket Books，2011：12.

第一是培养能够为资本家带来利润的劳动力；第二是再生产个体的阶级意识，特别是工人阶级对自己社会地位的认同意识，从而维系资本主义社会的合法化。①即学校的功能在于使阶级分化合法化，在于按资本主义制度有利可图的雇佣制所需要的规格造就劳动力。学校教育的组织结构与劳动结构的一致性，是美国教育结构的本质特征。②基于资本主义社会中教育和经济之间的这种“对应”关系，鲍尔斯和金蒂斯最后得出结论，任何真正意义上的根本教育变革“都必须与整个社会的革命性转变结合起来”③。

教育制度透过其社会关系与经济生活之社会关系的对应，有助于再生产经济的不平等和扭曲个人的发展。因此在公司资本主义之下，自由主义教育改革的目标是矛盾的：正是因为教育制度作为异化性与阶层性劳动力之生产者的作用，教育制度已经发展出其压制且不平等的结构。在美国教育的历史里，正是整合功能一直支配学校教育目的、伤害其他自由主义的目标。④

教育制度再生产工人意识的能力，存在于一种直截了当的对应原理中：至少就过去这个世纪而言，学校教育对生产的社会关系的再生产已经作出了贡献，它主要是透过学校与阶级结构之间的对应。⑤

总之，鲍尔斯和金蒂斯被认为是新马克思主义的重要代表人物，他们的对应原理是将教育制度的社会关系与生产过程的社会关系进行比较之后，得出的一个用以解释说明学校教育何以如此的理论。在美国 200 多年历史发展中，教育的结构反映了社会的生产关系，经精心选择实施的学校教育改革旨在保持学校教育对稳固经济秩序所起的作用，一些重要时期的教育变革是对资本积累过程中经济生活结构变化的反应。从鲍尔斯和金蒂斯的文献中可以看出，“对应”和“再生产”经常在一起使用，两个词紧贴在一起，某种意义上可以看出对应原理与再生产理论的紧密关系。

二、非改革主义者的改革

阿普尔是当前进步主义教育和批判教育理论的最主要的理论家之一，被

① 杜亮. 鲍尔斯和金蒂斯教育思想探析：“对应原理”及其批判. 比较教育研究，2009，(8)：52-56.

② 塞缪尔·鲍尔斯，赫伯特·吉丁斯. 美国的资本主义制度与教育. 陈延泽译//张人杰. 国外教育社会学基本文选. 上海：华东师范大学出版社，1989.336-337.

③ Bowles S，Gintis H. Schooling in Capitalist America：Educational Reform and the Contradictions of Economic Life. Chicago：Haymarket Books，2011：274.

④ Bowles S，Gintis H. Schooling in Capitalist America：Educational Reform and the Contradictions of Economic Life. Chicago：Haymarket Books，2011：48.

⑤ Bowles S，Gintis H. Schooling in Capitalist America：Educational Reform and the Contradictions of Economic Life. Chicago：Haymarket Books，2011：130.

弗莱雷在《文化战争：保守势力复兴时代的学校与社会》一书中被誉为“世界上致力于建立一种批判性及民主化教育的最杰出的学者之一”①，被选入由帕尔默所编的《50 位思想家论教育》②一书中，被誉为 20 世纪以来全球 50 位最重要的教育思想家之一，成为托里斯在他的《教育、权力与个人经历：当代西方批判教育家访谈录》③一书中所记载的 11 位著名的批判教育家之一，成为科利洛所编的《抵制的批判教育学：我们必须知道的 34 位教育学者》④书中记载的 34 位批判教育学者之一。

阿普尔的教育思想深受马克思、葛兰西、布迪厄、伯恩斯坦、哈贝马斯等思想家的影响，其发展可分为三个阶段。

第一阶段是关注意识形态与课程阶段。代表作有：《意识形态与课程》《教育与权力》《教师与文本》和《教育能够改变社会吗？》。此阶段主要探讨教育中的知识与权力之间的关系，考察社会的政治、经济与文化等对教育的影响，提出教育能够并且应当对社会发挥重要作用，批判课程中的阶级、种族与性别等问题，应用再生产理论。

第二阶段是批判保守主义现代化阶段。代表作有：《官方知识：保守时代的民主教育》《文化政治与教育》和《教育的“正确”之路：市场、标准、上帝和不平等》。此阶段考察了右翼联盟的社会运动，聚焦于新自由主义、新保守主义、威权民粹主义和中产阶级管理主义的联盟，考察它们如何运作及为什么人们接受它们。

第三阶段是国际化视野。代表作有：《国家与知识政治》《教育的“正确”之路：市场、标准、上帝和不平等》《被压迫者的声音：课程、权利和教育的斗争》和《全球危机、社会公平和教育》。此阶段考察了一些国家成功的、厚民主/强民主的批判性实践工作等。⑤

阿普尔关注的核心问题是：谁的知识最有价值？意识形态与课程的关系是什么？知识与权力的关系如何？什么是教育的“正确”之路？受压迫者有发言权吗？学校敢于建立一种新的社会秩序吗？同时，阿普尔对右翼联盟进行了抨击，认为右翼联盟共同推动了择校、教育券、公立学校私营化、国家课

① 迈克尔·阿普尔. 官方知识：保守时代的民主教育. 第 2 版. 曲囡囡，刘明堂译. 上海：华东师范大学出版社，2004：扉页.

② Palmer J A.Fifty Modern Thinkers on Education：From Piaget to the Present Day. New York：Routledge，2001：263-272.

③ Torres C A. Education，Power，and Personal Biography：Dialogues with Critical Educators. New York：Routledge，1998：21-44.

④ Kirylo J D. A Critical Pedagogy of Resistance：34 Pedagogues We Need to Know. Rotterdam：Sense Publishers，2013：1-4.

⑤ 迈克尔 W 阿普尔. 教育的“正确”之路：市场、标准、上帝和不平等. 黄忠敬，吴晋婷译. 上海：华东师范大学出版社，2008：331-335.

程、全国统一考试等教育政策，改变我们的常识，改变我们用于理解社会和教育世界及我们在其中所处的位置的最基本的范畴和关键词的意义，改变我们认为我们是谁及我们主要的制度如何对这个已经变化的认同作出反应，改变人们对“平等”这个社会目标的理解，作为“自由的”消费者的公民已经代替了在社会结构中衍生的统治关系中的公民概念。①

解决这些问题的钥匙是阿普尔所提到的“非改革主义者的改革”。改革——诸如所有参与并在某种程度上打破霸权的人联合起来，建立和保护学校——等措施都应该被实施，并且只有他们扩展了打破霸权的范围时才能做到。②阿普尔所指的“非改革主义者的改革”是一些这样的改革：要试图改革现行的学校实践，还要保护民主实践免于受正在扩张的经济学逻辑的劫掠。不仅如此，它们应该有意识地同更广泛的社会视角和社会运动联系起来。目前，在学校中有大量的问题值得人们去采取行动。我们选择那些很有可能扩大行动域，并很有可能为社会动员及建立人道的社会公正法则创造更大空间开展行动。这一行动是学校教育实践活动与非改革主义策略赋予力量的长期持续改革潜力的相结合。③

阿普尔应用“关系分析”方法提议一种在教育过程中使用的政治和教育策略配方，即叫作“非改革主义者的改革”的配方。④这就是说在考虑诸如社会平等和公正之类的问题时，要与班级实践和经验的原则进行有序的、批判的互动，同时把它们与“更宽广的社会观点和更大的社会运动”联系起来。“那些批判教育学者应该与教师、学生和家长的现实世界保持经常的、密切的联系。”他们应该与那些正在为保持“从民主化的教育中获得的收益”而奋斗的人联合起来，“并要保证我们的学校和课程以及学校内的教学实践对种族的、性别的和阶级的语汇反应敏捷”⑤。批判教育学者应成为社会运动及行动中人们的“书记员”，投身于挑战现存不平等关系的“非改革主义者的改革”行动中。⑥

---

① 迈克尔 W 阿普尔. 教育的“正确”之路：市场、标准、上帝和不平等. 黄忠敬，吴晋婷译. 上海：华东师范大学出版社，2008：7-8.

② 迈克尔 W 阿普尔. 全球危机、社会公平和教育. 李慧敏译. 北京：中国政法大学出版社，2012：26-27.

③ 迈克尔 W 阿普尔. 文化政治与教育. 阎光才等译. 北京：教育科学出版社，2005：121-122.

④ Apple M W. Cultural Politics and Education. New York：Teachers College Press，1996：107-109；Palmer J A. Fifty Modern Thinkers on Education：From Piaget to the Present Day. New York：Routledge，2001：268.

⑤ Apple M W. Education and Power. New York：Routledge，1995：204；Palmer J A. Fifty Modern Thinkers on Education：From Piaget to the Present Day. London：Routledge，2001：268-269.

⑥ 阿普尔，韦恩. 批判教育学中的政治、理论与现实（上）. 阎光才译. 比较教育研究，2007，(9)：1-8.

三、边界教育学

吉鲁被麦克拉伦称赞为“二十世纪后三分之一时间里最具创造力的教育思想家”，“他在学术上的影响将持续到二十一世纪以至更远”[①]，被选入由帕尔默所编的《50位思想家论教育》[②]一书中，被誉为20世纪以来全球50位最重要的教育思想家之一，成为托里斯在他的《教育、权力与个人经历：当代西方批判教育家访谈录》[③]一书中所记载的11位著名的批判教育家之一，成为科利洛所编的《抵制的批判教育学：我们必须知道的34位教育学者》[④]书中记载的34位批判教育学者之一。

在不太严格的意义上可以说，吉鲁的工作分为两个主要的时期。第一个时期反映在他写于20世纪70年代后期的一批关于社会阶级和学校教育的论文之中。吉鲁的第二个时期的标志，是在20世纪80年代早期他涉猎能动作用和学生抵制问题的写作。[⑤]当然吉鲁近期的著作主要涉及后现代批判教育学和边界教育学。

边界教育学（border pedagogy）又被称为差异教育学，是吉鲁的最新时期反复提及的重要概念，这是吉鲁与其他激进教育家存在明显差异的根本所在。按照吉鲁本人的说法，边界教育学反对学科之间、社会生活不同领域之间、教育与社会生活之间、知识（课程）与学生经验之间、种族与种族之间、权力中心与边缘之间存在的固定不变的界限，承认并积极推动这些界限的变化。只有这样的教育和教育学，才能使学生真正掌握批判民主社会所需要的知识、技能，从而成为有勇气的公民。[⑥]

边界教育学必须承担双重任务：不仅要创造性地传播知识，而且要解释根植于基本制度结构的不平等、权力和人类苦难。[⑦]如果边界教育学的概念与

① 亨利 A 吉鲁. 教师作为知识分子：迈向批判教育学. 朱红文译. 北京：教育科学出版社，2008：著译者简介.

② Palmer J A. Fifty Modern Thinkers on Education：From Piaget to the Present Day. New York：Routledge，2001：280-285.

③ Torres C A. Education，Power，and Personal Biography：Dialogues with Critical Educators. New York：Routledge，1998：129-157.

④ Kirylo J D. A Critical Pedagogy of Resistance：34 Pedagogues We Need to Know. Rotterdam：Sense Publishers，2013：61-64.

⑤ 亨利 A 吉鲁. 教师作为知识分子：迈向批判教育学. 朱红文译. 北京：教育科学出版社，2008：（英文版序）VI-VIII.

⑥ 亨利 A 吉罗克斯. 跨越边界：文化工作者与教育政治学. 刘惠珍等译. 上海：华东师范大学出版社，2002：（译者序）2.

⑦ 亨利 A 吉罗克斯. 跨越边界：文化工作者与教育政治学. 刘惠珍等译. 上海：华东师范大学出版社，2002：35.

批判的民主的迫切性相关联，教师就必须拥有一种把握理论的能力，以便了解差异建构的方式，这种差异是通过使美国社会从属集团的声音确定、合法化、边缘化和被排斥的各种表现和实践形成的。①

边界教育学不仅要打破学科界限，而且要创造能够生成知识的新的空间。这意味着作为文化生产一种形式的教育学，不必局限在标准课本，以及那些传承和生产主导文化诸形式的社会关系中。必须通过让学生成为边界穿越者，通过鼓励他们打碎那些使高级文化与流行文化脱离、理论与实践脱离、艺术与生活脱离、政治与日常生活脱离、教育学与教育脱离的清规戒律，重新创造和建构知识。批判教育学的核心目标是，为那些能够对于他们的生活，特别是知识生产和获得的条件行使权力的公民们，开辟一个公共的区域。②

在吉鲁的边界教育学中，教师和学生质问并跨越课程中传统的权力、认识论、决策、文化和社会表象的边境（边界）。现有的处于霸权的课程边界，既受到挑战又要重新予以界定。在边界教育学中，在不同的机构结构中的不平等、权力、沉默压迫和苦难问题，必须受到挑战。边界教育学承认那种侵蚀和重新确定文化、权力和知识不同构造的流动边界，而且把学校教育的概念和教育的广义范畴与争取一种激进民主社会的独立斗争相结合。边界教育学的目的是要促成围绕着差异的对话，以达成民主的教育方案。③

四、革命的多元文化主义

批判理论以围绕权力批判、被压迫群体的经验和解放斗争，获得了各种各样的标签，包括“被压迫者的教育学”“反叛的多元文化主义”和“革命的多元文化主义”④。

革命的多元文化主义（revolutionary multiculturalism）又称为革命的批判教育学（revolutionary critical pedagogy）。麦克拉伦认为，批判教育学是用来辨识并且改造那些形塑人们生命的社会政治现实的一种方法。批判教育学也是一种方法，可以协助个人找准自己在社会中的位置，发展出更批判的自我

① 亨利 A 吉罗克斯. 跨越边界：文化工作者与教育政治学. 刘惠珍等译. 上海：华东师范大学出版社，2002：38.

② 亨利 A 吉罗克斯. 跨越边界：文化工作者与教育政治学. 刘惠珍等译. 上海：华东师范大学出版社，2002：278.

③ Giroux H A. Border Crossing：Cultural Workers and the Politics of Education. London：Routledge，1992：28-29.

④ 克莉丝汀 L 布诺斯，波林诺・莫特. 迈向被压迫者的世界多元文化主义//迈克尔 A 阿普尔. 被压迫者的声音. 罗燕，钟南译. 上海：华东师范大学出版社，2008：275.

反省能力，它的目的也在于将劳工阶级重新组合，当作从疏离的劳力和剥削中解放出来的一股力量。批判教育学，不只是局限在学校教室情境的教育学，它也适合一般的公共场域。总而言之，批判教育学并非哀怨地在寻找失去的乌托邦，而是在废土残墟中建立“新世界秩序”，一个建立在人民自由劳力与集体需求上的一种文化、社会生命的解放策略。批判理论家的目标是：致力于个人的自我增能和社会转型改革的解放工作。①

麦克拉伦的革命的多元文化主义，存在于资本主义的世界系统中，超越一元文化主义人士所主张的多元文化主义，是身份主体的混杂组合，将身份认同为不断转换、改变、重叠和历史上多元的概念；是一种差异政治学，相信全球互相影响，也对不同团体的合纵连横提出质疑；对于资本主义社会内所生产的种族、阶级和性别认同的历史沉淀过程，提出挑战。革命的多元文化主义，应该不只是配合资本主义的观点而已，它也应当倡导对资本主义的批判及抗争追求。种族、性别解放的抗争，必定不能跟反资本主义的抗争脱离。革命的多元文化主义不只是局限在转化态度性的歧视而已，而是志在要重新组织当前社会安排中的政治经济、文化和权力的深层结构。它跟改革资本主义的民主无关，而是要将资本主义民主的关结点砍断，然后从被压迫团体的利益出发，重新建立新的社会秩序，彻底改造资本主义的民主。②

麦克拉伦声明，身为老师，我们必须承认自己在教学上复制不平等的罪行，以及我们必须有能力发展一种教育学，它可以为智力上和道德上抵制压迫提供帮助，一方面拓展教育学的概念超越只是知识和技能的传送，另一方面也拓展道德的概念超越只停留在人际关系的层面，在这种情况下的教育学必须与阶级斗争和政治解放相联系。这就是回答“批判教育学是什么”的全部内容。③

麦克拉伦在《校园生活——批判教育学导论》中以伟大的墨西哥革命领袖萨帕塔（E. Zapata）的一句话作为该书的结语。他说：“宁可顶天立地地站着面对死亡，也绝不下跪屈辱过一生。”麦克拉伦说：“我相信，自由解放的希望，永远必须跟抗争连结在一起，因此，我会永远是一个革命分子。”④

① 彼得·麦克拉伦. 校园生活——批判教育学导论. 萧昭君，陈巨擘译. 台北：巨流图书有限公司，2003：IV-V.

② 彼得·麦克拉伦. 校园生活——批判教育学导论. 萧昭君，陈巨擘译. 台北：巨流图书有限公司，2003：479-480.

③ McLaren P. Life in Schools：An Introduction to Critical Pedagogy in the Foundations of Education. 5th ed. Boston，MA：Allyn and Bacon，2007：48.

④ 彼得·麦克拉伦. 校园生活——批判教育学导论. 萧昭君，陈巨擘译. 台北：巨流图书有限公司，2003：494.

五、务实的批判教育学

康柏在《批判教育学导论》中指出，在某种程度上，该书就是在尝试使理论务实化及实务理论化。①要为读者提供工具与方法，去“做”批判理论，用非常不同的方法去构想教育，进行批判理论，就被人称为批判教育学。他写道：“批判教育学指的是检验的工具与方法，期望籍以改变允许不平等与社会不义的学校结构。批判教育学是一种文化的-政治的工具，它严肃地采纳人类差异的说法，特别是当这些差异与种族、阶级和性别有关的时候。在它最激进的意义上，批判教育学寻求让被压迫者不再受到压迫，以共享的批判的语言、抗争的语言与斗争的语言来团结人们，终结各种形式的人类苦难。”②

康柏强调，对社会的改变与转化来说，大学教授与公立学校教师间的联结是重要的也是必需的。他认为，批判教育学是一种道德事业，对某些人而言，它甚至是一种精神事业。对批判教育学的传统来说，正义与同情是最高真理。③

康柏认为，批判的后现代主义所关怀的，主要还是偏重在社会、文化和人类差异的处理，其着眼点在于，从意识的转化，进而挑战并转化不平等的权力关系，并化解各种压迫、异化与贬抑。④“批判教育学者共享着一个坚定信念：如果要把反思深植于经验当中，而且我们的终极目标是要把人类从压迫、异化与贬抑中解放出来，那么，作为批判教育学者，在面对一个长期以来依据社会效能意识形态所建构的社会体系时，至少在教育方面的论说，就要认真地担起这份令人敬畏的挑战。”⑤

六、转化教育学

卡明斯和阿达将批判教育描述为转化式教育。转化教育学是批判教育学的另一个名称，是实践批判教育学，它强调教育与现实生活联系在一起，与社区联系在一起，从教室开始，延伸到社区等公共领域，然后使生活得到改善，

① 贝瑞·康柏. 批判教育学导论. 张盈堃，彭秉权，蔡宜刚等译. 台北：心理出版社股份有限公司，2004：269.
② 贝瑞·康柏. 批判教育学导论. 张盈堃，彭秉权，蔡宜刚等译. 台北：心理出版社股份有限公司，2004：45-46.
③ 贝瑞·康柏. 批判教育学导论. 张盈堃，彭秉权，蔡宜刚等译. 台北：心理出版社股份有限公司，2004：46.
④ 贝瑞·康柏. 批判教育学的议题与趋势. 彭秉权译. 高雄：丽文文化事业股份有限公司，2005：14.
⑤ 贝瑞·康柏. 批判教育学的议题与趋势. 彭秉权译. 高雄：丽文文化事业股份有限公司，2005：15.

自身或社会转化才能发生。[①]转化教育学把批判教育学的定义聚焦在实践的重要性上，认为批判教育学的基本要素是批判反思和行动。批判教育学关涉外部世界并朝着一个新的更美好的世界转化，维护活动的重要性，主张把批判教育学理论变成批判教育学实践。[②]金奇洛认为，批判教育学的概念是关注广泛领域中导致人类压迫的权力压迫关系的转化。[③]

七、批判生态教育学

卡恩指出，批判教育学带来了一个崭新的世界，与生态扫盲、生态教育学相结合，将社会正义与生态正义相结合；将生态教育学视作致力于社会和教育变革的全球运动，理解政治经济和意识形态如何导致人类对自然的主宰，反对人类中心说的世界观，将生态可持续性融入政治核心与争取自由的教育斗争中。卡恩的批判生态教育学涉及普遍和平目标、社会环境公正及物种的生态福祉。[④]

八、三棱镜式批判教育学

温克认为，批判教育学是个三棱镜，这个三棱镜有一个倾向，它更加注重社会、文化、政治乃至经济状况的细微方面，而且在历史这个广阔的环境中关注这一切。批判教育学使我们有勇气将自己所看到的一切说出来。批判教育学建立在公正、平等和道德之上，它驱使我们去观察这世界，驱使我们去观察我们各自在这世界、社区及教室里所扮演的角色。批判教育学就像一个镜片，能使我们看得更清晰、更具批判性、更加深邃。[⑤]

批判教育学是一种方式，让人们思考、解决并转变课堂教学、知识生产、学校的组织机构之间的关系，以及更为广泛的社区、社会和国家的社会与物质关系。[⑥]批判教育学强迫教育工作者重新审视权力，以及与影响到学校的更大社会力量之间的关系等根本问题。“批判教育学在质问知识是如何以及为何变成这样的，如何以及为何有些结构被主流文化视为合法并被歌颂，而另

① Wink J.Critical Pedagogy：Notes from the Real world. 3rd ed. Boston，MA：Allyn and Bacon，2005：67-74.
② Breuing M. Problematizing critical pedagogy. International Journal of Critical Pedagogy，2011，3(3)：1-23.
③ Kincheloe J.Critical Pedagogy Primer. New York：Peter Lang，2005：45.
④ Kahn R. Critical Pedagogy，Ecoliteracy，and Planetary Crisis：The Ecopedagogy Movement. New York：Peter Lang Publishing Inc，2010：151-152.
⑤ Wink J. Critical Pedagogy：Notes from the Real world. 3rd ed. Boston，MA：Allyn and Bacon，2005：26-38.
⑥ 琼·温克. 批判教育学——来自真实世界的笔记. 路旦俊译. 长沙：湖南教育出版社，2008：35.

一些却没有。”①

批判教育学是一个过程，使得教师和学生们能够一起就他们自己的教室、学校、家庭和社区中的知识、公正及公平提出一些根本的问题。②它有时需要人们重新审视教育机构与行为的旧的习性和固有的信念。批判教育学使得人们去探究平等和公平，这些不平等有时很微妙，很隐藏。这个过程需要勇气和耐心。勇气促进变化，民主给所有学习的人提供了接触权力的平等机会。③

批判教育学意味着我们看到并说出教与学中的所有关键环境。批判教育学是一种教与学的过程，能将我们及我们的世界变得更好。批判教育学给了我们说出自己体会的勇气。批判教育学要我们勇于挑战，要我们质疑固有的观念。批判教育学是学习、再学习和舍弃学习的过程。它常常要求我们重新思考我们的历史，重新书写我们的世界。④

批判教育学大于各个部分的总和，不只是那些与之相关的词语的一系列定义。⑤批判教育学为一种激进的教育学，能让团结、社会责任、创造力、行为准则等价值具体化，为人们共同的利益和批判精神而服务。⑥

批判教育学的声音必须朝两个方向流动：从理论到实践和从实践到理论。⑦批判教育学要求我们行动。批判教育学是一种非常好的互动教育学，能够延伸到真实的世界和当地的社区中。⑧

九、革命的-学术的批判教育学

马洛特把批判教育学分为两种类型：一是学术的批判教育学；二是革命的批判教育学。学术的批判教育学关注更好地理解世界，革命的批判教育学注重转变世界。学术的批判教育学必须慎重考虑咬文嚼字，不能每时每刻只是说话或唠叨而没有任何行动。然而，革命的批判教育学必须慎重考虑不复制旧的等级结构，这将代表未能充分自我反思和超出控制的内化本体——今天主流范式的一个核心方面。把这种分析简化为更简单的术语，我们可能会有建议如下：不要不假思索地行动，但同样也不要没有行动地思考，寻求平

① 琼·温克．批判教育学——来自真实世界的笔记．路旦俊译．长沙：湖南教育出版社，2008：42.
② 琼·温克．批判教育学——来自真实世界的笔记．路旦俊译．长沙：湖南教育出版社，2008：83.
③ 琼·温克．批判教育学——来自真实世界的笔记．路旦俊译．长沙：湖南教育出版社，2008：83.
④ 琼·温克．批判教育学——来自真实世界的笔记．路旦俊译．长沙：湖南教育出版社，2008：91.
⑤ 琼·温克．批判教育学——来自真实世界的笔记．路旦俊译．长沙：湖南教育出版社，2008：83.
⑥ 琼·温克．批判教育学——来自真实世界的笔记．路旦俊译．长沙：湖南教育出版社，2008：92.
⑦ 琼·温克．批判教育学——来自真实世界的笔记．路旦俊译．长沙：湖南教育出版社，2008：162.
⑧ 琼·温克．批判教育学——来自真实世界的笔记．路旦俊译．长沙：湖南教育出版社，2008：186.

衡。因此我们追求的是革命的-学术的批判教育学，不仅在学校从事反霸权运动，而且在所有的社会机构和社区进行革命性转变。这一批判教育学范式所追求的价值取向是非等级制的、非剥削的、权限充分实现、和平和幸福胜过财富和盈利能力。[①]

十、解放教育学

弗莱雷[②]提出了由解放的兴趣所引导的批判教育学，将批判教育学描述为挑战我们去进行命名、批判地反思并行动的一个过程。[③]弗莱雷认为："真正的解放——人性化的过程——不是向人民进行另外一种灌输。解放是一种实践：是为了改造世界而对世界采取的行动和反思。"被压迫者教育学要揭示、解释并构想行动策略的内容，正是在从被压迫者的非人性化经过意识化和对话到自由的解放过程中教育的角色。"被压迫者教育学的根基在于为自身解放作斗争的人的教育学。""被压迫者教育学，作为人道主义者和自由意志论者的教育学，有两个显著的阶段。在第一阶段，被压迫者揭露压迫世界，并通过实践投身于改造世界。在第二阶段，压迫现实已被改造，这种教育学不再属于被压迫者，而成为永久的解放过程中所有人的教育学。"[④]

弗莱雷的政治学和教育学的中心，是关于一种获得了解放的人性的一种哲学想象。这种想象的本性根植于对生命的尊重。[⑤]弗莱雷在接受加多蒂（M.Gadotti）访谈时，形容他的解放教育学，仿佛是"一种波希米亚的幸福教育学……一种充满笑声、质疑、好奇心、从现在看到未来的教育学，一个相信世界有改造可能性的教育学，它相信历史充满可能"[⑥]。

总之，美国批判教育学出现鲍尔斯和金蒂斯的对应原理和再生产理论、阿普尔的非改革主义者的改革、吉鲁的边界教育学、麦克拉伦的革命的多元文化主义、康柏的务实的批判教育学、卡明斯和阿达的转化教育学、卡恩的批判生态教育学、温克的三棱镜式批判教育学、马洛特的革命的-学术的批判教

---

① Malott C S. Critical Pedagogy and Cognition：An Introduction to a Postformal Educational Psychology. New York：Springer，2011：121-122.

② 弗莱雷的解放教育学严格来讲，不属于美国批判教育学的范畴，但它对美国批判教育学影响深刻，不妨放在此，以对美国批判教育学的发展有所启示。

③ Freire P，Macedo D. Literacy：Reading the Word and the World. South Hadley，MA：Bergin and Garvey，1987：V.

④ Freire P. Pedagogy of the Oppressed. 30th anniversary ed. New York：Continuum International Publishing Group，2000：53-54.

⑤ 亨利 A 吉鲁. 教师作为知识分子：迈向批判教育学. 朱红文译. 北京：教育科学出版社，2008：134.

⑥ 彼得•麦克拉伦. 校园生活——批判教育学导论. 萧昭君，陈巨擘译. 台北：巨流图书有限公司，2003：492.

育学、弗莱雷的解放教育学，以及下文将要阐述的金奇洛的复杂性批判教育学等不同形态。

第四节　美国批判教育学的发展脉络

美国批判教育学形态反映了美国批判教育学的学术脉络，同样反映了美国批判教育学的发展脉络，也揭示了美国批判教育学与文明的关系。弗莱雷被认为是批判教育学的首席哲学家和奠基之父，他的解放教育学为美国批判教育学树立了典范。吉鲁在 20 世纪 80 年代创造了“批判教育学”这个词。美国批判教育学大致经历了三个阶段：①“对应原理和再生产理论”。②“抵制理论”（theory of resistance，又译为反抗理论、抗拒理论、抵抗理论等）。③“后现代批判教育学”（post modern critical pedagogy）。第一阶段代表人物是鲍尔斯和金蒂斯；阿普尔经历了批判教育学发展的整个时期；而吉鲁、麦克拉伦的批判教育学则大致开始于第二阶段，同时吉鲁也是第三阶段的代表。温克、卡明斯和阿达表现为更多地受到弗莱雷解放教育学思想的影响；康柏深受吉鲁后现代批判教育学思想的影响；卡恩打破了包华士与麦克拉伦之间几十年关于生态正义与社会正义、生态正义教育学与批判教育学之间的争论，站在了生态正义的一边，提出了批判生态教育学，突破了传统的批判教育学的概念；马洛特提出了中和的行动式-学院式的批判教育学概念；金奇洛阐述了富有弹性的循环发展的批判教育学系列概念，尤其重要的是他提出了一个极其关键的概念——解释的中心：批判解释学。本节将集中讨论鲍尔斯和金蒂斯、阿普尔、吉鲁及金奇洛，对他们的选择反映了与美国批判教育学变化中的历史和知识景象相一致的发展。

一、鲍尔斯和金蒂斯再生产理论的评价和修正

再生产理论又分为三种类型：经济再生产模式，以鲍尔斯和金蒂斯为代表；文化再生产模式，以布迪厄等为代表；霸权国家再生产模式，以葛兰西等为代表。[①]鲍尔斯和金蒂斯的经济再生产模式是批判教育理论的雏形，它是以经济基础—上层建筑的模式为依据而构建的。鲍尔斯和金蒂斯的对应原理和再生

① 雷蒙德·艾伦·蒙罗，卡洛斯·阿尔伯特·托雷斯. 社会理论与教育：社会与文化再生产理论批判. 宇文利译.上海：上海人民出版社，2012：4；郑金洲. 美国批判教育学之批判——吉鲁的批判教育观述评. 比较教育研究，1997，(5)：15-18.

产理论“对进步主义教育策略作出了四个方面的积极贡献”：第一，其解释价值是巨大的……第二，……对应原理提供了一个积极选择……教育改革同时需要朝向民主社会主义的经济转型。第三，我们的构想用公开的教育内容矫正了自由主义分析和马克思主义分析两者都特有的一个早期的偏见。第四，我们关于对应原理的构想有助于对社会主义过渡目标产生一个更为积极的理解……不是所有制，而是控制才是社会不平等的中心问题。①

然而，“对应原理”自提出以来，招致批判不少，特别是来自新马克思主义学派的抵制理论者的批判，如阿普尔、吉鲁等。他们认为再生产理论“太过着重占统治地位的意念，而完全没有洞悉到教师、学生及其他人类个体如何在特定的历史与社会脉络中，建造及再生产他们存在的条件”，个人主体在“对应原理”中消失了。②

“对应原理”常遭到诟病的是其经济决定论的简约还原特点：过于宏观，过于强调经济基础决定上层建筑而忽视了学校教育鲜活的微观过程。鲍尔斯和金蒂斯后来也认识到这种理论确实有两方面的不足：一是把学校教育过程黑箱化了，没有解释个体具体是如何学习的；二是把个体当作一个消极的东西处理，没有看作过程中的能动者。③

有研究者指责鲍尔斯和金蒂斯注重阶级研究而轻视种族和性别研究；还有学者从历史角度对他们的观点提出了质疑，指出在 19 世纪最早实现工业化的英国，其基础教育发展却落后于德国、美国等工业大国，这个史实根据鲍尔斯和金蒂斯的“对应原理”将难以解释。④它的片面性和局限性体现在两个层面：其一是对教育相对于经济体系的相对独立性缺乏认识；其二是关于经济利益究竟如何在教育中得以体现的问题。而且无数个案证明，教育确实在一定程度上具有促进社会流动的作用，特别是社会底层的向上流动。⑤

正如莫尔（R. Moore）有力论证的那样，鲍尔斯和金蒂斯及其他人提出的“对应原理”可以有以下三种修补策略：“（1）通过提出政策形成、相对自治和抵制的问题来解读教育和生产之间的关系；（2）通过把性别和种族的维度包括进去；（3）通过从意识形态的概念转到霸权概念和对阶级文化

① 雷蒙德·艾伦·蒙罗，卡洛斯·阿尔伯特·托雷斯．社会理论与教育：社会与文化再生产理论批判．宇文利译．上海：上海人民出版社，2012：125.

② 罗云，曾荣光，卢乃桂．新社会背景下教育与经济生活之关系——再思“符应原则”．北京大学教育评论，2005，(4)：87-94.

③ 贺晓星.论教育社会学中的新马克思主义——S. 鲍尔斯和 H. 吉丁斯的对应理论及其转向．南京师大学报（社会科学版），2014，(6)：90-97.

④ Macdonald P. Historical school reform and the correspondence principle//Cole M. Bowles and Gintis Revisited: Correspondence and Contradiction in Educational Theory. New York：Rothedge，1988.

⑤ 杜亮．鲍尔斯和金蒂斯教育思想探析：“对应原理”及其批判．比较教育研究，2009，(8)：52-56.

的分析。”①

1986年鲍尔斯和金蒂斯两人又合著《民主与资本主义》（*Democracy and Capitalism*）一书，书中已经不再是马克思的经济基础—上层建筑的简单的解释模式，而是一套把“场所”“实践”“个人权利”“财产权利”“冲突”“变迁”等都能包括进去的微观社会学话语，用以修正其理论。②

二、阿普尔对再生产理论的再评和修正

阿普尔对《资本主义美国的学校教育》赞不绝口，在《意识形态与课程》（1979）中达到顶峰。他是在“对应原理”的框架中开展研究的，深受鲍尔斯和金蒂斯影响。尤其是隐性课程这一概念，用来揭示学校知识是如何微妙地传递资本主义统治集团的意识形态霸权的价值观念的，提出了“谁的知识最有价值”等命题的知识权力再生产模式。阿普尔的研究可称为教育知识权力再生产模式。阿普尔说：“我不得不支持像鲍尔斯和金蒂斯等人在《资本主义美国的学校教育》中所持的反自由主义立场——这种立场被称为对应理论。如果你理解隐性课程，那么你就理解学校教育，理解学校的唯一途径是通过课堂过程来实际性地对比儿童。”③“我还是支持对应理论，因为在我看来，这至少是在尝试一种传统政治化和对更加保守和改良主义的自由主义传统进行解禁。另一方面我想说明和强调具有一定自主性的文化的概念。其结果就是《意识形态与课程》这本书的问世，我相信这本书有助于证实文化具有物质性，文化受到经济结构的影响，但不是经济结构的全部反映。”④

但是和别的批评者一样，阿普尔不满《资本主义美国的学校教育》中略带机械色彩的宏大对应理论，在《教育与权力》（1982）中，提出了一种新的分析理路，把种族、性别问题纳入了教育分析当中。他批评“对应原理”只关注阶级，虽然有涉及种族、性别这两个关键要素，但没有重点考虑，也没有将文化的复杂性考虑进去。

阿普尔的早期研究可以放入教育再生产的“对应原理”的情景中，尽管它

① Moore R. The correspondence principle of the Marxist sociology of education//Cole M. Bowles and Gintis Revisited：Correspondence and Contradiction in Educational Theory. New York：Rothedge，1988：51-85；雷蒙德·艾伦·蒙罗，卡洛斯·阿尔伯特·托雷斯. 社会理论与教育：社会与文化再生产理论批判. 宇文利译. 上海：上海人民出版社，2012：126-127.

② 贺晓星. 论教育社会学中的新马克思主义——S. 鲍尔斯和 H. 吉丁斯的对应理论及其转向. 南京师大学报（社会科学版），2014，(6)：90-97.

③ 迈克尔·阿普尔. 官方知识：保守时代的民主教育. 第2版. 曲囡囡，刘明堂译. 上海：华东师范大学出版社，2004：171.

④ 迈克尔·阿普尔. 官方知识：保守时代的民主教育. 第2版. 曲囡囡，刘明堂译. 上海：华东师范大学出版社，2004：171-172.

总是符合葛兰西学派对霸权动态的一种理解，延续了英国新教育社会学，如杨、伯恩斯坦、惠迪关注微观领域知识的价值负载的传统。其后期既承续了美国进步主义的教育民主传统，又广泛吸纳了传统马克思主义、新马克思主义、女性主义、民权理论、布迪厄的文化社会学理论资源。①

新马克思主义教育学站在鲍尔斯和金蒂斯肩膀上，一如既往地关注教育不平等和经济再生产、社会再生产等问题，但同时又对文化再生产进行了分析，试图以更为主体性、更为微观鲜活的方式，去描述社会当中的经济、政治、文化领域的运转，以及权力与文化是如何在学校层面运作的。阿普尔强调阶级、种族、性别这三者是一种并列关系，文化的鲜活不能消解在经济因素当中，文化的各种形式和实践总是相对自主的。阿普尔说："我开始将重点从阶级关系和非再生产形式的复杂性向教育及政治、经济和文化中的阶级、种族和性别关系中存在的矛盾构成转移。"②阿普尔还指出，出现了一种阶级关系不必然主导性别和种族的平行主义的立场，其优势是渐渐地觉察到阶级、种族和性别间的矛盾动态性，它们每个都具有自己的文化政治的领域。③确实，后来的许多新马克思主义学者，如吉鲁，把性别和人种问题定位为教育的核心问题，以图超越仅仅是阶级、经济的分析框架。④

三、吉鲁对再生产理论的批判和修正

吉鲁在与鲍尔斯和金蒂斯的结构主义的关系上是批判性的，这表现在他不仅拒斥他们对课程研究和教育理论的贡献，也反对与在后葛兰西学派社会理论中的概括同样的社会再生产的观念。吉鲁提出，阿尔都塞（L. Althusser）与鲍尔斯和金蒂斯对文化和经济关系的解释过于简单化。在鲍尔斯和金蒂斯那里所代表的激进教育与科学主义、功能主义、非历史主义及意识形态化约论捆绑在一起，它是一种缺少了任何语言可能性的批判语言。⑤吉鲁指出再生产理论仅仅考察了学校教育的社会制约性的一方面，把学校看作工厂甚至监

① Torres C A. Education，Power，and Personal Biography：Dialogues with Critical Educators. New York：Routledge，1998：24；阎光才. 批判教育研究的学术脉络与时代境遇. 教育研究，2007，(8)：80-85.

② 迈克尔·阿普尔. 官方知识：保守时代的民主教育. 第 2 版. 曲囡囡，刘明堂译. 上海：华东师范大学出版社，2004：173.

③ 雷蒙德·艾伦·蒙罗，卡洛斯·阿尔伯特·托雷斯. 社会理论与教育：社会与文化再生产理论批判. 宇文利译. 上海：上海人民出版社，2012：230.

④ 贺晓星. 论教育社会学中的新马克思主义——S. 鲍尔斯和 H. 吉丁斯的对应理论及其转向. 南京师大学报（社会科学版），2014，(6)：90-97.

⑤ 雷蒙德·艾伦·蒙罗，卡洛斯·阿尔伯特·托雷斯. 社会理论与教育：社会与文化再生产理论批判. 宇文利译. 上海：上海人民出版社，2012：230-231.

狱，教师和学生只受资本主义制度的限制，忽视了教育制度中人类自由和自我决定的重要性，忽视了人们可以创造历史（包括自我的限制）的能力，也无视了学校内部存在的矛盾和斗争。①

在其早期代表作《教育中的理论与抵制》中，受弗莱雷启发，吉鲁第一次提出“批判教育学”的概念。20世纪70年代，吉鲁基于法兰克福学派的学校文化研究，也同样关注学校在资本主义社会中所承担的社会结构和文化再生产功能。1980年他很快被后现代主义和后结构主义所吸引，他的抵制理论一度被称为批判教育学的后现代转向。到80年代中期，吉鲁又转向了英国伯明翰文化研究中心的文化研究理论。②

吉鲁说，本杰明（W. Benjamin）对他在教育中的重新定位给予了很大帮助，尤其是对流行文化和媒体的观点。吉鲁从再生产与抵制相抗衡的模式中解脱出来，开始对学校教育和民族感兴趣，专心阅读杜威和社会重建方面的著作。开始探索抵制与可能性的语言模式。吉鲁想探索的是权力有效运作的方法，权力是如何作为复杂的机构理论的一部分被理论化的，以及这些问题对于发展教育、权威和批判教育学的理论意味着什么。他接受后现代主义的重要理论，但并不表明对现代主义的拒绝。吉鲁说：“现代主义的重点是社会正义、自由、解放和平等，我不想放弃现代主义的政治遗产。”③

四、阿普尔和吉鲁的分歧和汇合

吉鲁开始在大学任教以后，他的研究来了个大转弯。他说：“现有的文化和社会文化再生产理论对我来说似乎过于单一。我读过伯恩斯坦的书，但对我影响不大，我觉得它过于机械，阿普尔、安尼昂（J. Anyon）等深受他的影响。他们的作品很重要，但我觉得缺少批判文化政治的东西。因此，我写的东西和他们有点唱反调，那段时间完成了《教育中的理论与抵制》。与社会文化再生产理论分裂之后，我受到了当时刚刚兴起的福柯的文化研究的影响。”④

阿普尔反对批判教育研究领域中后现代主义和后结构主义偏好，反对批判教育研究偏重“学”的理论化和“学术化”倾向。⑤

---

① 郑金洲. 美国批判教育学之批判——吉鲁的批判教育观述评. 比较教育研究，1997，(5)：15-18.

② 阎光才. 批判教育研究的学术脉络与时代境遇. 教育研究，2007，(8)：80-85.

③ 卡洛斯·阿尔伯托·托里斯. 权力与个人经历：当代西方批判教育家访谈录. 原青林，王云译. 济南：山东教育出版社，2011：96-107.

④ 卡洛斯·阿尔伯托·托里斯. 权力与个人经历：当代西方批判教育家访谈录. 原青林，王云译. 济南：山东教育出版社，2011：96-107.

⑤ Torres C A. Education，Power，and Personal Biography：Dialogues with Critical Educators. New York：Routledge，1998：24；阎光才. 批判教育研究的学术脉络与时代境遇. 教育研究，2007，(8)：80-85.

当问起阿普尔将如何回应吉鲁提出可能性语言，以及试图利用法兰克福学派早期批判理论评价他与弗莱雷的关系时，阿普尔说道：“我们都是站在人民的肩膀上的。有几年是亨利·吉鲁站在我的肩膀上，而有时又是我站在他的肩膀上。我们曾经在印刷媒体等上相互批判，以后还会有这种批判。然而，我认为这种批判必须以高度合作的方式进行。有时我们意见不统一。例如，有一段时间他的研究有着过于理论化的、抽象的、深奥的和脱离了教师和学生以及活动者所开展的抵制与斗争的批判话语的危险。”①“即使大量的批判教育学是丰富的和煽动性的，其中也有一些在概念上和政治上是模糊混乱的。有些脱离了日常经济、政治和教育/文化斗争的坚实基础。有些确实把过多的注意力放在‘后’上以至于忘记了结构化的现实，这种现实约束了日常生活中真实机构的真实人们。”②

阿普尔说：“美国的左派往往有些华而不实。我并不认同像亨利·吉鲁这样的教授，他们在理论上非常出色，但我认为并不能帮助我们解决问题。太华而不实也太抽象。”③“有时我们必须弄清与人民生活的关系，这种工作有时需要非常具体，亨利·吉鲁有时做不到这一点。与亨利·吉鲁相比，我对后结构主义和后现代主义传统不怎么感兴趣，现在，也不像他那样沉迷于批判理论的传统，我认为其他理论（例如新马克思主义和激进民主主义）比批判理论能够解释得更好更清楚，并能提供一种不同的更加民主的政治。从另一方面讲，我认为他与阿罗诺维茨一起作的如建立‘可能性语言’、美国的布鲁姆—赫施辩论以及反种族和后殖民理论等研究对文化政治学来说是非常重要的。”④

后现代主义对批判理论的影响，虽然富有洞见，却也扯碎了转化的可能性，导致大批令人目眩的激进教育理论学者在立场与诠释方面的巴尔干化。⑤随着后现代主义和后结构主义的视角已经变成学术圈内少数人的文化资本，一些个体对于学术变动性和名望的过分关注已使他们对于发生在学校中关于文化和权力方面的政治问题漠不关心。⑥在批判性教育和文化的研究当中，后现代主义和后结构主义的文献不断地增加。但是，我们可能过快地背离了依

① 迈克尔·阿普尔. 官方知识：保守时代的民主教育. 第2版. 曲囡囡，刘明堂译. 上海：华东师范大学出版社，2004：182-183.
② 迈克尔 W 阿普尔. 教育的“正确”之路：市场、标准、上帝和不平等. 黄忠敬，吴晋婷译. 上海：华东师范大学出版社，2008：89.
③ 迈克尔 W 阿普尔. 教育的“正确”之路：市场、标准、上帝和不平等. 黄忠敬，吴晋婷译. 上海：华东师范大学出版社，2008：343.
④ 迈克尔·阿普尔. 官方知识：保守时代的民主教育. 第2版. 曲囡囡，刘明堂译. 上海：华东师范大学出版社，2004：182-183.
⑤ 贝瑞·康柏. 批判教育学的议题与趋势. 彭秉权译. 高雄：丽文文化事业股份有限公司，2005：ii.
⑥ 迈克尔·阿普尔. 官方知识：保守时代的民主教育. 第2版. 曲囡囡，刘明堂译. 上海：华东师范大学出版社，2004：7.

然充满活力的优秀传统，这些传统使我们更加明确地洞悉现在在各级层面学校内占主导地位的课程和教学法的本质。①面对后结构主义和后现代主义的来势汹汹，我们当中的好多人都忘记了我们置身其中的结构性相互的伟大力量。在这个过程当中，我们本可以怒而斥之，但是却选择了愤然地疏离。②

阿普尔接着说："我想说的并不是要否认存在很多'后现代性'的因素，也不要否认后现代理论的很多见解。我只是想避免对事实的夸大，避免用一种'宏大叙事'来代替另一种。化约性分析的滥用使我们无法保证在教育领域内很多人所采纳的后现代的立场可以比其他的立场更能够对这些危险性产生免疫力。"③"我质疑后现代主义者未加思考而全盘接受的一些核心看法。……这里的关键词是批判。我担心的是'后现代'的批判研究已经失去新马克思主义研究中的某些收获，并制造出'新'研究工作的虚假历史。并非人人都同意你以结构来研究阶级，我就是其中之一。不能因为阶级现在被称为'宏大叙事'，就意味着阶级已经消失了，这是对历史的一种误读。我认为，这在后现代主义的某些方面是一种危险的趋势。"④"我采取了其他方式，也许更加倾向于葛兰西（而不是弗莱雷）。……我们的研究是文化政治学的一种形式。它通常涉及到我们中所有为通向威廉姆斯（R. Williams）所称的'长期革命'的'希望之旅'而努力的人。"⑤

阿普尔和吉鲁两人的汇合是他们都从一种相对自主性的视角提出，教师应当成为转化性知识分子。这是阿普尔和吉鲁发现的需要把课程政治化和用政治来教育人的方式。在很多方面，他们面对与社会主义民主政党在资本主义社会中已经面对的同样的困境。⑥

五、弹性循环发展的批判教育学

金奇洛认为，批判理论和批判教育学，虽然以法兰克福学派的作品为基

① 迈克尔 W 阿普尔. 教育与权力. 第2版. 曲囡囡，刘明堂译. 上海：华东师范大学出版社，2008：（1995年版前言）4.
② 迈克尔 W 阿普尔. 教育与权力. 第2版. 曲囡囡，刘明堂译. 上海：华东师范大学出版社，2008：（1995年版前言）5.
③ 迈克尔 W 阿普尔. 教育与权力. 第2版. 曲囡囡，刘明堂译. 上海：华东师范大学出版社，2008：（1995年版前言）8.
④ 卡洛斯·阿尔伯托·托里斯. 权力与个人经历：当代西方批判教育家访谈录. 原青林，王云译. 济南：山东教育出版社，2011：18-19.
⑤ 迈克尔·阿普尔. 官方知识：保守时代的民主教育. 第2版. 曲囡囡，刘明堂译. 上海：华东师范大学出版社，2004：184.
⑥ 雷蒙德·艾伦·蒙罗，卡洛斯·阿尔伯特·托雷斯. 社会理论与教育：社会与文化再生产理论批判. 宇文利译. 上海：上海人民出版社，2012：245.

础，但是它们仍在不断地演进。[1]不断演进的批判教育学是一种批判理论，受到来自 20 世纪最后四分之一且持续到 21 世纪早期的后现代话语的批判且被其修正。[2]我们一起从事的批判教育学——关注广泛领域中导致人类压迫的权力压迫关系的转化——在批判理论中找到了它的起源和发展，并且随着新纪元拥抱新的批判话语。[3]他介绍了批判理论的一些重要人物，如杜博斯、葛兰西、维果斯基、弗莱雷、阿罗诺维茨、吉鲁、阿普尔、胡克斯、马塞多、麦克拉伦、肖尔、布里茨曼、拉瑟、兰克希尔、斯坦伯格等。[4]

批判教育学并不只有一种路线，而是有很多不同路线，女性主义教育学、后殖民教育学和后现代教育学，这些有时候都被放在批判教育学这个名词的大雨伞下。[5]金奇洛指出，批判教育学是“一个复杂的概念，它需要许多信奉它的参与者”[6]。一般而言，如同知识一样，批判教育学的所有特征是由设计者及设计者所持有的价值所塑造的。金奇洛从社会或者文化的角度，描述了批判教育学的核心特征：①批判教育学基于正义和平等的社会和教育愿景；②批判教育学构建教育是天生政治性的信念；③批判教育学奉献于减轻人类的苦难；④阻止学生免受伤害的教育学；⑤生成主题的重要性；⑥教师作为研究者；⑦教师作为学生的研究者；⑧社会变化和培养人才；⑨边缘化和批判教育学；⑩实证主义的重要性；　规范科学的力量。[7]

本着不断演进的批判教育学的精神，从新理论洞察力、新问题和社会环境的观点看，批判理论总是不断演进的、变化的。随着批判教育学演进的理论创新和变革的时代精神，在某个时期被认为最重要的观点相遇到一个新时代不同的观点时就会显得苍白。[8]金奇洛阐述了富有弹性的循环发展的批判教育学系列概念。①批判启蒙；②批判解放；③拒绝经济决定论；④工具或技术理性批判；⑤欲望的影响；⑥内在性（immanence）概念；⑦权力重构批判理论：霸权；⑧权力重构批判理论：意识形态；⑨权力重构批判理论：语言/话语权；⑩聚集文化、权力和控制之间的关系；　解释的中心：批判解释学；　文化教育学在批判理论中的角色。[9]

这一系列概念，阐明了批判教育学不断演进、循环上升的路线图。在这个

---

① Kincheloe J. Critical Pedagogy Primer. New York：Peter Lang，2005：121.
② Kincheloe J. Critical Pedagogy Primer. New York：Peter Lang，2005：48.
③ Kincheloe J. Critical Pedagogy Primer. New York：Peter Lang，2005：45.
④ Kincheloe J. Critical Pedagogy Primer. New York：Peter Lang，2005：59-95.
⑤ 彼得•麦克拉伦. 校园生活——批判教育学导论. 萧昭君，陈巨擘译. 台北：巨流图书有限公司，2003：370.
⑥ Kincheloe J. Critical Pedagogy Primer. New York：Peter Lang，2005：2.
⑦ Kincheloe J. Critical Pedagogy Primer. New York：Peter Lang，2005：5-34.
⑧ Kincheloe J. Critical Pedagogy Primer. New York：Peter Lang，2005：49-50.
⑨ Kincheloe J. Critical Pedagogy Primer. New York：Peter Lang，2005：50-59.

路线图中，批判解释学和文化教育学是至关重要的两个概念。从金奇洛的观点来看，批判解释学是解释的中心，它不仅与批判教育学有关，在批判教育学的系列概念之中，还是同一循环系列概念中发展到较高级的那个概念。深受批判理论影响的教育和学者的一个最重要的领域卷入了经常被忽略的解释领域。批判解释学影响了批判理论和批判教育学，它更多地朝着规范解释学的方向发展，对解释的目的和过程提出疑问。在批判理论导向情境中，解释分析的目的是发展一种文化批判形式，在社会文本和文化文本中揭示权力。批判解释学能够产生深远的洞见，导致转化行动。文化生产通常可能被认为是一种教育形式，因为它产生知识、塑造价值和建构身份。来自一本论述批判教育学的书中的观点认为，这样的形式能够有助于批判性教师和学生搞清楚支配和压迫世界的意思，因为他们为增进更加公正、民主和平等的社会而工作。近几年，这种教育机制被称为文化教育学。通过使用文化教育学术语，批判教育家特指支配文化机构产生特殊霸权方式。①

金奇洛认为，不断演进的批判教育学朝着对世界和教育行动的复杂性理解方向前行。②复杂性的主题是任何批判教育学的中枢，它能够避免还原论。复杂性批判学者和文化工作者秉持我们拥有并且能够部署世界的知识生产的多种方法。复杂性要求研究者放弃企图操作和控制世界的想法，批判复杂性学者聚焦于阐述现实世界的复杂性。在构建一门严格缜密的和转化性的教育学方面，批判教育学与复杂性的重要性相一致。因为复杂性的重要性，通常把批判教育学的范围当作一门批判复杂性教育学。③

把复杂性理论的洞察力添加到批判教育学中去是不断演进的批判教育学概念的一个重要维度。在金奇洛的批判教育学的作品中，他把批判教育学与复杂性理论的融合当作复杂性批判教育学，这是理解复杂性的不断演进的批判教育学的中心。批判教育学正朝着批判复杂性前行，批判教育学者正传授不断演进的批判教育学。④

总之，鲍尔斯和金蒂斯的对应原理和再生产理论是美国批判教育学的雏形。经由阿普尔的支持和修正，以及吉鲁的批判和修正，产生了抵制理论和后现代批判教育学。虽然阿普尔和吉鲁在许多方面存在争论和分歧，但也拥有根本汇合。金奇洛提出美国批判教育学是富有弹性的循环发展的批判教育学，阐述了批判解释学和文化教育学等螺旋递进式的系列概念，不断演进的批判

① Kincheloe J. Critical Pedagogy Primer. New York：Peter Lang，2005：57-58.
② Kincheloe J. Critical Pedagogy Primer. New York：Peter Lang，2005：12.
③ Kincheloe J. Critical Pedagogy Primer. New York：Peter Lang，2005：36-39.
④ Kincheloe J. Critical Pedagogy Primer. New York：Peter Lang，2005：108-109.

教育学正朝着对世界和教育行动的复杂性理解方向前行，正朝着批判复杂性前行，美国批判教育学是不断演进的复杂性批判教育学。从简约化的还原论朝着不断演进的批判复杂性前行，这些演变中的历史和知识景象勾勒了美国批判教育学的发展脉络。

以上两节主要讨论了有关美国批判教育学的定义、形态及发展脉络，这些定义、形态的多样性（当然没有全部列出）及各学派之间的分歧足以表明：有关批判教育学的所有问题并非都已解决。而且有的批判教育学家的思想难以具体定位到哪一类。如对阿普尔，我们恐怕不难察觉：阿普尔的批判教育研究是跨学科或者超越学科界限的，以至于，似乎“任何标签都无法清晰标明阿普尔的身份”①。在每一种定义、形态的背后，都存在着一个复杂的理论或理论分歧，但也有共通之处。

尽管美国批判教育学形态各异，研究的侧重点也不同，在“批判”名义下发展起来的批判教育诸流派之间存在较大的差异性，甚至针锋相对。但是不同流派之间的对话、争论、批判和修正推动着美国批判教育学的发展，推进人类文明的进步。美国批判教育学这个家族也由重叠和交叉的相似之网所构成，当被问起美国批判教育学的支配一切的目标并且识别其主要目的是什么，存在许多答案，包括民主、转化与解放、批判性思维、社会正义、深刻的学习经验、赋权、批判性回答者、社会意识和活动家、社会变革和以学习者为中心。②但启蒙、解放、民主、正义是美国批判教育学共同体共同关心的主题。吉鲁说：“面对后现代主义批判理论，现代主义的重点是社会正义、自由、解放和平等，他不想放弃现代主义的政治遗产。”③弗莱雷强调批判教育学的兴趣着眼于人的解放和社会公正、立足于批判意识和民主精神培养的行动取向。麦克拉伦认为，批判理论家的目标是一致的：要让没有权力的，变得更有能力、权力，以改变社会不平等和不公正的现象。④康柏说：“批判教育学者共享着一个坚定信念：如果要把反思深植于经验当中，而且我们的终极目标是要把人类从压迫、异化与贬抑中解放出来。”⑤霸权意识批判，厚民主对话，教育即解放，把人从各种压抑人的社会条件中解放出来，并致力于建立一个确保人的解放的社会。这是美国批判教育学的价值诉求和共同旨归，也是美

① 阎光才. 你站在谁的一边. 读书，2005，(2)：67-74.
② Breuing M. Problematizing critical pedagogy. International Journal of Critical Pedagogy，2011，3(3)：1-23.
③ Torres C A. Education，Power，and Personal Biography：Dialogues with Critical Educators. New York：Routledge，1998：152.
④ 彼得·麦克拉伦. 校园生活——批判教育学导论. 萧昭君，陈巨擘译. 台北：巨流图书有限公司，2003：268-274.
⑤ 贝瑞·康柏. 批判教育学的议题与趋势. 彭秉权译. 高雄：丽文文化事业股份有限公司，2005：15.

国批判教育学共同体的成员所共有的范式。

第五节　美国批判教育学的理论局限[①]

批判教育学被认为是“教育领域中最具活力且雄心勃勃的竞争者”[②]且获得了很高的荣誉，但也存在一些不足与局限，受到不少批判和质疑。当前一些复杂性和不平等导致了弱道德而不是强道德，导致了主流教学、课程结构、意识形态和伴随它们的社会优越性的再生产。阿普尔曾建议表明繁荣的批判教育学话语需要认真处理这些变革的材料和意识形态条件。批判教育学不能也不会发生在真空中。除非我们诚实地面对这些深刻的右派转型并进行策略上的思考，否则对建立反霸权常识或反霸权联盟的影响不大。市场化和规范性国家的奇怪结合正在增长，教育学的相似性和“传统”学术课程与教学的发展走向，主流集团尽所能地领导斗争和随之而来的常识转变——所有这些并不是你希望它不存在它就不存在。相反，它需要真诚又自我批判的面对。[③]

一、陷入批判性话语的困境，缺乏可能性的意义

目前许多被看作激进教育理论的话语代表的是一种批判的话语，缺乏关于可能性的语言。[④]仍然陷于批判性话语的困境，把权力、正义、斗争和不平等的问题，简化成为一种独幕剧本和压制偶然性、历史和作为研究的重要客体的日常生活的霸权叙述。[⑤]吉鲁指出，激进教育理论最严重的缺陷是其无法超越批判与统治的语言（the language of critique and domination）。也就是说，批判教育学者深陷在一种狭隘的语言中，将学校与支配性意识形态和实践联系在一起，或是只用政治经济学的话语来思考学校。激进教育者过于专注统治的语言，以至于降低了任何对进步的、政治的教育策略的可实现的期待。[⑥]

---

① 卢朝佑，扈中平. 英美流派批判教育学的价值诉求和理论局限. 外国教育研究，2014，(10)：15-29；卢朝佑，扈中平. 英美流派批判教育学的价值诉求和理论局限. 教育学（中国人民大学复印报刊资料），2015，(1)：154-163.

② Lakomski G. Critical theory and education//Peterson P，Baker E，McGaw B. The International Encyclopedias of Education. 2nd ed. Pergramon，1994：1204.

③ 迈克尔 W 阿普尔. 教育的“正确”之路：市场、标准、上帝和不平等. 黄忠敬，吴晋婷译. 上海：华东师范大学出版社，2008：85-86.

④ 亨利 A 吉鲁. 教师作为知识分子：迈向批判教育学. 朱红文译. 北京：教育科学出版社，2008：242.

⑤ 亨利 A 吉罗克斯. 跨越边界：文化工作者与教育政治学. 刘惠珍等译. 上海：华东师范大学出版社，2002：88-90.

⑥ 亨利 A 吉鲁. 教师作为知识分子：迈向批判教育学. 朱红文译. 北京：教育科学出版社，2008：3.

例如，他们就很少关注教学场所里的新的公共领域的建设。他们的话语中所缺少的，是一种可能性的意义。正如拉克劳（Laclau）和墨菲（Mouffe）所指出的，这种语言是“一种激进想象的组成部分”①。一种激进的想象代表一种话语，它为民主的社会关系提供新的可能性。阿尔科夫（L. Alcoff）说，“正如左派现在应该知道的那样，你不能推动一种只是、并且总是反对的运动：你必须有一种积极的选择，一种激励人民牺牲时间和精力去加以实现的美好未来的前景”②。这种呼吁的核心是，需要一种可能性的语言。吉鲁更进一步指出，要采取文化行动来转化社会，只有“批判性语言”是不够的。“生机蓬勃的民主论述不能只是单独依靠批判的语言来揭露社会的不公不义并根除支配与不平等，它更需要一种有愿景的可能性语言来发展对抗霸权的策略，重建社会新秩序。”③ 吉鲁的可能性的语言和批判性的语言要求我们摘下眼罩。④吉鲁所说的“一种充满可能性的语言”有很大的潜力，可以让教育变得更与生命相关、更批判，以及更有改造性格。⑤

正如莫汉蒂（C. Mohanty）提醒我们的那样，关于教育的问题不能简化为学科的变量，必须包括权力、历史、自我认同、集体能动性和斗争的可能性的问题。⑥批判教育学必须把公共教育与批判民主的迫切性相结合，而不是拒绝政治的语言。批判教育学需要得到公共哲学的提示，部分地得到形成大多数人授权的生动经验的努力的提示。换句话说，批判教育学的语言把学校建构成民主的公共领域。在最普遍的意义上，这意味着教育的目的在公共哲学中的形成，这种哲学承担公民、公民勇气和公共智慧的义务。⑦

转化性知识分子需要摆脱单纯的批判语言，需要发展一套话语，并作为改造和希望的语言，重新界定自身，把批判性的语言与可能性的语言统一起来，这样，社会教育者就会认识到他们可以作出改变。为此，他们必须大声反对无论是学校之内还是学校之外的经济、政治与社会的不公正状况，参与公共斗争。同时，他们必须努力创造条件，以便创造语言，发展威斯特所谓的

① Laclau E，Mouffe C. Hegemony and Socialist Strategy. London：Verso，1985：190.
② Alcoff L. Cultural feminism versus post-structuralism：The identity crisis in feminist theory. Signs，1988，13(3)：405-436.
③ Giroux H A. Teachers as Intellectuals：Toward a Critical Pedagogy of Learning. Granby，MA：Bergin and Garvey，1988：170.
④ 琼·温克. 批判教育学——来自真实世界的笔记. 路旦俊译. 长沙：湖南教育出版社，2008：39.
⑤ 彼得·麦克拉伦. 校园生活——批判教育学导论. 萧昭君，陈巨擘译. 台北：巨流图书有限公司，2003：313.
⑥ Mohanty C T. On race and voice：Challenges for liberal education in the 1990s. Cultural Critique，1990，14：179-208.
⑦ 亨利 A 吉罗克斯. 跨越边界：文化工作者与教育政治学. 刘惠珍等译. 上海：华东师范大学出版社，2002：116.

“预言的批判”[①]。需要展示一种自我批判的语言、能质疑公共形式的语言、揭露社会的不公平的语言及摧毁当前暴政的语言；在学校内外提供批判和改造的空间，让学生有机会成为具有知识与勇气的公民，为的是绝望不再出现、使希望成为可能而奋斗。[②]

二、陷入晦涩空泛，缺乏可操作性

康柏认为，批判教育学假若能打入主流文化里，则它必须认真地采用大众运动的路线，而不仅是在学术精英圈子里面使用佶屈聱牙的语言。康柏指出，批判教育学传统的发展其实有很多面向，里面有许多以晦涩的形式呈现；并且，很不幸地，极少能用简洁、务实且一般人能够看懂的语言来陈述。批判教育学因其语言隐晦艰涩且讯息难以捉摸而受到批评。批判教育学难懂的语言使得激进的教育理念几乎不可能被掌握（这极大地影响了批判教育学在学生和教师之间的传播，致使其效用大大降低）。这与批判教育学者的主张是矛盾的：简言之，批判教育学乃是要切断压迫社会关系的工具与方法，并且也企图终结异化与附从的关系。当一个人所使用的语言也是宰制性且无法捉摸的时候，他要如何去挑战宰制的理念？尽管批判教育学者有着乌托邦式的内涵和意义？批判教育学的语言既然这么难以捉摸，那么就会预设威权的位置，而这个位置在主要的方式上和批判教育学本身所做的指控是矛盾的。尽管批判理论提供高尚的想法，但批判理论（提供批判教育学理念及由此而生的教学方法）没能带来缓解的机会。这是因为理论并不实用之故——尽管其中有民主、社群的理想，以及敢与学校体系内和文化中的异化、压迫、屈从抗争奋斗。[③]

康柏认为，教育圈里的左派常常掉入一种虚无主义，并饱受这种思想的威胁。也就是说，为了批评而批评，为了解构而解构，常常主导了教育圈里批评理论的论述。批判理论学者的洞见对脱离日渐令人绝望的贫穷、种族主义的毒瘤，以及对弥漫于社会中因阶级、种族和性别所导致的冷漠和疏离等问题所寻求的社会改造，却鲜有影响。批判理论学者七嘴八舌地要求学校教育维护更民主且平等的社群；然而，他们鲜少能够口径一致地去影响一个社会或政治改造计划，而且他们似乎无法对“如何把问题搞定”这一问题提出解

① West C. The new cultural politics of difference. October，1990，53：105.
② 亨利 A 吉鲁. 教师作为知识分子：迈向批判教育学. 朱红文译. 北京：教育科学出版社，2008：154-155.
③ 贝瑞·康柏. 批判教育学导论. 张盈堃，彭秉权，蔡宜刚等译. 台北：心理出版社股份有限公司，2004：234-270.

答。他们陷在后现代主义的泥沼中，不愿意被贴上技术官僚策士、本质论者或者务实派的标签，以致无法提出清晰的计划或规范性的架构，引导他们所支持的改革。①

借助一种解放和启蒙的兴趣，带有“启蒙”色彩的批判几乎成了批判者们决心变革社会的共同且唯一的武器。这容易造成对政治与经济变革在推动社会发展的过程中所固有的历史地位的忽视或不屑，缺乏科学历史观的方法论前提，批判者们的批判或者陷入空泛，或者陷入幻想，从而最终使得这种单纯的“思想革命”所能具有的社会功用只能局限在相当狭隘的范围之内。②缺少我们文化遗产的具体的输入，批判就会变成空洞的批判。③而且由于这种构想的理论本质上认可一种终极的理想——教育者的启蒙和解放，也容易遭到对现代性及“包罗万象的、逻各斯中心任务的计划”之反对的后现代思潮的抨击。这是批判教育理论家们所始料不及的。④批评认为，吉鲁的工作是否只不过是热衷于“感到好的”因素，他高调的散文和思想在人们的心中点了一把火，但是他对日常实践的贡献却是有限的，或者他的工作仅仅是进行归纳，他只是一个幻想家。⑤

三、陷入霸权叙述，缺乏差异共享

教育学如同其他实践和科学，虽然需要意识形态批判，然而不可能以一种基础主义的“批判理论”形式进行。⑥罗蒂（R. Rorty）指出，批判教育学须避免如同普遍主义者一般，仿佛认为任何一个理性的主体在任何时候都能以某些方式正视那些道德差异与共享相同的道德认同；反之，被压迫者所应追求的是“新语言”的不断创造以开展无限的可能性。罗蒂建议批判教育学或可思考放弃“解放”的论述，转而由一种“世界主义”的论述去思考不同文化间的宽容共处与学习。⑦

承袭启蒙传统的批判教育学面临集体式的压迫迷思与后现代思潮的影响，以及缺乏明确“理性”定义等质疑。以弗莱雷与吉鲁的观点审视批判教育

① 贝瑞·康柏. 批判教育学的议题与趋势. 彭秉权译. 高雄：丽文文化事业股份有限公司，2005：201.
② 李海星.“国民性”批判与“社会主义核心价值体系”建设. 内蒙古大学学报（哲学社会科学版），2009，(1)：60-65.
③ 托马斯·麦卡锡. 哈贝马斯的批判理论. 王江涛译. 上海：华东师范大学出版社，2010：243.
④ 周兴国. 卡尔的批判教育理论认识论思想述评. 比较教育研究，2001，(1)：25-29.
⑤ 乔伊·帕尔默. 教育究竟是什么？100 位思想家论教育. 任钟印，诸惠芳译. 北京：北京大学出版社，2008：673.
⑥ 彭正梅. 解放和教育：德国批判教育学研究. 上海：华东师范大学出版社，2008：188.
⑦ 唐青才，谢长法. 批判教育学的新图景：基于罗蒂新实用主义的重构. 教育理论与实践，2010，(5)：14-17.

学的图景为：追求人性解放的理想，强调意识醒悟与理性，要在对话中开启实践，且带有集体式反霸权倾向。对于批判教育学集体式反霸权的论述，学界仍存有争议，如古尔-泽弗认为弗莱雷的批判教育学主张不仅偏好被压迫者的自明知识，强调集体式的对话与解放志业，更像是一种教条的观念论与粗鄙的集体主义，而且可能是另一形式的暴力与恐怖主义。此种强调对话的批判教育学将使得教室中可能出现单一的声音，强迫发声的同时亦可能形成原先极力避免的宰制关系。①以培养戳穿这些谎言的意识和能力即批判意识的能力的批判-解放教育学，很可能会走向自己的反面。

就像其批判者所指出的那样，这种以解放为目的的、主张进行意识形态批判的批判-解放教育学很容易堕入一种解放的意识形态。因为解放常常被理解为指向对某种确定性的东西的认可，而不被看作一种过程，并把它当作一种人生的必然的幸福（解放）的前提，从而失去了批判的可能性。阿多诺深刻地指出，解放蕴含着统治和压制。“启蒙一直旨在将人类从恐惧中解放出来，并建立人的主宰，但充分启蒙了的世界却弥散着胜利的灾难……通过割裂自然来终止自然制约的每一次尝试，只不过是加强了这种奴役。这便是欧洲文明的进程。”也就是说，意识形态的解放容易导致解放的意识形态。②

四、注重社会正义，忽视生态正义

批判教育学的一个缺陷就是忽略了正义的生态维度，忽视了生态危机潜在的文化根源，加剧了生态污染。批判教育学所追求的社会正义不可能真正实现。这方面最受关注的批判来自生态正义教育学者包华士。从 1983 年包华士第一次发文《保罗·弗莱雷教育学文化侵略的语言学根源》炮轰批判教育学算起，生态正义教育学与批判教育学之间的争论已经持续几十年了。③

传统的批判教育学往往关注社会公正的问题，包括种族、阶级、性别等，却未能联系其环境影响及成因，批判教育学领域仍然倾向于在环境问题上保持一贯的沉默。此外，包华士等批判家相信，这种沉默绝非偶然，而且批判教育学理论的缺陷可能不仅在于无法完全把握全球生态危机的复杂性，而且在为人类谋求自由和平等的斗争中，这些缺陷还会不经意间产生“不可持续性”

① Gur-Ze'ev I. Toward a nonreperssive critical pedagogy. Educational Theory，1998，48(3)：463-486.
② 彭正梅．解放和教育：德国批判教育学研究．上海：华东师范大学出版社，2007：184-186，188，207.
③ 徐湘荷，赵占强．社会正义抑或生态正义——批判教育学和生态正义教育学之争．比较教育研究，2011，(4)：73-77.

等严重后果。[①]

批判教育学以批判资本主义和工业化、实现社会正义和个人解放为己任，而包华士的生态正义教育学则认为关于社会正义的问题需要在更广泛的生态正义的理论框架下探讨。针对包华士的批评，批判教育学者麦克拉伦和休斯顿等做出回应。他们一方面批判包华士在社会正义的追求上缺少担当；另一方面也坦承以往的批判教育学忽视了生态问题；“不管是批判教育学的反对者，还是其铁杆支持者都认为很长时间以来批判教育学者在他们的著作中没有提及环境问题。批判教育学确实缺少关注生态维度的意识。”[②]二者之所以有这样的分歧和论争，是因为他们持有不同的生态和生态正义观。二者对生态正义和社会正义的关系，或者说生态环境恶化的原因及解决方式均有不同的认识。

批判教育理论家古尔-泽弗在对批判教育学的思考中证实了这一观点，他写道：“直到今天，批判教育学几乎还是完全忽视了许多重要内容，不仅仅在生态伦理的宏观方面，比如对当前及未来全人类的生存条件产生的威胁；还包括忽视了主体-客体关系的基本哲学及存在的挑战，仍然将‘自然’视作静止的资源库，要么仅供人类消费，要么成为危害、威胁以及风险的潜在来源。”[③]

五、注重学究偏向，忽视实践取向

批判教育学只是学院精英所操弄的一种学术话语，是学院精英借以获得地位和声誉的方式，并没有深入到中小学实际中去。即使深入到了中小学实际中，他们的理论也主要是描述式和批判式的，缺乏真正意义上的指导与建构，在学校教育实践中并没有发挥应有的作用以实现其宣称的理想。就批判教育研究的现状来看，其主要精力集中在对教育现实的无情批判上，很少有人对改变这种不合理的现实提供可行的建设性方案。[④]康柏认为，批判理论者在州层级的教育部门，或更高层的政府位置者为数极少，只有少数的批判教育者能影响大众文化。为了成为一股势力，批判教育学必须整合至传统与保

① Kahn R. Critical Pedagogy，Ecoliteracy，and Planetary Crisis：The Ecopedagogy Movement. New York：Peter Lang Publishing Inc，2010：20.

② McLaren P，Houston D. Revolutionary ecologies：Ecosocialism and critical pedagogy. Educational Studies，2004，36：27-46.

③ Gur-Ze'ev I. Critical theory and critical pedagogy today：Toward a new critical language in education(introduction)//Gur-Ze'ev I. Critical Theory and Critical Pedagogy Today：Toward a New Critical Language in Education. Haifa：Haifa University，2005：7-34.

④ 张华. 批判理论与批判教育学探析. 外国教育资料，1996，(4)：8-13.

守和进步的主流学校环境，作为我们日常教学与生活的一部分，它可以成为任何学科教材的一部分。[①]必须认真地把批判教育学当成一种大众运动，而不是一种只被学院精英圈子所操弄的学术话语。[②]

批判-解放教育学的核心是一种泛化的意识形态批判，主要是一种揭露，一种“意识觉醒”或意识解放，而相对忽视如何在实践中谋求真实的解放，换句话说，批判-解放教育学强调的是一种“知”的功夫，而不是“行”的落实。[③]阿普尔看来，“批判教育学”之谓总难免带有一种学究气，它很容易让人感到是躲在象牙塔中的一批有批判倾向的学者们所精心建构起来的一个“巢穴”或者学术堡垒。而他本人所从事的批判教育研究，不仅是批判的，更是实践取向的。对于“学者”之谓他也了无兴致，始终自称政治活动家和教育工作者。因而，他在学院圈子中显得很有些“另类”[④]。阿普尔说：“相对于批判理论和批判教育学的局限性来说，我更喜欢用批判教育研究这个标签来表达我的意思。”[⑤]

① 贝瑞·康柏. 批判教育学导论. 张盈堃，彭秉权，蔡宜刚等译. 台北：心理出版社股份有限公司，2004：293-312.

② 贝瑞·康柏. 批判教育学的议题与趋势. 彭秉权译. 高雄：丽文文化事业股份有限公司，2005：6.

③ 彭正梅. 解放和教育：德国批判教育学研究. 上海：华东师范大学出版社，2007：184.

④ 阎光才. 你站在谁的一边. 读书，2005，(2)：67-74.

⑤ Apple M W. Cultural Politics and Education. New York：Teachers College Press，1996：X.

第四章　美国批判教育解释学的分析框架①

在分析批判性与解释性的关系及批判教育学与批判理论、批判解释学的关系的基础上，提出批判教育学与批判解释学的可通约性——批判教育解释学，勾勒出美国批判教育解释学的理论概念和分析框架，重点论述美国批判教育解释学的理论基础、针对性、原则及兴趣等问题。

第一节　美国批判教育解释学的理论基础

一、不可通约性理论与可通约性理论

（一）库恩的不可通约性理论

在20世纪科学哲学发展史上，库恩是一个具有划时代意义的哲学家：科学哲学研究从逻辑主义到历史主义的转变正是由库恩牵头发起和完成的。不可通约性（incommensurability）概念在库恩哲学中占据着非常关键的地位，理解了这个概念的意义和作用，也就理解了库恩哲学的基本精神。②

库恩用他最后几十年的时间捍卫、阐释并充分发展了不可通约性观念。库恩在其晚年作品中指出，可通约性和不可通约性是用来表示从语言学结构之间获得的关系的术语。③

库恩第一次明确使用“不可通约性”一词，是在1962年的《科学革命的结构》一书的第4页。在这一页，他区分了不可通约性概念与不可比性概念：“大多数科学的早期发展阶段，是以许多不同的自然观不断竞争为特征的，每一种自然观都部分地来自于科学观察和科学方法的要求，并且全部都与科学观察和科学方法的要求大致相容。这些不同学派之间的差别，不在于方法

① 卢朝佑，扈中平. 批判教育解释学论纲. 比较教育研究，2015，(2)：60-67.
② 万丹. 断裂还是统一：库恩“不可通约性”概念研究. 北京：中国社会科学出版社，2012：1-2.
③ 托马斯·库恩. 结构之后的路. 邱慧译. 北京：北京大学出版社，2012：（编者导言）4.

的这个或那个的失败——这些学派全部都是‘科学的’——差别在于我们将称之为看待世界和在其中实践科学的不可通约的方式（incommensurable ways）。”①

简单回顾一下“不可通约性”术语的由来。等腰直角三角形的斜边与直角边不可通约，圆的周长与半径不可通约，这意味着不存在一个长度单位可以将一组数中的两个数都整除而没有余数，即不存在公约数（common measure）。但没有公约数并不会使比较也成为不可能。相反，不可通约量可以在任何要求的近似度上进行比较。②

当“不可通约性”被用作科学理论中的词汇及相关的概念性词汇时，该术语以隐喻的方式起作用。“没有公约数”变成了“没有共同语言”。说两个理论不可通约，也就是说不存在这样一种语言，不管中立与否，两个由一系列语句构成的理论可以毫无保留或毫无损失地翻译成这种语言。出于同样的原因，不可通约性不论在隐喻形式上还是在字面形式上，都没有不可比较性的含义。大多数对于两个理论共同的术语，都以同样的方式在二者中起作用；它们的意义——无论什么方面的意义，都被保留了下来；它们的翻译也完全是同音翻译。只有在小的亚群中的（通常是相互定义的）术语和包含这些术语的语句，才会产生可翻译性问题。当我们说两个理论不可通约时，其实比许多批评者所设想的要温和得多。

为了表明问题的关键，库恩首先以一种比原先更精炼的形式重新表述自己的立场。库恩说理论是不可通约的时候，指的是它们不可比较。但是不可通约性是一个从数学中借用来的术语，它在数学中并没有这层含意。等腰直角三角形的斜边与直角边是不可通约的，但二者可以在任意精确度上比较。它们所缺乏的不是可比较性，而是可以对二者进行直接且准确的测量的长度单位。在把不可通约性用于理论时，库恩仅仅想要指出：不存在一种共同的语言，使得两种理论都可以用它进行完全表述，从而这种语言可以被用于理论间的逐点比较。③库恩将把这种温和的不可通约性称为“局部不可通约性”。迄今为止，不可通约性都是关于语言、意义变化的主张，其局部的形式是库恩独创的说法。④

库恩的不可通约性观念可从三个方面参照“范式”和“革命”的概念给予定义：

① 托马斯·库恩. 科学革命的结构. 第2版. 金吾伦，胡新和译. 北京：北京大学出版社，2012：3.
② 托马斯·库恩. 结构之后的路. 邱慧译. 北京：北京大学出版社，2012：25.
③ 托马斯·库恩. 结构之后的路. 邱慧译. 北京：北京大学出版社，2012：185-186.
④ 托马斯·库恩. 结构之后的路. 邱慧译. 北京：北京大学出版社，2012：26.

第一是标准的不可通约性。总体来说这些理由已被描述为革命前与革命后的常规科学传统间的不可通约性。首先，竞争者的范式的支持者对于候补范式所应解决问题的清单看法不同。他们的标准或科学的定义并不一样。[①]范式间的差异不只是关于实质的，因为范式不仅指涉自然，而且支撑着产生它们的那门科学。范式是一个成熟的科学共同体在某段时间内所认可的研究方法、问题领域和解题标准的源头活水。因此，接受新范式，常常需要重新定义相应的科学。有些老问题会移交给另一门科学去研究，或被宣布为完全“不科学”的问题。以前不存在的或认为无足轻重的问题，随着新范式的出现，可能会成为能导致重大科学成就的基本问题。随着问题的改变，那些把科学解答从形而上学思辨、文字游戏或数学谜题中分辨出来的标准也要改变。科学革命中出现的新的常规科学传统，与以前的传统不仅在逻辑上不相容，而且实际上是不可通约的。[②]革命之前科学家世界中的鸭子到革命之后就成了兔子。[③]他所探究的世界似乎各处都会与他以前所居住的世界彼此间不可通约了。[④]

第二是新旧范式间的概念、语汇、仪器和实验存有误解。这种不可通约性也不只表现在标准上。因为新范式由旧范式产生出来，所以它们通常都收编了许多传统范式以前使用过的语汇和仪器，既有概念上的也有操作上的。但是新范式很少以传统的方式去应用这些借过来的要素。在新范式中，老的语汇、概念和实验彼此之间有一种新的关系。其不可避免的结果是，两个互相竞争的学派之间存有误解，虽然这种用词不十分恰当。[⑤]

竞争者的范式的不可通约性的第三个、也是最基本的方面。就某种库恩无法再进一步解释的意义而言，竞争者的范式的支持者在不同的世界中从事他们的事业。两组在不同的世界中工作的科学家从同一点注视同一方向时，他们看到的是不同的东西，但并不是说他们能看到任何他们喜欢的东西。他们都在注视这个世界，而且他们所注视的东西并没有改变。但是在有些领域中他们看到不同的东西，而且他们所看到的东西彼此间的关系也不同。这就是为什么对一组科学家而言根本无法证明的定律，另一组科学家有时却认为直觉上很明显。同样，这也是为什么他们在希望彼此能完全沟通之前，其中一组必须经历我们称之为范式转换的变化过程。正因为它是一种不可通约物之间的转变，竞争者的范式之间的转变就不可能逐步地完成。就像格式塔转换一样，它要么必须立即整个地变（虽然不必在瞬间完成），要么

① 托马斯·库恩. 科学革命的结构. 第2版. 金吾伦，胡新和译. 北京：北京大学出版社，2012：124.
② 托马斯·库恩. 科学革命的结构. 第2版. 金吾伦，胡新和译. 北京：北京大学出版社，2012：88.
③ 托马斯·库恩. 科学革命的结构. 第2版. 金吾伦，胡新和译. 北京：北京大学出版社，2012：94.
④ 托马斯·库恩. 科学革命的结构. 第2版. 金吾伦，胡新和译. 北京：北京大学出版社，2012：95.
⑤ 托马斯·库恩. 科学革命的结构. 第2版. 金吾伦，胡新和译. 北京：北京大学出版社，2012：125.

就根本不变。①

总之，在《科学革命的结构》中，库恩将不可通约性分为三个层次：标准的不可通约性、意义的不可通约性、世界观的不可通约性。而在《结构之后的路》中，他提出不可通约性是一种不可翻译性。不可通约性在最初的数学用法中指“没有公约数”。对于两个处在同一条历史线索上的理论来说，这一术语意味着没有一种共同语言可以完全翻译这两个理论。构成旧理论的某些陈述不能用任何适合表达后继理论的语言来表述，反之亦然。因此，不可通约性等同于不可翻译性，但是，不可通约性并不会妨碍专业翻译者的翻译行为。②库恩后期关于不可通约性的说明是一种局部的翻译的不可能，因而，库恩认为不可通约性是从一个理论的一组局部的语词翻译成另一个理论的另一组局部的语词的有限的不可能。库恩由此得出结论，不可通约并不等于不可比，理论可以部分地被比较。“库恩强调相互竞争的科学理论的比较有许多方式方法，注意到这一点可以使他对理性或准则的讨论具有新的价值。在澄清关于理论选择的论证中涉及什么时，库恩所分析的是理性的比较的多种方式。”③

（二）费耶阿本德的不可通约性理论

费耶阿本德（P. Feyerabend）以其著作《反对方法》（1975）及所宣扬的科学研究中的“无政府主义”（“怎么都行”）而著称。他与库恩共同提出了“不可通约性”一词，并曾一度彼此惺惺相惜，互引同道。④

谈到不可通约性，费耶阿本德就想到他全心全意接受的库恩哲学。费耶阿本德指的是库恩坚持认为相继范式只能用困难来评价，而且这些范式可能完全无法比较，至少就比较熟悉的对比标准而言是这样的。费耶阿本德不知道他和库恩中是谁最先使用“不可通约性”这一术语。该术语在库恩的《科学革命的结构》和费耶阿本德的文章《解释、还原、经验主义》（《实在论、理性主义和科学方法》第四章）中都出现过，二者都发表于 1962 年。费耶阿本德仍然记得自己曾惊叹预定和谐，它使他们不仅为相似观点辩护，而且使用完全相同的语言来表达。这种巧合当然没有丝毫的神秘可言。他们都考察过这个问题，只是使用的术语不同，结果也有所不同罢了。那时费耶阿本德阅读了库恩书的早期草稿，并与库恩讨论了其中的内容。在这些讨论中他们一致

① 托马斯·库恩. 科学革命的结构. 第 2 版. 金吾伦，胡新和译. 北京：北京大学出版社，2012：126.
② 托马斯·库恩. 结构之后的路. 邱慧译. 北京：北京大学出版社，2012：52.
③ 伯恩斯坦. 超越客观主义和相对主义. 郭小平等译. 北京：光明日报出版社，1992：105；牛秋业. 不可通约：费耶阿本德的科学哲学研究. 北京：光明日报出版社，2010：7.
④ 托马斯·库恩. 结构之后的路. 邱慧译. 北京：北京大学出版社，2012：（导读）23.

认为，新理论虽然经常比之前的理论更好、更具体，但并非总是十分丰富，难以应对所有问题；而先前的理论已经对这些问题给出了明确而准确的答案。知识的增长，尤其是一个综合性理论被另一个理论取代，既有得也有失。库恩倾向于将 17 世纪的科学世界观与亚里士多德哲学进行比较；费耶阿本德则使用近期的例子，如相对论和量子论。他们还清楚，用一般方式，即考察推论类别的方式来比较相继理论可能是非常困难的。①

自费耶阿本德和库恩首次在正式出版物中使用一个从数学中借用过来的术语描述相继的科学理论之间的关系，至今已经有几十年了。这个术语就是“不可通约性”。他们都是在解释科学文本时遇到了困难才找到它。库恩对这一术语的使用比其他的更广泛；费耶阿本德对现象的描述则比库恩更全面；但那时他们的共同之处是相当多的。他们两人都主要想表明，科学术语和概念——如“力”和“质量”或“元素”和“化合物”——的意义往往随它们所使用的理论而变化。而且他们都认为，当这种变化发生时，一个理论中的所有术语不可能完全用另一个理论的词汇来定义。对于后面这个看法，他们在谈到科学理论的不可通约性时有各种独立的表述。②

费耶阿本德和库恩都写道，在一个理论的术语之基础上定义另一个理论的术语是不可能的。但是费耶阿本德把不可通约性限定在语言上；库恩认为在“方法、问题域和解答标准上”都存在区别。其他区别库恩已经不再研究，除了最后一类区别，这类区别很大程度上是语言学习过程的必然结果。费耶阿本德从另一方面写道：“既不以 T 中的基本属于为基础来定义 T’ 中的基本术语，也不为这两种术语建立正确的经验关系，这是可能的。”库恩没有使用过基本术语的概念，他把不可通约性限定在了少数专业术语中。③

费耶阿本德关于不可通约的观点和库恩关于不可通约的观点的不同表现在三个方面：“第一，库恩关于不可通约的观点最初包括非语义的因素，只是后来把不可通约限制到语义上，而费耶阿本德总是把他的不可通约概念的使用限制到语义的领域。第二，费耶阿本德认为不可通约影响一个理论语词的全部，而库恩倾向于把不可通约的影响限定在局部的范围。第三，作为费耶阿本德的不可通约是不常见的，因为它仅应用于‘非实例的’理论，而作为库恩的不可通约的理论则是更普遍，因为它发生在科学革命里。”④

---

① 保罗·费耶阿本德. 经验主义问题. 朱萍，王富银译. 南京：江苏人民出版社，2010：171-172.

② 托马斯·库恩. 结构之后的路. 邱慧译. 北京：北京大学出版社，2012：23-24.

③ 托马斯·库恩. 结构之后的路. 邱慧译. 北京：北京大学出版社，2012：24.

④ Sankey H. The Incommensurability Thesis. South Carolina：Athenaeum Press Ltd，1994：17；牛秋业. 不可通约：费耶阿本德的科学哲学研究. 北京：光明日报出版社，2010：7.

（三）罗蒂的可通约性理论

罗蒂用认识论和解释学这两个词来代表相互对立的两种观念。认识论把达成一致的希望看作共同基础存在的征象，把说话者统一在共同的合理性之中。认识论的合理性意味着，去发现一组适当的词语，谈话的一切组成部分均应转译为该组词语，如果要达成一致，[①]即去找到与他人共同基础的最大值。[②]

罗蒂把“谈话”作为其解释合理性的基础，信奉苏格拉底式的对话。解释学就是为反对认识论的“对某一话语的一切参与活动都是可通约性的”这一假设而进行的一种斗争。[③]罗蒂提出，解释学并非作为认识论的一个“继承的主题”，作为一种活动来填充曾由以认识论为中心的哲学填充过的那种文化真空。反之，解释学是这样一种希望的表达，即我们的文化应成为这样一种状况，在其中不再感觉到对限制和对照的要求。[④]解释学所起的作用是一种博学的爱好者、广泛涉猎者和各种话语间的苏格拉底式调解者所起的作用。[⑤]解释学把种种话语之间的关系看作某一可能的谈话中各线索的关系，这种谈话不以统一说话者的约束性模式为前提，但在谈话中彼此达成一致的希望绝不消失，只要谈话持续下去，这并不是一种发现在先存在的共同基础的希望，而只是达成一致的希望，或至少是达成刺激性的、富于成效的不一致的希望。[⑥]对解释学来说，成为合理的就是希望摆脱认识论，并希望学会对话者的行话，而不是将其转译为自己的语言。[⑦]解释学把参与者看作统一在他所谓的一个社群中，社群中的个人的道路在生活中结合起来，个人是由礼仪而不是由共同的目标、更不是由某一共同基础联合起来的。[⑧]罗蒂实际上就是要提出一种无镜真理观即实用主义真理观，否定镜式真理观、再现准确性和符合论中的本质主义和基础主义。无镜真理观是一种否认人们的认识有共同基础和普遍可通约性的解释学真理观，它不以发现客观真理为目的而以维持谈话继续进行为目的，它不再寻求人类知识的永恒构架，从而使人类永远有新的应付世界的方式和新生活的可能。

罗蒂所用“可通约性”（commensurable）一词指能被置于一组规则下，

① 理查德·罗蒂．哲学和自然之镜．李幼蒸译．北京：商务印书馆，2003：338.
② 理查德·罗蒂．哲学和自然之镜．李幼蒸译．北京：商务印书馆，2003：336.
③ 理查德·罗蒂．哲学和自然之镜．李幼蒸译．北京：商务印书馆，2003：336.
④ 理查德·罗蒂．哲学和自然之镜．李幼蒸译．北京：商务印书馆，2003：335-336.
⑤ 理查德·罗蒂．哲学和自然之镜．李幼蒸译．北京：商务印书馆，2003：337.
⑥ 理查德·罗蒂．哲学和自然之镜．李幼蒸译．北京：商务印书馆，2003：337-338.
⑦ 理查德·罗蒂．哲学和自然之镜．李幼蒸译．北京：商务印书馆，2003：338.
⑧ 理查德·罗蒂．哲学和自然之镜．李幼蒸译．北京：商务印书馆，2003：338.

这组规则将向我们表明，关于在陈述者似乎发生冲突的每一点上会解决争端的东西，如何能达到合理的协议。[①]

作为一种谈话而非作为建立在基础之上的一个结构的文化概念，与这种解释学的知识观十分符合，因为与生疏者进入谈话情境，正像通过依照模型获得一种新品质或技巧一样，乃是一个慎思的问题，而非一个知识的问题。[②]

由认识论的行为主义提出的实用主义知识研究，将把可被通约的话语和不可被通约的话语之间的分界线，仅只解释为在“正常”话语和“反常”话语之间的分界线，后一区分将库恩在“正常”科学和“革命”科学间的区分普遍化了。[③]

解释学从某种正常话语观点看是对一种反常话语的研究，它企图阐明在这样一个阶段上所发生的情况，在此阶段上我们对该情况还不太肯定，以至不能对其进行描述，从而也不能对其进行认识论论述。[④]

罗蒂赞同可通约性，反对不可通约性。在罗蒂看来，库恩、费耶阿本德等的研究工作是从相反的角度，即从不可通约性的角度来摧毁认识论独霸——共同基础——的格局的。罗蒂认定库恩的范式之间的不可通约性是对他的解释学与认识论关系的一种更深层的体现，并且库恩的不可通约性蕴含不可还原性，但不蕴含不相容性。[⑤]

二、批判与解释：不可通约性与可通约性

赫施在《解释的有效性》（*Validity in Interpretation*）一书中，对解释和批判进行了较为详细的分析，为更好地解读解释和批判的含义，可以从不同的角度对解释和批判进行分析。

（一）从解释和批判的对象角度

伯克（Burke）把批判定义为“这样一种哲学化的活动，基于这种活动，一个外部对象不应在其自身而且不应为了其本身被理解，而是应为了确定某种关系以及与其它事物的某种关联而被理解，也就是说，对这种关系的认识本身就是目标所在”。伯克的这一定义突出了解释和批判所涉及的是两个完

① 理查德·罗蒂. 哲学和自然之镜. 李幼蒸译. 北京：商务印书馆，2003：336.
② 理查德·罗蒂. 哲学和自然之镜. 李幼蒸译. 北京：商务印书馆，2003：339.
③ 理查德·罗蒂. 哲学和自然之镜. 李幼蒸译. 北京：商务印书馆，2003：339-340.
④ 理查德·罗蒂. 哲学和自然之镜. 李幼蒸译. 北京：商务印书馆，2003：340.
⑤ 理查德·罗蒂. 哲学和自然之镜. 李幼蒸译. 北京：商务印书馆，2003：403.

全不同的“对象”。解释的对象自在和自为地就是词义，人们可以把这个对象视为文本的含义。批判的对象则是该含义对某些其他事物（价值观、兴趣等）来说所意味的东西，因此，这个对象就被视为文本的意义。①

把主要论及“意义”的注释视为批判，类似于把主要论及含义的注释视为解释。解释和批判在所有对文本的注释中都是同时发生的，而且这两种在功能上不同的活动只有通过断定哪一种目标占主导地位……含义是从解释中分辨出来的，意义是从批判中分辨出来的，批判与意义并不是同一的，批判只是指向意义、论及意义、描述意义。意义在某个给定的情形中像含义一样是确定的和实在的，有时，它甚至比含义还要重要。从根本上看，批判比单纯的解释更有价值，尤其是当批判包含着解释之时，那就更是如此，由此可见，意义就像含义一样是一个认识目标。②

对含义和意义的区分最早是由弗雷格在其《论含义和意义》中作出的，弗雷格指出：两个文本的含义尽管不同，但它们的真理价值是相同的。③

赫施在本书中，从对文本含义和意义的区分出发，进一步规定了解释和批判的各自特点。他认为，文本含义和意义分别是解释和批判的各自对象，解释是为了揭示含义，批判是为了阐发意义，这些规定显然揭示了解释和批判的各自特点。解释的对象是文本含义，这就决定了，解释必须以对象文本为准；批判的对象是文本意义，从而也决定了批判必须把文本放到文本之外的某个世界中去看待。这无疑是解释和批判的主要区别所在。④

（二）从解释和批判的关联域角度

解释是自在地对文本含义的揭示，它孤立地解说文本或是明确或是模糊地所体现的含义；至于批判则是建立在解释的结果之上的，它并不是自在地去探讨文本含义，而是把文本含义视为某个更广泛关联域中的一分子。⑤

我们必须基于表述的关联域去确定意味，这个关联域在通常情况下就是表述于其中发生的具体境遇。在成文的文本中，关联域通常就是叙说性的存在，即明确的含义被有疑难的文本段落包围着。⑥

在日常语言中，“判断”就包含着一种评价、权衡活动，而“意义”这个概念就像包括价值判断一样，也包含事实判断。人们把判断视为通过某些体

① 赫施．解释的有效性．王才勇译．北京：生活·读书·新知三联书店，1991：240-241.
② 赫施．解释的有效性．王才勇译．北京：生活·读书·新知三联书店，1991：165-166.
③ 赫施．解释的有效性．王才勇译．北京：生活·读书·新知三联书店，1991：241.
④ 赫施．解释的有效性．王才勇译．北京：生活·读书·新知三联书店，1991：（中译本前言）5.
⑤ 赫施．解释的有效性．王才勇译．北京：生活·读书·新知三联书店，1991：240-241.
⑥ 赫施．解释的有效性．王才勇译．北京：生活·读书·新知三联书店，1991：252-253.

现某种关系的关联物而把两个任意的有关对象——“主语”和“谓语”——联结起来，如果这些关联物就是含义与价值标准，或含义与某个任意事物的关系，那么，判断就是对这种关系的把握。[①]真正的“批判”这个概念，根本上就是指对这样一个独特的特殊关联域的构想。[②]

（三）从解释和批判的视角角度

对文本含义作出界定和说明的视界就是文本的内在视界，它是超时间的而且是与自我同一的，每一个含义除了具有这种内在视界，还具有一种外在视界，每个含义都是与另一些其他含义发生关联的，它往往是某个更广泛世界中的一个成员，这个外在视界是批判的领地，它不仅未得到限定，也是发展变化的，因为，世界本身在发生着变化。一般情况下，批判只是从这样的外在视界中掘取一小部分作为现时的客观对象。[③]

理解是内在的，而且是一切文本固有的。[④]理解在这里就是对意义的重新认识和重新构造——而且是对那个通过其客观化形式而被认识的精神的重新认识和重新构造——这个精神对一个与它同质的能思的精神诉说：理解是一种弧形的沟通桥梁，一种把这些形式与那个曾经产生它们而它们又与之分离的内在整本重新结合统一的沟通桥梁；当然，正是这些形式的一种内在化，这些形式的内容才在这内在化中转入与原本具有的主观性不相同的主观性之中。[⑤]

（四）从解释和批判的任务角度

解释者的首要任务就是自身去重建作者的“逻辑”、态度、文化给定性，简言之，也就是去重建作者的世界。[⑥]

说解释者的任务只是找出某人思想表现所臆想的意义，和理解这种表现中出现的思考和想象的风格方式，这是正确的。但是，意义和风格方式并不是某种由富有意义形式单纯提供给被动解释者和只需以机械程序而收集的东西。正相反，它是某种解释者必须在自身内借助他的卓越直觉重新认识和重

① 赫施．解释的有效性．王才勇译．北京：生活·读书·新知三联书店，1991：165.
② 赫施．解释的有效性．王才勇译．北京：生活·读书·新知三联书店，1991：168.
③ 赫施．解释的有效性．王才勇译．北京：生活·读书·新知三联书店，1991：257.
④ 赫施．解释的有效性．王才勇译．北京：生活·读书·新知三联书店，1991：167.
⑤ 埃米里奥·贝蒂．作为精神科学一般方法论的诠释学．洪汉鼎译//洪汉鼎．理解与解释——诠释学经典文选．北京：东方出版社，2001：129.
⑥ 赫施．解释的有效性．王才勇译．北京：生活·读书·新知三联书店，1991：279.

新构造的东西，在这里需要解释者自己的洞察力和处于他自己创造的实践的知识内的思考能力。①

把文字符号转换成话语和意义就提出了真正的解释学任务。②批判的主导原则就是，解释应包容尽可能多的内容，对文本含义“最合适的”揭示就是那种最广泛地描述了文本所有潜在含义的揭示。③接近对文本注释的主要目标始终是解释，而不是批判。④

（五）从原始作者与读者角度

把“理解”视为对作者意指词义的一种把握或揭示，作者含义所具有的意义，即这个含义与我们、与历史、与作者个性甚至与作者的其他作品的关系，会是相类似的，而且甚至常常是更重要的东西。⑤

文本含义就是与作者同时代的读者在最佳状态中所揭示的东西，就是理想的现时读者所揭示的东西，就是文本根据语言规范所能意味的东西，就是最佳的批判家视为最佳含义的东西，等等。⑥

人们为了支持这些观点，对文本作者提出了许多各不相同的美学和心理学的异议：其一，作者所规定的含义太狭隘、太简单，因为，他所规定的含义是以当时的历史和文化为条件的；其二，我们无论如何都无法达到作者意指的含义，这或是由于我们生活与作者不同的时代，或是由于作者的思想过程是纯个人的，或是由于作者本人也不清楚，他究竟欲求哪一种含义。⑦

（六）从文本生命角度

解释就是与对某人生活的理解相应的，即他的生活如何、经历如何，批判则是与把他的生活放到某个更广泛的有关系中去看相关的。⑧

不仅文本含义，时代氛围也同时发生了变化，推重“文本生命”的理论实际掩盖了这样的看法：读者所揭示的并不是文本所表达的含义，而是他自身

① 埃米里奥·贝蒂．作为精神科学一般方法论的诠释学．洪汉鼎译//洪汉鼎．理解与解释——诠释学经典文选．北京：东方出版社，2001：135.
② 汉斯-格奥尔格·伽达默尔．诠释学Ⅰ：真理与方法．修订译本．洪汉鼎译．北京：商务印书馆，2007：531.
③ 赫施．解释的有效性．王才勇译．北京：生活·读书·新知三联书店，1991：260-261.
④ 赫施．解释的有效性．王才勇译．北京：生活·读书·新知三联书店，1991：167.
⑤ 赫施．解释的有效性．王才勇译．北京：生活·读书·新知三联书店，1991：164-165.
⑥ 赫施．解释的有效性．王才勇译．北京：生活·读书·新知三联书店，1991：248.
⑦ 赫施．解释的有效性．王才勇译．北京：生活·读书·新知三联书店，1991：248.
⑧ 赫施．解释的有效性．王才勇译．北京：生活·读书·新知三联书店，1991：163.

新的含义。[①]推重"文本生命"的理论，单一且明确地蕴含着这样的思想：变化的原则并不寓于演替着的文本含义中，而是寓于处于变化中的读者群中。[②]

（七）解释和批判的可通约性

当代理论家为了表达文本含义在时间进程中的演变这个见解，使用了这样一种比喻性的说法：一件文本具有其自身的生命。这主张含义演替的理论，有益于论证解释和批判的融合及这样一个观点：一个文本当下的重要性必须立足在对该文本的所有注释上。[③]解释是一切正确批判的基础。[④]

"批判"这个概念演变成了对文本含义所有注释的一种描述。描述和评价是不可分割地联系在一起的，这一点并不允许我们去错误地理解所面临的文本或对它作错误的解释。同样，这一点也不允许我们把文本作为创造性活动的对象去看待，没有允许我们掩盖真相地把对某个伦理的、文化的或审美的特定立足点的论证当作对文本一本正经的注释去看待。批判主要关心的东西，即一件文本当下的重要性，并非绝对地就是对文本进行注释的一个必然方面。同样主张描述和评价不可分离的理论也助长了这样的观点：文本的含义直接地就是它"现在对我们所具有的"，这两种论点都强化了这样的看法：解释就是批判，批判就是解释。[⑤]

总之，在赫施那里，批判的对象是意义，是对关系或关联域的把握，是外在视界，把文本转化成话语或意义，把生活放入到某个更广泛的有关系中看（即关系分析）。解释的对象是含义，是孤立地解说文本，是内在视界，去重建作者的世界、个人的生活体验。强调解释是一切正确批判的基础，以此强化：解释就是批判，批判就是解释。

霍克海默明确断言，解释和批判之间不是敌对关系，传统和批判理论也不是分离的，我们参与传统必须确实是批判性的。内在的批判都是可能的……解释远离破坏批判，我们必须把批判认为是一种解释形式，它在解释学循环内任何情况下运作，并且看起来是从特殊到普遍的，在一个没有开始或结束的辩证方式。……把批判看作为运作的生活世界的内在性。[⑥]费尔菲尔德提出，与霍克海默一致的是，在什么基础上我们会宣称，所有的批判都是内在的批

① 赫施. 解释的有效性. 王才勇译. 北京：生活·读书·新知三联书店，1991：244.
② 赫施. 解释的有效性. 王才勇译. 北京：生活·读书·新知三联书店，1991：244.
③ 赫施. 解释的有效性. 王才勇译. 北京：生活·读书·新知三联书店，1991：243.
④ 赫施. 解释的有效性. 王才勇译. 北京：生活·读书·新知三联书店，1991：169.
⑤ 赫施. 解释的有效性. 王才勇译. 北京：生活·读书·新知三联书店，1991：239.
⑥ Fairfield P. Philosophical Hermeneutics Reinterpreted：Dialogues with Existentialism，Pragmatism，Critical Theory，and Postmodernism. New York：Continuum，2011：134-135.

判。与他相反的是，所有的批判都是解释并且解释与传统不可分离吗？[①]

费尔菲尔德考察了批判反思的性质和条件，以及交往的道德和政治这二者的可能性，[②]并分析了解释和批判的关联。这种解释不仅是普遍的经验，而且从根本上属于人类存在的本体论组成，这是一个基本的解释学假设，它必须符合理性批判的需要，一种不仅对我们的解释、我们的行为和作为一个整体的生活方式的合理性批判。一个常见的观点是，批判是另一种解释，不是一种形式，而理解本身把我们限制在传统和文化内时，传统和文化都是非常重要的需要批判的东西。尤其是当解释陷入意识形态，批判必须超越普通的对话，发出一个理性评估。尤其是社会批判家的观点必须体现出理性的客观性和公正性。[③]

三、批判教育学与批判解释学：可通约性

（一）批判教育学与批判理论之嫁接

虽然批判教育学与后现代主义、女权主义等关联不断，但不可否认的是，批判教育学与批判理论的目的是相通的。批判理论的有关论述不仅被用来作为批判教育学的基础或渊源，同时批判理论在其自身的发展中，对教育也有所论述。

霍克海默认为，批判理论追求的目标——社会的合理状态，是由现存的苦难强加给它的。设计这样一种解决苦难的办法的理论，不会为既存现实服务，而只能揭露那个现实的秘密。[④]批判理论的每个组成部分都以对现存秩序的批判为前提，都以沿着由理论本身规定的路线与现存秩序作斗争为前提。[⑤]因此，批判理论无论在其概念的形成还是发展的任何阶段上，都极为清醒地把对人类活动的合理组织得以展开并使其具有合法地位当作自己的任务。它不仅关注现存的生活方式的既定目标，还关注人类及其所有潜能。[⑥]批判理论是创造出一个满足人类需求和力量的世界之历史性努力的根本成分，它的目标在于

① Fairfield P. Philosophical Hermeneutics Reinterpreted：Dialogues with Existentialism，Pragmatism，Critical Theory，and Postmodernism. New York：Continuum，2011：128.
② Fairfield P. Philosophical Hermeneutics Reinterpreted：Dialogues with Existentialism，Pragmatism，Critical Theory，and Postmodernism. New York：Continuum，2011：5.
③ Fairfield P. Philosophical Hermeneutics Reinterpreted：Dialogues with Existentialism，Pragmatism，Critical Theory，and Postmodernism. New York：Continuum，2011：119.
④ 霍克海默. 批判理论. 李小兵等译. 重庆：重庆出版社，1989：206.
⑤ 霍克海默. 批判理论. 李小兵等译. 重庆：重庆出版社，1989：217.
⑥ 霍克海默. 批判理论. 李小兵等译. 重庆：重庆出版社，1989：231-232.

把人从奴役中解放出来。它使人们清楚地认识到：个人的自由发展依赖于社会的合理建构。①

由此可知，批判理论的目的在于把个人和社会从政治权力和经济剥削中解放出来。霍克海默认为，批判理论追求的目标——对现存秩序进行批判，构建社会的合理状态，关注人类及其所有潜能，把人从奴役中解放出来。②霍克海默和阿多诺在《启蒙的辩证法》中对启蒙运动以来的教养理论进行了激进的批判，指出，启蒙运动的“思想解放”导致了“个性解放”和工具理性的极端化，从而把人引入了一种“新的野蛮状态”。阿多诺提出了“残缺的教育”③概念。教育沦为一种残缺的教育，这种教育是缺乏反思性的异化式的教育，它通过占统治地位的价值标准把人塑造成为维护商品、消费社会的一员。教育变成了意识形态的传声筒，造成对人的蒙蔽，因此，剔除教育中的虚假意识的影响，就是批判教育学的任务。

批判理论的思想激励了批判教育学的发展。批判理论是美国批判教育学的理论来源，批判教育学家汲取了批判理论家的思想，正如阿普尔陈述的那样，阿普尔的部分方法就是“侵入”（trespassing），使用批判理论、知识社会学、哲学等工具，并把它们运用到批判教育者的日常思维和行动中去。借用布迪厄的说法：“侵入……是前进的先决条件。”④批判教育学家正是在借鉴批判理论家的思想基础上，提出了有关文化教育等方面的主张。弗莱雷提出了由解放兴趣所引导的批判教育学。麦克拉伦认为，批判教育学是建立在人民自由劳力与集体需求上的一种文化、社会生命的解放策略。⑤卡明斯和阿达将批判教育学描述为转化式教育。⑥卡尔（W. Carr）指出，批判教育理论的理论兴趣在于对人的启蒙和解放。⑦阿普尔认为，批判教育者应投身于挑战现存不平等关系的“非改革主义者的改革”行动中。⑧

在“批判”名义下发展起来的批判教育诸流派都有一个共同的目的：解放，即重新重视人的理性的批判意识和批判能力，把人从虚幻的意识形态中、从各种压制人的社会条件中解放出来，并致力于建立一个确保人的解放的社会。⑨由此可见，批判教育学或多或少地接受了批判理论的思想，它试图从一

① 霍克海默. 批判理论. 李小兵等译. 重庆：重庆出版社，1989：232.
② 霍克海默. 批判理论. 李小兵等译. 重庆：重庆出版社，1989：206-232.
③ 彭正梅. 解放和教育：德国批判教育学研究. 上海：华东师范大学出版社，2007：124.
④ 迈克尔 W 阿普尔. 意识形态与课程. 黄忠敬译. 上海：华东师范大学出版社，2001：（第二版序言）9.
⑤ 彼得·麦克拉伦. 校园生活——批判教育学导论. 萧昭君，陈巨擘译. 台北：巨流图书有限公司，2003：IV-V.
⑥ 琼·温克. 批判教育学——来自真实世界的笔记. 路旦俊译. 长沙：湖南教育出版社，2008：92.
⑦ 周兴国. 卡尔的批判教育理论认识论思想述评. 比较教育研究，2001，(1)：25-29.
⑧ 迈克尔 W 阿普尔. 全球危机、社会公平和教育. 李慧敏译. 北京：中国政法大学出版社，2012：21.
⑨ 彭正梅. 解放和教育：德国批判教育学研究. 上海：华东师范大学出版社，2008：IV.

种哲学出发来构建其教育思想，与法兰克福学派社会哲学有着密切的关系，甚至连其名称也是模仿法兰克福学派的批判理论。

（二）批判教育学与批判解释学之合金

批判教育学在多大程度上和用什么方式依赖于批判解释学或与批判解释学的原则一致？

加拉格尔认为，当代的解释学对于教育理论和实践的适切性可以被察觉。解释学理论的方法与教育理论的方法有直接的一致性。在解释学理论的僵局中提出的问题和在教育理论中提出的问题是相同的。再现、权力和对话，客观性、扭曲和转变，这些都是解释学和教育必须处理的议题。有关解释学的语言、权力和普遍性的冲突是伽达默尔和哈贝马斯争论的核心，也构成了当代解释学理论的一个僵局。它可以通过如下问题来表达：解释学，甚至于当被认为是深度解释学时，实际上能否让我们脱离受到限制的交流而到达一种反思的解放，还是说这样一种批判反思本身亦受解释学的限制所束缚呢？这种僵局同样反映在两种对待教育理论的态度的冲突中。在多大程度上，传统和确立的权力结构在教育经验中被再现呢？或者在多大程度上，它们能被批判所超越呢？①

正如哈贝马斯把寻求解放看作内在于交流过程之中先验的兴趣那样，批判教育的理论家们也发现了内在于教育过程之中相同的解放兴趣。教育也是一种交往过程，其目的是批判和改善社会。哈贝马斯的批判理论及与之相联系的新马克思方法已经激励了批判教育理论的发展，出现了一批思想家。正如阿普尔所言："我所接受的培训最初是哈贝马斯流派的。"②"我所关注的技术性/管理性知识与处于危机期的国家的角色关系与哈贝马斯关于权力与沟通以及国家的合法性危机之间关联的研究有着重要的相似性。"③

教育经验的分析对解释学理论同样是重要的。解释学原则并不只是以一种机械的方式应用于教育经验，而是在与教育经验的相遇中，其本身也要开放地去接受调查和修正。为了对意识形态进行批判，哈贝马斯提出了"深度解释学"的概念来代替那种轻信的解释。在批判的或深度解释学之中，解释学的反思是由元解释学的阐释所辅助的。对哈贝马斯来说，伽达默尔的解释

① 肖恩·加拉格尔. 解释学与教育. 张光陆译. 上海：华东师范大学出版社，2009：16-20.

② 迈克尔·阿普尔. 官方知识：保守时代的民主教育. 第2版. 曲囡囡，刘明堂译. 上海：华东师范大学出版社，2004：182.

③ 迈克尔 W 阿普尔. 教育与权力. 第2版. 曲囡囡，刘明堂译. 上海：华东师范大学出版社，2008：（1995年版前言）14.

学一直是有局限性的，它未能认识到或处理一些语言外的因素，而这些因素形成了意识形态，使交流的本质扭曲。从批判理论的观点来看，解释学应该为像意识形态批判这样的批判科学服务，它需要一种消除和超越意识形态偏见的理解。①

金奇洛认为，批判解释学是解释的中心。深受批判理论影响的教育和学者卷入解释学领域。……批判解释学影响了批判理论和批判教育学，它更多地朝着规范解释学的方向发展，对解释的目的和过程提出疑问。在批判理论导向情境中，解释分析的目的是发展一种文化批判形式，在社会文本和文化文本中揭示权力。批判解释学能够产生深远的洞见，导致转化行动。②

墨菲和弗莱明在《哈贝马斯、批判理论和教育》书中阐述过，虽然批判解释学的代表人物哈贝马斯在教育领域的影响是温和的，但是他的观点对各种教育形势和情境呈现缓慢发展的兴起仍然起着促进作用。哈贝马斯的观点对教育的各个方面的影响，包含保育教育、社会公共教育、社区教育、成人教育、大学教育、语言教学、公民教育、教育哲学等。③

莫罗和托里斯在《阅读弗莱雷和哈贝马斯：批判教育学和转化性社会变革》一书中通过比较弗莱雷和哈贝马斯的策略，强调互补的方法，共享对话和发展主题。关注哈贝马斯的交际行为的理论、道德发展和解放理性，同时关注弗莱雷的解放教育学和文化行动概念。④主张将哈贝马斯和弗莱雷结合在一起，为进一步发展和推进哲学、教育和民主相关主题提供了一个框架。⑤

关于弗莱雷和哈贝马斯在教育和批判社会理论方法的比较是基于 4 个共同主题的识别：①元理论框架或社会科学哲学使面向解放可能性的批判社会科学具体任务的合法性；②作为一个社会和文化再生产系统的社会理论识别为转换创造可能性的矛盾；③一个关于社会主题的批判社会心理理解建构关涉普遍发展可能性，这种可能性被支配的历史形式所挫败但通过批判和实践而受到潜在的挑战；④一个个人和集体学习的概念为反思教育和转化性改变之间的关系提供建议性策略。⑥

人们或许要问：批判性和解释性是否可通约？如果是，那又建立在什么

---

① 肖恩·加拉格尔. 解释学与教育. 张光陆译. 上海：华东师范大学出版社，2009：15，22，196-197.

② Kincheloe J. Critical Pedagogy Primer. New York：Peter Lang，2005：57-58.

③ Fleming T，Murphy M. Taking aim at the heart of education：Critical theory and the future of learning//Murphy M，Fleming T. Habermas，Critical Theory and Education. New York：Routledge，2010.

④ Morrow R A，Torres C A. Reading Freire and Habermas：Critical pedagogy and Transformative Social Change. New York：Teachers College Press，2002：ix-x.

⑤ Morrow R A，Torres C A. Reading Freire and Habermas：Critical pedagogy and Transformative Social Change. New York：Teachers College Press，2002：2-3.

⑥ Morrow R A，Torres C A. Reading Freire and Habermas：Critical pedagogy and Transformative Social Change. New York：Teachers College Press，2002：14-15.

的基础之上的？如果不是，那又如何能放在一起来分析美国批判教育学呢？

对于这些问题的回答，从金奇洛那里我们可知，批判性和解释性是可通约的，而且它们是在同一个范式内的解答问题或谜底的两个范例，简单地说，是在同一范围内解决问题的两种方式。从金奇洛的观点看，批判解释学是解释的中心，它不仅与批判教育学有关，在批判教育学的系列概念之中，而且还是同一循环系列概念中发展到高级的那个概念，即批判解释学是批判理论或批判教育学发展的高级形式，然后下一个循环又在前一个循环的基础上不断提升发展。金奇洛认为“批判解释学影响了批判理论和批判教育学”，也就是说批判解释学与批判理论和批判教育学有着某种联系。金奇洛又说：“批判解释学影响了批判理论和批判教育学，它更多地朝着规范解释学的方向发展，对解释的目的和过程提出疑问。在批判理论导向情境中，解释分析的目的是发展一种文化批判形式，在社会文本和文化文本中揭示权力。”这说明批判解释学与批判理论和批判教育学都朝着一个共同的目标：发展一种文化批判形式，在社会文本和文化文本中揭示权力。也即在揭示权力的目标中的两条道路，殊途同归。在本书的第二章论述教育解释的转向，从“意义的再现”向“意义的生成”再向“权力的生成”转向，朝着“意义服务权力”转向，说明了解释学在向批判解释学转向，也在向批判教育理论靠拢。

赫施对批判性与解释性的理解是：批判性揭示文本的意义，解释性揭示文本的含义。从他的观点来分析，批判性和解释性都是文本分析的两种方式，批判性是揭示文本的深层意义，解释性是揭示文本的原初意义。

综上可见，批判教育学与批判解释学有相通之处，他们间的可通约性汇聚成一个理论，这个理论概念在此称为“批判教育解释学”（critical education hermeneutics）。批判教育解释学以批判理论和解释学理论为理论基础，集批判教育学与批判解释学可公度性于其中，其所关注的核心是社会批判和意识形态批判，特别是针对文化教育中的霸权进行批判。

第二节 美国批判教育解释学的针对性：霸权

阿普尔是20世纪70年代美国新马克思主义文化传统的最早创立者之一，他的首著《意识形态与课程》集中揭示了隐性课程的权力关系，而权力关系最集中的表现就是霸权。阿普尔指出，《意识形态与课程》的突破集中体现在能使我们比以前更诚实地理解课程、教学与评估真正作用的一系列批判性理念工具和文化与政治分析的发展与使用，这些工具基于两个主要概念：意识形态与霸权。[①]

霸权的概念在葛兰西的著作中阐述得最充分。它指社会中的主流群体有能力建立"共同意志"或社会的"信念"，"通常是对理所当然的社会现实不言而喻的描述"[②]。霸权既是话语的又是政治性的。它包括有权界定社会需要的"合法性"，有权界定社会形势的权威性，还包括有权界定什么被视作认可和不认可的"合法性"知识。并且，它指主流集团有能力决定哪些政治议程需要公开，哪些将"有可能"被讨论。作为一个概念，它使我们能够质疑联盟如何形成，它产生了什么影响，等等。它开辟了一个完整的问题域，即向联系着社会中不平等结构的社会意义斗争的方式。这些问题包括："主流与支流的通常分野如何影响社会意义的生产和循环？性别、种族和阶级的分层如何影响社会认同与社会群体结构的话语建构？"[③]霸权表达了统治性社会群体的话语优势。它是一个群体对另一个群体的主宰控制，使另一个群体边缘化和保持沉默。霸权并非指处于一个高屋建瓴的抽象水平上的意义堆积，而是指一个意义和实践的有组织的集合体，一个中心的、有效的、起支配作用的生活意义、价值和行为系统。[④]霸权并不是一个既成的社会事实，而是一个统治集团和阶级"尽力赢得在其统治的人群之上积极的一致舆论"的过程。[⑤]霸权概念表明了权力、不平等和话语的相互交叉。

语言、传统和超语言的因素是伽达默尔与哈贝马斯争论的焦点，也是解释霸权的因素。传统作为一种限制性的关系，限制我们的解释方式，它不可避免地通过语言参与了解释。语言倾向于再现自身的文化和社会体制，是"统治和社会势力的媒介；它服务于有组织的权力关系的合法化。……语言也就是意识形态的"[⑥]。"语言仅仅是霸权体制之内的一种物质因素。"[⑦]正常的解释被一些超语言的和超解释学的因素所扭曲，像经济地位和社会阶级这样一些物质的和霸权的因素。这些因素正如同语言和特定的传统那样制约着解释和交流。因此，只要解释是非批判的，就包含虚假意识。解释就没有意识到它的社会偏见或在语言背后控制它的力量。批判或深度解释学揭示了超语言的因素在解释中盛行，使交流变形和系统的扭曲。于是每一种解释都有被这些因

① 迈克尔 W 阿普尔．意识形态与课程．黄忠敬译．上海：华东师范大学出版社，2001：（中文版序言）2.
② Fraser N. Justice Interruptus. New York：Routledge，1997：153.
③ Fraser N. Justice Interruptus. New York：Routledge，1997：153；迈克尔 W 阿普尔．国家与知识政治．黄忠敬，刘世清，王琴译．上海：华东师范大学出版社，2007：5-6.
④ 迈克尔 W 阿普尔．意识形态与课程．黄忠敬译．上海：华东师范大学出版社，2001：5.
⑤ 迈克尔 W 阿普尔．教育与权力．第2版．曲囡囡，刘明堂译．上海：华东师范大学出版社，2008：27.
⑥ 哈贝马斯．评伽达默尔的《真理与方法》一书．郭官义译．哲学译丛，1986，(3)：71-74.
⑦ 肖恩·加拉格尔．解释学与教育．张光陆译．上海：华东师范大学出版社，2009：208.

素所引导的嫌疑。[①]

批判教育学提醒教育工作者要重新审视权力，以及权力与影响到学校的更大社会力量之间的关系等根本问题。“批判教育学在质问知识是如何以及为何变成这样的，如何以及为何有些现实结构被主流文化视为合法并被歌颂，而另一些却显然没有。”[②]斯宾塞提出“什么知识最有价值”这一问题，定性了科学在学校课程的核心地位。针对文化霸权的不断渗透，对什么价值该教和什么价值不该教的争论就使课程如同一个政治足球被踢来踢去，阿普尔比照斯宾塞，提出了“谁的知识最有价值”[③]这一具有根本意义的问题，它击中了课程研究、教育社会学和批判教育研究的中心要害。在“谁的知识最有价值”这一追问中，它包含：它是谁的知识？谁来选择它？为什么要用这种方式来组织教学？是否针对这个特殊群体？然而，仅仅提出这些问题是不够的，还要试图通过将这些研究与社会、经济的权力和意识形态竞争的观点联系起来。谁的意志该得到合法化肯定和维护？谁的价值该得到体现？然而又是谁的价值该得到否定和诋毁？通过这种方式，人们能开始获得对经济、政治权力和学生可利用（和不可利用）知识之间联系的一个更具体的评价。[④]

霸权充盈着教育机构，批判理论家们分析了在课程中、在研究实践中、在教科书的设计和营销实践中、在管理教学中及在重新定义教师作用的实践中的这些关系。教育经验受制于非对称的权力关系。在一个典型的传统学校环境里，不平等的再生产乃是学校的要务。这种再生产，或可称之为霸权者。[⑤]学校充当了文化和意识的霸权机构，充当了“选择性传统”和“合并”文化的机构。[⑥]学校通过遵循强势集团所推崇的文化和知识的形式及内容并将其定位为合法化的知识使其得以传播和延续，这就以文化的方式固化了某种特权。通过这样的方式，学校成了“选择性传统”的代理机构。同时，它们也是一种有效的占统治地位文化的生产和再生产的代理机构。它们所教授的行为准则、价值观念、言行论断及文化传统都使得统治集团得以维系其意识形态方面的霸权地位。[⑦]霸权关系在学校语言和教材中被反映的方式尤其突出。“隐性课程”或“暗示教育学”的概念说明了把社会权力关系和统治的经济兴趣转换为教育语境的有效机制。教育机构在权力结构的隐性框架中被分级划等，它们

① 肖恩·加拉格尔. 解释学与教育. 张光陆译. 上海：华东师范大学出版社，2009：198-199.
② 琼·温克. 批判教育学——来自真实世界的笔记. 路旦俊译. 长沙：湖南教育出版社，2008：42.
③ 迈克尔 W 阿普尔. 国家与知识政治. 黄忠敬，刘世清，王琴译. 上海：华东师范大学出版社，2007：6.
④ 迈克尔 W 阿普尔. 意识形态与课程. 黄忠敬译. 上海：华东师范大学出版社，2001：6.
⑤ 贝瑞·康柏. 批判教育学导论. 张盈堃，彭秉权，蔡宜刚等译. 台北：心理出版社股份有限公司，2004：56-57.
⑥ 迈克尔 W 阿普尔. 意识形态与课程. 黄忠敬译. 上海：华东师范大学出版社，2001：6.
⑦ 迈克尔 W 阿普尔. 教育与权力. 第2版. 曲囡囡，刘明堂译. 上海：华东师范大学出版社，2008：44.

就具有了再现确定等级的文化资本的隐性功能。把社会的优势和劣势转换为学术的和技术上的优势和劣势，教育体制再将这种学术的优势和劣势变回劳动力市场上社会的优势和劣势。[①]这体现了一种文化知识如何得到肯定和证实，而另一种文化知识被诋毁的情况。加强课程内容的方案可以被用作霸权工具，用来训练一个群体，并使另一个群体边缘化和保持沉默。[②]技术知识将被用作一个复制的过滤器，根据学生对技术产品所其作用的“能力”来进行分类。因此，这就增强了经济和文化分层过程中的中立感，掩盖并使不平等社会中的实际的权力和意识形态的运作更加合法化。布迪厄和帕斯隆强有力地指出，“每一权力通过隐藏作为它的力量基础的权力关系来设法强加意义使意义合法化，它把自己明确的符号力量增添给那些权力关系”[③]。

同样出现了一个新的“霸权协调体”，即阿普尔所描述的“右翼联盟”。这个联盟部分的成功在于它改变了人们对“平等”这个社会目标的理解，作为“自由的”消费者的公民已经代替了在社会结构中衍生的统治关系中的公民概念。“社会效能”成为意识形态建构，学校成为以工厂模式运作的生产基地，经济的意识形态残害了学校理应具备的民主意涵，在社会效能的掩饰下，学校变成经济分化的产物。[④]同时，它进一步强化了精英意识形态的霸权地位，导致受压制群体的更趋边缘化。这样，共同利益就被市场、自由竞争、私人所有权和利润所规范。从本质上讲，学校知识为商业组织的经济利益服务，自由和民主不再是民主的概念而是商业的概念，民主被降格为消费行为。[⑤]面对这种教育情境，“你站在谁的一边”[⑥]？

第三节 美国批判教育解释学的原则：再现与批判反思

批判教育解释学可分为“前批判”和“批判”两个解释，以及相对应的“限制性”和“可能性”两个原则。

---

① 肖恩·加拉格尔. 解释学与教育. 张光陆译. 上海：华东师范大学出版社，2009：206-207.

② 琼·温克. 批判教育学——来自真实世界的笔记. 路旦俊译. 长沙：湖南教育出版社，2008：61-62.

③ 迈克尔 W 阿普尔. 意识形态与课程. 黄忠敬译. 上海：华东师范大学出版社，2001：174.

④ 贝瑞·康柏. 批判教育学的议题与趋势. 彭秉权译. 高雄：丽文文化事业股份有限公司，2005：7-8.

⑤ 迈克尔·阿普尔. 官方知识：保守时代的民主教育. 第2版. 曲囡囡，刘明堂译. 上海：华东师范大学出版社，2004：31-32.

⑥ 迈克尔 W 阿普尔. 文化政治与教育. 阎光才等译. 北京：教育科学出版社，2005：III；阎光才. 你站在谁的一边. 读书，2005，(2)：67-74.

一、批判教育解释学的“前批判”解释与“限制性”原则：再现

“大多数的批判教育理论家声称，只要教育是非批判性的，就倾向于再现。”①再现是限制性原则，它描述了批判教育解释学的前批判（precritical）的解释。只要解释是非批判的、非反思的，那么它就是再现的解释。非批判的理解仅仅延续、重复和再现传统、文化价值、意识形态和权力结构。②实质上就是霸权的再现。

再现理论是许多学者解释社会不平等是如何从一代到另一代被再生产的，教育如何有助于这一过程。再生产过程对于继续保持一种不平等的社会秩序是一种“逻辑必然”。经济与文化的不平衡的相互追随是“天生的”③。再生产理论也非常关注教育与权力的关系问题，认为学校不仅再生产了知识，而且再生产了不平等的社会关系结构，其中以鲍尔斯和金蒂斯的经济再生产理论、布迪厄的文化再生产理论、葛兰西的霸权国家再生产理论与阿普尔的权力再生产理论最为著名。④这些主张社会再制的理论家，也就是所谓的符应理论家，他们试图说明学校如何地反映更大的社会不平等现象。在鲍尔斯和金蒂斯的研究中，他们用一种决定论的语气指出，在学校教育、阶级、家庭和社会不平等之间，存在一种非常简单的符应关系。⑤鲍尔斯和金蒂斯认为：“教育系统在某种程度上通过其自身内部的社会关系与劳动场所的社会关系之间的对应，再生资本主义劳动的社会分工。”⑥威利斯（P.Willis）在《学做工》中描述了那些贫穷的工人阶级子弟之所以继承父业，不仅是因为社会结构性因素再生产，更是他们对学校主流文化做出反叛的一种“反学校文化”（counter-school culture）生产的结果。威利斯的研究发现，劳工阶级出身的学生，如果在教室中展现抗拒的行为案例时，往往也暗示着他们在未来生活中更进一步的被宰制的命运。⑦阿尔都塞认为，作为意识形态的国家机器的教育，通过传播占统治地位的意识形态来维护国家的目标和信仰，因而具有再生产

① 肖恩·加拉格尔. 解释学与教育. 张光陆译. 上海：华东师范大学出版社，2009：202.
② 肖恩·加拉格尔. 解释学与教育. 张光陆译. 上海：华东师范大学出版社，2009：197-198.
③ 迈克尔 W 阿普尔. 意识形态与课程. 黄忠敬译. 上海：华东师范大学出版社，2001：43.
④ 迈克尔 W 阿普尔. 国家与知识政治. 黄忠敬，刘世清，王琴译. 上海：华东师范大学出版社，2007：（译者序）1.
⑤ 彼得·麦克拉伦. 校园生活——批判教育学导论. 萧昭君，陈巨擘译. 台北：巨流图书有限公司，2003：309.
⑥ 鲍尔斯，金蒂斯. 经济生活与教育改革. 王佩雄等译. 上海：上海教育出版社，1990：220.
⑦ 彼得·麦克拉伦. 校园生活——批判教育学导论. 萧昭君，陈巨擘译. 台北：巨流图书有限公司，2003：310.

国家权力和意识的功能。[①]葛兰西认为："每一种'霸权'关系必然是一种教育关系。"[②]批判性的再现理论主张，每一种教育关系都必然是一种霸权关系。

布迪厄和帕斯隆把"文化资本"与"再现"结合起来，提出了"文化再现"理论。文化资本象征社会结构的经济力量，并且本身就成为资本主义下社会关系再制的生产力量。[③]他们认为，权力关系构成了"确立教学共同体关系的前提条件"[④]。"从文化专断的意义上说，所有的教育行动客观上都是一种符号暴力。"[⑤]它试图再现某一特定的社会阶级的专断的文化图式。在教育行动中表示出的力量以"构成一个社会结构的群体或阶级的权力关系"为基础。在教育经验中再现的都是主流文化"以及一个社会结构之内的权力关系，在社会结构之内，主流的教育体制倾向于确保合法的象征暴力的垄断"[⑥]。再生产的概念会导致这样一种假设，即对这种权力没有（或不能）进行坚决的抵制。[⑦]

再现理论揭示了学校传递和再现的支配性文化，并将它们合法化。教育体现的是统治性群体的意识形态霸权。再现理论固守了传统偏见的限制条件，使主体的人普遍"消失"在这个理论之中，因为它没有为自我创造、调解和抵制留有空间。对于批判教育解释学而言，再现解释的客体就是使之相连的传统的权力结构合理化，陷入虚假意识的迷惑之中。意义的再现也是意识形态的扭曲的再现。再现在大多数情况下是一种传统的权威和权力结构的无意识的和无反思的传递。[⑧]文化再现包含意识形态的、阶级的和政治的再现。事实上，教育经验再现社会。

有些专家用一种特殊的方式看待学校。他们将学校教育机构设想为一个类似黑箱的东西，在学生进校前测量输入，而后又在其间或到学生成年进入劳动力大军后计算输出。按照这种观点，黑箱内到底发生了什么——教什么、教师及儿童的具体经历是什么——并没有对有关投资回报率，或激进一点说

① 戴维·布莱克莱吉，巴里·亨特. 当代教育社会学流派. 王波等译. 北京：春秋出版社，1989：177-182.
② Gramsci A. Selections from Prison Notebooks of Antonio Gramsci London：Lawrence and Wishart，1971：33.
③ 彼得·麦克拉伦. 校园生活——批判教育学导论. 萧昭君，陈巨擘译. 台北：巨流图书有限公司，2003：315.
④ Bourdieu P，Passeron J C. Reproduction in Education，Society，and Culture. London：Sage publications，1977：5.
⑤ Bourdieu P，Passeron J C. Reproduction in Education，Society，and Culture. London：Sage publications，1977：5.
⑥ Bourdieu P，Passeron J C. Reproduction in Education，Society，and Culture. London：Sage publications，1977：5-6.
⑦ 迈克尔 W 阿普尔. 意识形态与课程. 黄忠敬译. 上海：华东师范大学出版社，2001：187.
⑧ 肖恩·加拉格尔. 解释学与教育. 张光陆译. 上海：华东师范大学出版社，2009：198-205.

劳动分工的再生产，更有综合性及宏观性的经济考虑重要。[①]假如教育情境正如批判理论家描述的那样，假如再现和霸权界定的限制反映在课程和教科书的设计、研究实践、教师的表现及学校教育的语言中，那么有可能实现一种批判教育解释学，从而创造一种启蒙和解放的教育情境吗？

二、批判教育解释学的“批判”解释与“可能性”原则：批判反思

批判教育解释学的目的是远离再现解释。“人们能够主张，只要批判科学的目的在于启蒙和解放，那么所有的批判科学本身都具有教育性。教育应该是批判性的，正如同批判科学具有教育性一样。这是一个许多理论家用各种各样的方法所形成的观点。”[②]批判反思描述了批判教育解释学的批判的解释，被称作“可能性原则”。反思的原则引导我们远离日常的扭曲的和再现的解释，而走向批判解释。它声称批判反思既能使扭曲解释的超语言的因素又能使传统的语言情境中立化。这一原则是哈贝马斯所称的“深度解释学”的基础。[③]

通过运用批判教育解释学的策略能够让我们远离被霸权扭曲的教育情境。解放兴趣正是批判教育解释学的出发点。哈贝马斯认为，解放兴趣的作用在于产生自我反思，即通过对自我反省与批判意识的追求达到自治与责任心的形成，它对应的方法是批判与反思，以“断裂”“分化”“批判性疏离”“反思性疏离”的视角看待传统和历史。对哈贝马斯而言，反思有力量创造评价情境中解释的各种限制的一种正面视角，传统的客观限制能够被反思所取消或至少缓解，“当反思的力量看透了反思赖以产生的传统的起源时，生活实践的教义就会发生动摇”。“通过反思去占有传统的做法，打破了传统的天然实体，并且改变了主体对传统的看法。”[④]

弗莱雷和马塞多将批判教育学描述为挑战我们去进行命名、批判地思考并行动的一个过程。[⑤]解放是一种反思性实践：人的行动和为了转变世界而对世界的反思。麦克拉伦认为，批判教育学就是用来辨识并且改造那些形塑人们生命的社会政治现实的一种方法。[⑥]温克认为，“批判”不仅意味着“批评”，

① 迈克尔 W 阿普尔. 意识形态与课程. 黄忠敬译. 上海：华东师范大学出版社，2001：29.
② 肖恩·加拉格尔. 解释学与教育. 张光陆译. 上海：华东师范大学出版社，2009：202.
③ 肖恩·加拉格尔. 解释学与教育. 张光陆译. 上海：华东师范大学出版社，2009：197-199.
④ 哈贝马斯. 评伽达默尔的《真理与方法》一书. 郭官义译. 哲学译丛，1986，(3)：71-74.
⑤ Freire P，Macedo D. Literacy：Reading the Word and the World. South Hadley，MA：Bergin and Garvey，1987：xiv.
⑥ 彼得·麦克拉伦. 校园生活——批判教育学导论. 萧昭君，陈巨擘译. 台北：巨流图书有限公司，2003：IV-V.

还意味着能透过表面看到深处，通过思考、批评或分析。①“批判性”是一个发人深省，令人探索的词。“批判性的”并不意味着“坏”。相反，它意味着“看到更远处”，意味着内外反思，意味着更加深入地看到教学中的复杂方面。②卡尔认为，批判教育理论借助于“批判”“反思”等理性的工具，启发人们认识到，自己所拥有的意识和信念，可能是受到外在环境的扭曲和束缚，因而可能是错误的、曲解的。③重要的是证明了这些批判教育家的不懈斗争，质疑目前状况并使之可以用更加负责的方式行动。不进行这样不断的质疑就等于取消了人们对在学校度过多年的成千上万学生的当前和未来生活的责任。自我反思和社会反思在这里融合。④

作为一种研究领域的教育并没有很强的这种“放置”传统，实际上，如果有人要指出有关教育知识中最受忽视的领域之一，可能就是这一点，即缺少对意识形态和教育思想与实践之间关系的批判性研究，缺少对指导我们过度强调技术性思维领域的常识性假设研究。这样批判性的知识应当暴露于政治、社会伦理和经济的利益与责任之下，而不是在我们日常生活中像教育者一样被认为是“真正的生活方式”而被毫无批判地接受。⑤

课程作为一个领域，它的重要任务必须是致力于成为一门“批判性科学”。它的主要功能是解放性的，因为它批判性地反思了课程领域的主流利益，此利益把人们在教育制度中的大部分行为控制在想当然的、中立的技术之下。这样一种责任扎根于关系的分析，扎根于寻求和阐明课程思想的意识形态和认识论的前提假设，它设法使课程工作者有更多的自我意识。只有当这个批判意识辩证法开始的时候，课程学者才能真实声明，他们关心教育，并不只是文化和经济的再生产。⑥

深度解释学分析交往的畸形表现，将解释学同意识形态批判结合起来，在反思和批判的过程中，以消除暴力性压抑成分，获得真正的理解。批判教育解释学被用来作为一种洞察虚假意识、揭露我们信仰体系的意识形态本质、增进没有扭曲的交流的，从而达到一种解放的合意。一种批判反思的方法可能提出了一种批判性的转变。⑦

① 琼·温克. 批判教育学——来自真实世界的笔记. 路旦俊译. 长沙：湖南教育出版社，2008：1.
② 琼·温克. 批判教育学——来自真实世界的笔记. 路旦俊译. 长沙：湖南教育出版社，2008：34.
③ 周兴国. 卡尔的批判教育理论认识论思想述评. 比较教育研究，2001，(1)：25-29.
④ 迈克尔 W 阿普尔. 意识形态与课程. 黄忠敬译. 上海：华东师范大学出版社，2001：（第二版序言）5.
⑤ 迈克尔 W 阿普尔. 意识形态与课程. 黄忠敬译. 上海：华东师范大学出版社，2001：14.
⑥ 迈克尔 W 阿普尔. 意识形态与课程. 黄忠敬译. 上海：华东师范大学出版社，2001：139.
⑦ 肖恩·加拉格尔. 解释学与教育. 张光陆译. 上海：华东师范大学出版社，2009：9，281.

第四节 美国批判教育解释学的兴趣：转化解放

批判的方式是解放兴趣所统治的，哈贝马斯称之为“自我反思”。自我反思能把主体从依附于对象化的力量中解放出来。自我反思是由解放兴趣决定的。以批判为导向的科学同哲学一样都具有解放的认识兴趣。[①]解放兴趣就是人类对自由、独立和主体性的兴趣，它们为之奋斗的目标，是社会解放，是在人与人之间建立一种没有统治的交往关系和取得一种普遍的、没有压制的共识。[②]批判反思的目的就是促进获得解放，即通过对自我反省与批判意识的追求达到自治与责任心的形成。批判教育学被用来作为一种洞察虚假意识、揭露我们信仰体系的意识形态本质、增进没有扭曲的交流的学说，目的是达到一种解放的合意。解放兴趣与批判的社会科学联系起来，对解释者而言，通过批判性地怀疑解释所挖掘的“深层”意义，不但具有启蒙作用，而且有解放作用。[③]批判教育解释学的解放兴趣总体上表现为：超越再现、超越霸权，通过反思性的转化（transformation），参与和对话而走向解放；批判教育学被描述为转化式教育，强调教育与现实生活联系在一起，与我们的社区联系在一起，从教室开始，延伸到社区等公共领域，然后使生活得到改善，自身或社会转化才能发生[④]；批判教育学致力于人的成熟状态和社会的成熟状态，致力于人的解放和确保有利于人的解放的社会。如何促进批判教育解释学的实践能够真正让我们超越受到限制的交流而达到反思性的解放？如何促进批判教育解释学建立一种交流上真正解放的合意，实现个人解放乃至社会解放？解放兴趣总归是人的解放，即主体的解放，而人的解放是建立在民主对话的情境中得以进行的，在解放的过程中主体对未来充满希望或可能性意义，要使之变为现实，需要可能性的语言和主体的行动。这样解放兴趣的要素可确定为主体、情境、语言和行动。因此，试图从主体、情境、语言和行动这 4 个范畴[⑤]出发更具体地回答这些关于解放兴趣的问题。“培育主体的批判意识、建立厚民主对话情境、造就批判的和可能性的语言、秉持反思性改造和转化行

---

① 尤尔根·哈贝马斯. 作为“意识形态”的技术与科学. 李黎，郭官义译. 上海：学林出版社，1999：129.
② 尤尔根·哈贝马斯. 认识与兴趣. 郭官义，李黎译. 上海：学林出版社，1999：（译者前言）13.
③ 肖恩·加拉格尔. 解释学与教育. 张光陆译. 上海：华东师范大学出版社，2009：200-214.
④ 琼·温克. 批判教育学——来自真实世界的笔记. 路旦俊译. 长沙：湖南教育出版社，2008：101-106.
⑤ 扈中平. 教育的本体解释——评《教育解释学》. 教育研究，2009，(9)：110-111；邓友超. 教育解释学. 北京：教育科学出版社，2009：15，113.

动”，成为批判教育解释学的“兴趣”的具体表征。

一、主体“兴趣”：批判意识

哈贝马斯认为，解放兴趣的作用在于产生自我反思，即通过对自我反省与批判意识的追求达到自治与责任心的形成。被压迫者教育学（是）与被压迫者（他们作为个人或作为全体人民）一起锻造出来的教育学，而不是为被压迫者而建立的，是他们在为重获自己的人性的不间断的斗争中产生的。这种教育学使压迫及其原因成为被压迫者反思的对象，而来自这个反思的则是解放。[①]批判教育着眼人的解放和社会公正，立足于学生批判意识和民主精神培养的行动取向。批判意识的培养有助于主体意识觉醒，增加转化和创新精神，致力于“要有勇气运用你自己的理智”[②]的成熟状态。

弗莱雷揭示了教育在从被压迫者的非人性化到自由的解放过程中的角色，强调人民的批判意识的觉醒。他把批判意识比喻为“文化解放的发动机”[③]。这可用“意识化”（conscientização）来表达，意识化是指学会认识社会、政治和经济状况，并针对现实因素采取行动。意识化并不使人产生“破坏性的狂热”。相反，通过使人有可能作为负责任的主体进入历史进程，意识化使人寻找自我肯定。[④]只有通过持续不断的对话，唤醒人民的批判意识，让人民成为历史过程的主体，正是弗莱雷教育哲学的旨趣所在。从被压迫者的非人性化到自由的解放过程中，正确的方法在于对话。被压迫者相信他们必须为自身的解放而斗争，这不是革命领袖赋予的恩赐，而是自身意识化的结果。[⑤]“教育是反对一切压迫形式，培养具有批判精神和独立意识、有社会责任心、能动自主的人的活动。”这就是批判教育学。[⑥]

在培养批判意识中，教师的角色起着关键作用。阿普尔和吉鲁两人都从一种相对自主性的视角提出，教师应当成为转化性知识分子，这是他们之间

---

① Freire P. Pedagogy of the Oppressed. 30th anniversary ed. New York：Continuum International Publishing Group，2000：48；乔伊·帕尔默. 教育究竟是什么？100 位思想家论教育. 任钟印，诸惠芳译. 北京：北京大学出版社，2008：480.

② 康德. 答复这个问题：“什么是启蒙运动？”. 何兆武译//江怡. 理性与启蒙——后现代经典文选. 北京：东方出版社，2004：1.

③ Freire P. Education for Critical Consciousness. New York：Sheed and Ward Ltd，1974：vii.

④ Freire P. Pedagogy of the Oppressed. New York：Herder and Herder，1970：35-36.

⑤ Freire P. Pedagogy of the Oppressed. 30th anniversary ed. New York：Continuum International Publishing Group，2000：67-69.

⑥ 琼·温克. 批判教育学——来自真实世界的笔记. 路旦俊译. 长沙：湖南教育出版社，2008：III.

的一个根本汇合。[①]吉鲁认为："教师应被视为具有自主知能、批判意识及负有教育使命的转化性知识分子和公众的知识分子，"[②]"作为转化性知识分子，教师必须承担下列使命：把教学看做一种解放实践；把学校建设为民主的公共领域；复兴由共享的进步价值所构成的社区；以及促进一种与平等和社会公正的民主命令相联系的公众的公共话语。"[③]转化性知识分子具有多重重要的意义：第一，转化性知识分子必须从过去与当下的角度，研究并认清学校与周遭文化体系的功能。第二，学校是规范知识。转化性知识分子身为改造的担纲者，应对学校的知识、技能、价值与态度多有警觉，并从中找出对策。第三，转化性知识分子要设定好他或她在教育理论实践中的使命，就是要把学生的声音与文化规则，和构成多重认同的现实与差异的各种组合连在一起。第四，为了要解除压迫并转化从属的社会关系，转化性知识分子必须深入了解存在于他或她的故事里的既有边界，他们在价值结构体制和不同学生声音的叙事中的位置，以及在压迫与僵化的价值中，他们陷于何种地位，并找出中间的问题。第五，转化性知识分子能认清他或她的论述在理论上的意涵。第六，转化性知识分子必须以坚定的立场面对何谓正义与公正竞争。[④]

阿普尔和韦恩·欧（Wayne Au）认为，一般而言，教育中批判性研究的任务有以下 5 个方面：第一，它必须为所有负面的东西指证即必须"承担见证否定性"的任务；第二，投身于批判性的分析，还必须指出矛盾和采取可能措施的空间；第三，批判教育者应成为社会运动及行动中人们的"书记员"，正投身于挑战现存不平等关系的"非改革主义的改革"行动中；第四，在此过程中，批判教育研究要承担起维护激进运动传统及保持其活力的任务，重新唤起人们的反霸权教育学工作的"集体记忆"；第五，批判教育者的行动必须与进步的社会运动相呼应，以获得它们的支持，并参与到反右翼的理论假设和政策的行动中来。因此，批判教育学理论也意味着批判者要成为葛兰西意义上的"有机的知识分子"或"公共的知识分子"。他们必须参与其中并围绕弗雷泽（N. Fraser）所倡导的斗争和运动（再分配的政治和承认的政治）提供成熟的建议。如此也意味着"独立知识分子"的角色，即有人称之为"包厢中看客"的角色是不妥当的。正如布迪厄给予我们的启示，知识分子付出智慧性努力虽然很有必要，但是他们"不能对事关我们世界未来的斗争和努力，采取

① 雷蒙德·艾伦·蒙罗，卡洛斯·阿尔伯特·托雷斯．社会理论与教育：社会与文化再生产理论批判．宇文利译．上海：上海人民出版社，2012：245.
② 亨利 A 吉鲁．教师作为知识分子：迈向批判教育学．朱红文译．北京：教育科学出版社，2008：XI.
③ 亨利 A 吉鲁．教师作为知识分子：迈向批判教育学．朱红文译．北京：教育科学出版社，2008：XI.
④ 贝瑞·康柏．批判教育学的议题与趋势．彭秉权译．高雄：丽文文化事业股份有限公司，2005：200-201.

旁观者、中立和事不关己的态度”[①]。这个列表并不是一个最终的列表，但是它意味着一个责任的范围。没有人能同时承担这个范围中的所有责任，这些责任是集体性的，需要合作。

批判教育学通过对教育的政治维度的发现，要求教育承担起启蒙的责任，把人从束缚自己的各种条件中解放出来，发展教育研究者和教育者及受教育者一种批判的意愿和能力，进而致力于一个不断走向美好的社会。无论启蒙还是解放，最重要一点就是批判的意愿和能力的培养。离开了这种意愿和能力的培养，所谓解放便是没有着落的东西，是遥不可及的、僵死的共相，但是没有解放，批判便失去了方向，变成了无意义的怀疑主义。批判在一定程度上就是启蒙、解放，而解放就其不断完成这一点上，它就是批判。因此，批判、启蒙和解放是统一的。[②]

批判教育学的精神追求就是改变学校实践中的各种不平等和压迫关系，并在此基础上，把人类从压迫和异化中解放出来，改变社会不平等的结构和意识形态，促进社会民主的持续进展。批判教育学者的目标就应该致力于此。“批判教育学者共享着一个坚定信念：如果要把反思深植于经验当中，而且我们的终极目标是要把人类从压迫、异化与贬抑中解放出来，那么，作为批判教育学者，在面对一个长期以来依据社会效能意识形态所建构的社会体系时，至少在教育方面的论说，就要认真地担起这份令人敬畏的挑战。”[③]

二、情境“兴趣”：厚民主对话

我们必须开发一种发展批判理论话语的课程，对学校教育和人的生活的质量和目的进行批判的反思。我们需要形成丰富的而不是去主宰这一领域的更广阔的视角。批判课程理论必须是情境性的。

阿普尔指出，研究者必须投身于批判性的分析。阿普尔应用“关系分析”方法，主张研究者必须用结构论或关系论的观点进行思考，把文化分配过程与校外的权力与控制问题联系起来，把政治或经济的要素带进教育研究的中心。[④]批判性地思考教育与经济、政治与文化权力之间的联系。要应用“关系

① 阿普尔，韦恩·欧．批判教育学中的政治、理论与现实（上）．阎光才译．比较教育研究，2007，(9)：1-8；迈克尔·W 阿普尔．全球危机、社会公平和教育．李慧敏译．北京：中国政法大学出版社，2012：20-24.
② 彭正梅．解放和教育：德国批判教育学研究．上海：华东师范大学出版社，2007：207.
③ 贝瑞·康柏．批判教育学的议题与趋势．彭秉权译．高雄：丽文文化事业股份有限公司，2005：15.
④ 迈克尔 W 阿普尔．意识形态与课程．黄忠敬译．上海：华东师范大学出版社，2001：17，160.

分析”[①]方法，公开地关注经济和文化权力与学校之间的联系。阿普尔认为，所谓的批判，首先它指“关系分析”，也就是说教育中的任何一部分都同对国家和社会的基本理解相关，以及与对这些关系的抗争联系起来。所以，批判性研究要求我们能从社会学和经济学的角度对教育进行分析，分析它们之间不同的权力关系。阿普尔和比恩（J. A. Beane）应用“关系分析”方法，主张从宏观上要建立广泛的主体间性的厚民主对话和交流，学校教育被看成一个巨大的民主发动机[②]，把教育放在社会、政治、经济的大背景中进行分析，提出了厚民主的学校教育实践。厚民主旨在将教师、社区和社会活动家等众多的教育利益相关者动员起来，使他们积极地、民主地、持续地、有效地参与到教育改革中来，将学校从一个与世隔绝的组织改造成为一个与人们在日常生活中的政治、经济和文化体验密切联系在一起的机构。[③]这样的学校能够让社区的积极分子和家长、学生等充分参与政策规划与政策表达，甚至当地学校的校长由社区选举产生。这里所提倡的国民立场更加具有集体性和积极性，不再局限于投票活动。我们将会看到，有些地方就用强有力的方式来推行这样的充分参与的角色，这被称为厚民主（强民主），像巴西的阿雷格里港（Porto Alegre）就是最有趣的地方之一。[④]麦克拉伦认为，批判教育学是一种方式，让人们思考，解决并转变课堂教学、知识生产、学校的组织机构之间的关系，以及更为广泛的社区、社会和国家的社会与物质关系。[⑤]阿罗诺维茨和吉鲁依据“公共哲学”思想提出了“学校是民主的公共领域”的思想。[⑥]民主的公共领域包括诸如学校、政治组织、教会和社会运动等公共网络，这些网络通过辩论、对话和意见的交换帮助建构民主的原则和社会实践。教育者需要把学校界定为公共领域，在其中，大众参与和民主政治的动力都可以作为争取激进民主国家这种斗争的组成部分来培育。就是说，激进教育者需要把学校合法化为一种民主的公共领域，合法化为在建构积极的公民中提供根本的公共服务的场所，以维护它们在保持社会的民主性和公民的批判性方面的中心地位。

① 迈克尔 W 阿普尔. 意识形态与课程. 黄忠敬译. 上海：华东师范大学出版社，2001：17，160；洪志忠. 批判教育研究的原旨、演展和社会权力架构——美国威斯康星大学阿普尔教授访谈. 全球教育展望，2011，(2)：15-21.

② 阿普尔 M，克里斯蒂安-史密斯 L. 教科书政治学. 侯定凯译. 上海：华东师范大学出版社，2005：1.

③ Beane J A，Apple M W. The Case for Democratic schools//Apple M W，Beane J A. Democratic schools. Alexandria：Association for Supervision and Curriculum Development，1995：10-12；迈克尔·阿普尔. 官方知识：保守时代的民主教育. 第2版. 曲囡囡，刘明堂译. 上海：华东师范大学出版社，2004：42.

④ 迈克尔 W 阿普尔. 国家与知识政治. 黄忠敬，刘世清，王琴译. 上海：华东师范大学出版社，2007：11-12.

⑤ 琼·温克. 批判教育学——来自真实世界的笔记. 路旦俊译. 长沙：湖南教育出版社，2008：35.

⑥ Aronowitz S，Giroux H A. Education Still under Siege. 2nd ed. New York：Greenwood Press，1993：217-220.

吉鲁基于“差异哲学”思想提出了“边界教育学”的观点。边界教育学专注于发展一种民主的公共哲学，这种哲学把差异的概念当作为提高公共生活质量而进行的共同斗争的组成部分。边界教育学必须承担双重任务：不仅要创造新的知识目的，而且揭示植根于基本制度结构的不平等、权力和人类苦难。[①]承认那种侵蚀和重新确定文化、权力和知识不同构造的流动边界，而且把学校教育的概念和教育的广义范畴与争取一种激进民主社会的独立斗争相结合。[②]

上述从宏观上提出要建立广泛的主体间性的“厚民主”对话和交流；提出要跨越边界，重新界定了我们关于社会、语言、空间和可能性的传统认识，进入广泛的文化和政治的考察之中。弗莱雷从微观上提出，师生要建立一种新型的民主的平等的主体间性的对话关系。“学生——不再是温顺的聆听者——现在是与教师的对话中的批判的共同探讨者。”[③]“在人性化的教育学中，革命领袖与被压迫者建立了永久的对话关系。在人性化的教育学中，方法不再是老师（这里指革命领袖）借以操纵学生（这里指被压迫者）的手段，因为它体现了学生自己的意识。”[④]批判理论家寻求“一个共同体之内的平等者之间对话的和教学参与的读写能力的过程，具有平等和解放特征的社会关系，反映了对人的信任和尊重的价值”[⑤]。在教育过程中，只有通过一种批判教育解释学，一种让我们控制情境的批判反思，我们才能一直走向一种信任的情境，即一种交流没有被扭曲，每个参与者都有平等的话语权的情境。

批判教育包含转化而不是再现。学生和学校都朝着一种用真正的交流来衡量的解放的情境转化。理想的教育情境服务于衡量从再现的、霸权的和独裁的结构向一种参与对话的教育过程的转变，在对话中超越有系统的扭曲的交流，是一种远离被霸权扭曲的教育情境。[⑥]合作是对话行动的一个特征，对话行动只存在于主体间，合作只有通过交流才能实现。对话行动理论并不包含一个靠征服来进行统治的主体和一个被统治的客体。相反，各个主体一起命名世界，以改造世界。[⑦]教师不再仅仅是授业者，在与学生的对话中，教师

---

① Giroux H A. Border Crossing：Cultural Workers and the Politics of Education. London：Routledge，1992：28-29.

② 亨利 A 吉罗克斯. 跨越边界：文化工作者与教育政治学. 刘惠珍等译. 上海：华东师范大学出版社，2002：34-35.

③ Freire P. Pedagogy of the Oppressed. New York：Herder and Herder，1970：68-69.

④ Freire P. Pedagogy of the Oppressed. 30th anniversary ed. New York：Continuum International Publishing Group，2000：79.

⑤ 肖恩·加拉格尔. 解释学与教育. 张光陆译. 上海：华东师范大学出版社，2009：213.

⑥ 肖恩·加拉格尔. 解释学与教育. 张光陆译. 上海：华东师范大学出版社，2009：212-213.

⑦ 保罗·弗莱雷. 被压迫者教育学. 顾建新等译. 上海：华东师范大学出版社，2001：102-103.

本身也得到教益，学生在被教的同时反过来也在教育教师，他们合作起来共同成长。在这一过程中，建立在“权威”的基础上的论点不再有效；为了起作用，权威必须支持自由，而不是反对自由。对话是人与人之间的接触，以世界为中介，旨在命名世界。①

三、语言“兴趣”：批判和可能性语言

教育语言的真实意义必须经由支配着它的假定，并且最终通过它所指向和由它赋予合法性的社会的、政治的和意识形态的关系，而被理解为某一特定理论架构的产物。任何教育理论，要成为批判的和解放的，要有益于批判的理解和自决行动的旨趣，就必须造就一种超越管理与顺从的既定语言的话语。②吉鲁认为：“批判的教育有两个基本的前提：一是需要有一种批判的语言和对预设假定的质疑。二是可能性的语言。”③

何谓批判的语言（language of critique）？在批判教育学上是指用一种批判方式，分析学校教育和社会间复杂的联结与运作关系，致力于分析知识、权力、文化与学校中的社会关系。④康柏认为，批判教育学是检验的工具与方法，期望借以改变允许不平等与社会不义的学校结构；是一种文化的—政治的工具，寻求以共享的批判的语言、抗争的语言与斗争的语言来团结人们，终结各种形式的人类苦难。⑤吉鲁的批判性的语言是把教学理解为文化政治的一种形式。

目前许多被看作激进教育理论的话语代表的是一种批判的语言，缺乏关于可能性的语言，仍然陷于批判性的语言的困境，把权力、正义、斗争和不平等的问题，简化成为一种独幕剧本和压制偶然性、历史和作为研究的重要客体的日常生活的霸权叙述。⑥吉鲁更进一步指出，“生机蓬勃的民主论述不能只是单独依靠批判的语言来揭露社会的不公不义并根除支配与不平等，它更需要一种有愿景的可能性语言来发展对抗霸权的策略，重建社会新秩序”⑦。吉鲁所说的“一种充满可能性的语言”有很大的潜力，可以让

① 保罗·弗莱雷. 被压迫者教育学. 顾建新等译. 上海：华东师范大学出版社，2001：31，38，102-103.
② 亨利 A 吉鲁. 教师作为知识分子：迈向批判教育学. 朱红文译. 北京：教育科学出版社，2008：13.
③ 亨利 A 吉罗克斯. 跨越边界：文化工作者与教育政治学. 刘惠珍等译. 上海：华东师范大学出版社，2002：11.
④ Aronowitz S，Giroux H A. Education Still under Siege. 2nd ed. New York：Greenwood Press，1993：141.
⑤ 贝瑞·康柏. 批判教育学导论. 张盈堃，彭秉权，蔡宜刚等译. 台北：心理出版社股份有限公司，2004：46.
⑥ 亨利 A 吉罗克斯. 跨越边界：文化工作者与教育政治学. 刘惠珍等译. 上海：华东师范大学出版社，2002：90.
⑦ Giroux H A. Teachers as Intellectuals：Toward a Critical Pedagogy of Learning. New York：Bergin and Garvey，

教育变得更与生命相关、更批判，以及更有改造性格的能力。弗莱雷著作中表达的批判性的语言，包含着成为那种可被称作“新教育社会学之特征”的许多分析；弗莱雷的希望与斗争的哲学，根植于一种广泛地从解放神学传统中汲取营养的可能性语言。通过把批判和集体斗争的动力与关于希望的哲学结合在一起，弗莱雷创立了一种可能性语言，他称之为“永久的预言性想象”。通过把批判性与可能性的语言结合在一起，弗莱雷把历史和神学结合起来，从而为表达希望、批判性反思和集体斗争的激进教育学提供了理论的基础。①

作为批判的语言的一部分，教师能够质疑不同的主体性是如何在意识形态和社会实践的历史形成的特定范围中被确定位置的，意识形态和社会实践把学生印刻在不同的主体地位。同样，这样一种语言能够分析差异是如何通过学校内外的支配、从属、等级制度和剥削的网络，在社会集团内部和之间建构和维持的。作为可能性语言运用的一部分，教师能够发现发展之势即权力关系的机会，在那里，多种叙述和社会实践围绕差异的政治学和教育学被建构，差异的政治学和教育学为学生提供机会去从不同角度解读世界，拒绝权力和特权的滥用，建构可选择的民主社会。这种情景下的差异，不能简单地被看作多样性的注册或是一种断言的政治学。相反，它必须在差异能被证实和改造的实践中，在与对公共生活的解放形式（民主、公民和公共领域）至关重要的历史和联系的范畴的结合中发展起来。用政治学和教育学的术语说，差异的范畴一定不能只是被承认，而要根据作为民主社会概念核心的反种族主义、反家长制、多中心和生态实践，被理性地规定。②

何谓可能性的语言（language of possibility）？③是指超越单纯地批判，而形成关于人类能力赋予的积极的语言，是需要以计划的方式，能够思考冒险的想法，参与希望的计划和指向“尚未出现”的领域。可能性的语言并不一定取消空想主义的具体形式；相反，它能够作为鼓起勇气、去想象差异的和更为公正的世界和为之斗争的信心的前提。若要使批判教育学成为蓬勃的政治策略，就必须发展出一套话语，把批判性的语言与可能性的语言结合起来。在学校内外提供批判和改造的空间，让学生有机会成为具有知识与勇气的公民，为了使绝望不再出现、使希望成为可能而奋斗。批判也必须跟可能

1988：170.

① 亨利 A 吉鲁. 教师作为知识分子：迈向批判教育学. 朱红文译. 北京：教育科学出版社，2008：133-136.

② 亨利 A 吉罗克斯. 跨越边界：文化工作者与教育政治学. 刘惠珍等译. 上海：华东师范大学出版社，2002：89-90.

③ 亨利 A 吉罗克斯. 跨越边界：文化工作者与教育政治学. 刘惠珍等译. 上海：华东师范大学出版社，2002：92.

性相连，重新思考抗拒和可能性的政治学，重构反抗和希望话语的组成部分。批判教育学的存在，不在于抵达终点，也不沉溺在小心翼翼的冷漠中。相反的，它勇敢地指出希望的方向。即一颗指向希望的心，可以创造出一个社会梦想的拱门，这个希望来自批判理性的支持，也引发进一步的行动。这个希望也建立在一个相信世界有可能更好的视野上，建立在一个充满正义的愤怒的视野上。①

四、行动“兴趣”：反思性地改造和转化

批判教育学教会我们命名、批判地反思和行动。教育永远是一种政治行动，弗莱雷的这一思想可能是他最有力量的一个思想。这个思想不单纯是一个口号。事实上，这是理解弗莱雷的教育理论的一个核心。对他而言，教育始终包含着社会关系，因此也就包含政治选择。弗莱雷坚持认为，“什么”“为什么”“怎样”“结果如何”“为了谁”等诸如此类的问题，是任何教育活动的中心。②“因为教育的目的就是要帮助我们更完整地去看、去听、去体验这个世界，并得到更充分的认识”。在此，尤其在我们要共同探索人类愿景与可能性的极限时，批判教育学与解放神学为教育左派提供了所需的边界，以实现改造性的行动纲领。③

曼琼斯基（Monchinski）认为，批判教育学是实践，实践构成行动和反思。实践涉及理论实践和实践理论。实践是思考在做之前，做什么和为什么要做，然后反思所做的，如何做的，结果如何。批判教育学涉及一个实践和理论之间的时刻演进的工作关系。它总是在进步的关系，涉及一个反复的实践通过理论和理论通过实践的辩证信息。④

阿普尔不信任在批判性教育研究领域内的一些作者，认为他们主要的政治行动就是将观点付诸于笔端或者是用手指在键盘上敲击下文字。事实胜于雄辩。参与到学校和社会当中的一系列活动之中（写作只是其中的一种）会使我们清醒地认识到我们的工作所服务的对象，认识到我们的工作的暂时性的本质，并且知道我们有可能并不确认我们所从事的政治活动是不是“正确的”

① 彼得·麦克拉伦．校园生活——批判教育学导论．萧昭君，陈巨擘译．台北：巨流图书有限公司，2003：492-493.

② Palmer J A.Fifty Modern Thinkers on Education：From Piaget to the Present Day. New York：Routledge，2001：129；乔伊·帕尔默．教育究竟是什么？100位思想家论教育．任钟印，诸惠芳译．北京：北京大学出版社，2008：481.

③ 贝瑞·康柏．批判教育学的议题与趋势．彭秉权译．高雄：丽文文化事业股份有限公司，2005：212.

④ Monchinski T. Critical Pedagogy and the Everyday Classroom. New York：Springer，2008：1.

不应该成为远离这些活动的原因。[①]阿普尔的任务是双重的：其一是在教育和社会更加宏观的层面上，对保守势力进行严厉的质问；其二是帮助普通民众开展斗争，改造教育，让这种教育具有民主、关爱和社会正义，而不只是空洞的口号。[②]

批判的教育研究，不仅是批判的，更是实践取向的。现实的合理总是相对的，不合理则是绝对的。对现实保持一种清醒的批判意识是必要的，但批判的最终目的是改造，使现实由不合理趋于比较合理。就批判教育研究的现状来看，其主要精力集中在对教育现实的无情批判上，很少有人对改变这种不合理的现实提供可行的建设性方案。批判教育研究随着其成熟过程的推进，其必然的选择是由“批判”到“建设”[③]。

作为转化性知识分子的教师与行政人员可能承担的角色，是他们要发展出反霸权的教育，不但给予学生在更大范围的社会中作为批判的能动者能用得上的知识与社会技能，由此而赋予学生社会权能，而且还要教育他们参与转化性的行动。这意味着要教育他们敢冒风险，为制度的改变而斗争，在学校之外的其他对立性公共领域与更为广泛的社会竞技场中，为抵抗压制、争取民主而奋斗。因此，实际上，吉鲁的民主观指向双重的斗争。首先，吉鲁强调教育的发展权能的概念，它指向学校内部的组织、发展，以及各种形式的知识与社会实践的贯彻落实。其次，吉鲁强调教育的转化的概念，主张教育教师与学生都应该为反抗更大范围社会中的压迫而斗争，而学校只是这种斗争的一个重要场所。吉鲁认为民主不只涉及教育的斗争，同时也包含政治与社会的斗争。批判教育只是介入斗争的一种形式，它的使命是为创造真正民主的社会而重构更大范围的社会的意识形态与物质的条件。[④]

伽达默尔和哈贝马斯所强调的不同重点——伽达默尔强调的是历史性、参与和过去的对话，而哈贝马斯强调的是启蒙、批判性疏离及对未来的参与——仅仅来自对传统的不同态度。伽达默尔强调的主要是那种在不断变化的新的情境中经常被重新表述的价值和洞见来源的传统，哈贝马斯则强调统治、压制和扭曲的因素，这些因素也包含在我们的遗产中，我们不断努力使我们自身从这些因素中解放出来。伽达默尔强调的是“我们身处其中的对话”，哈贝马斯则强调的是那种还没有完成、应该进行的对话。

---

① 迈克尔 W 阿普尔. 教育与权力. 第 2 版. 曲囡囡，刘明堂译. 上海：华东师范大学出版社，2008：（1995 年版前言）15.

② 卡洛斯·阿尔伯托·托里斯. 权力与个人经历：当代西方批判教育家访谈录. 原青林，王云译. 济南：山东教育出版社，2011：32.

③ 张华. 批判理论与批判教育学探析. 外国教育资料，1996，(4)：8-13.

④ 亨利 A 吉鲁. 教师作为知识分子：迈向批判教育学. 朱红文译. 北京：教育科学出版社，2008：5-6.

伽达默尔受到传统优先性的驱动，哈贝马斯则受到一种未来的自由状态预期的驱动。[①]换句话说，在多大程度上，能让传统成为控制的力量呢？或者在多大程度上，在解释学的经验中，传统（权威或权力结构）能被转变呢？这种情况同样反映在两种对待教育理论的态度的冲突中。在多大程度上，传统和确立的权力结构在教育经验中被再现呢？或者在多大程度上，它们被批判所超越呢？那些对教育持一种批判态度的人将会坚持反思的力量，认为反思能够打破教育进程中和各种教育机构中的权力结构。那些对教育理论的态度和中庸解释学的态度一致的人坚持认为，权力和权威结构不可避免地嵌入教育经验之中。[②]

伽达默尔对“传统”“前见”和“权威”的正名掩盖了反思和批判精神。当伽达默尔为“前见”辩护时，哈贝马斯问道：“真有合法的前见吗？”哈贝马斯站在意识形态批判立场，揭示了伽达默尔哲学解释学缺乏反思与批判精神。哈贝马斯的批判解释学是对日常交往结构的批判性反思，他认为，日常语言的交往结构受到了历史、传统和偏见的无意识强制和歪曲，存在着伪交往或虚假交往的强迫。因此，要摆脱这种结构，必须对日常语言的“前理解”进行解释学的批判，强调理性的解放力量，指出理性对历史、传统和文化的批判和改造作用。哈贝马斯的批判解释学是预见一种以规范化理念形式出现的自由，这种理念不是现实而是理想的，是不受限制的、无拘无束的交往理想[③]，是与一种元解释学或深度解释学联系在一起的。[④]

总之，教育是批判性的，解释是批判性的。批判性和解释性是关联的。美国批判教育学是价值关涉的文化政治学，是批判性的。批判解释学是解释的中心，揭示解释的转向是意义服务权力，也同样是批判性的。批判教育学和批判解释学都朝着一个共同的目标：发展一种文化批判形式，在社会文本和文化文本中揭示权力。美国批判教育解释学源于批判理论和解释学的发展，基于批判教育学与批判解释学的融合，使解释学同社会批判、意识形态批判相结合，特别是在针对文化教育中的意识形态霸权和扭曲进行批判反思的过程中，超越再现，超越霸权，通过反思性的转化、参与和对话而走向解放，从而建立一种交流上真正解放的合意，致力于人的解放和确保有利于人的解放的社会。

---

① 托马斯·麦卡锡. 哈贝马斯的批判理论. 王江涛译. 上海：华东师范大学出版社，2010：242-243.
② 肖恩·加拉格尔. 解释学与教育. 张光陆译. 上海：华东师范大学出版社，2009：16.
③ 保罗·利科. 诠释学与人文科学：语言、行为、解释文集. 孔明安等译. 北京：中国人民大学出版社，2012：58.
④ 哈贝马斯. 解释学要求普遍适用. 高地等译. 哲学译丛，1986，(3)：19-34.

参考文献

阿普尔 M，克丽斯蒂安-史密斯 L，2005. 教科书政治学. 侯定凯译. 上海：华东师范大学出版社.

巴赫金，1988. 陀思妥耶夫斯基诗学问题. 白春仁，顾亚玲译. 北京：生活·读书·新知三联书店.

保罗·费耶阿本德，2010. 经验主义问题. 朱萍，王富银译. 南京：江苏人民出版社.

保罗·弗莱雷，2001. 被压迫者教育学. 顾建新等译. 上海：华东师范大学出版社.

保罗·利科，2012. 诠释学与人文科学：语言、行为、解释文集. 孔明安，张剑，李西祥译. 北京：中国人民大学出版社.

鲍尔斯，金蒂斯，1990. 美国：经济生活与教育改革. 王佩雄等译. 上海：上海教育出版社.

鲍里斯，季亨士，1989. 资本主义美国的学校教育：教育改革与经济神话的矛盾. 李锦旭译. 台北：桂冠图书股份有限公司.

贝瑞·康柏，2004. 批判教育学导论. 张盈堃，彭秉权，蔡宜刚等译. 台北：心理出版社股份有限公司.

贝瑞·康柏，2005. 批判教育学的议题与趋势. 彭秉权译. 高雄：丽文文化事业股份有限公司.

彼得·麦克拉伦，2003. 校园生活——批判教育学导论. 萧昭君，陈巨擘译. 台北：巨流图书有限公司.

彼得·麦克拉伦，周霖，2009. 革命的批判教育学：教师教育项目的解毒剂. 东北师大学报（哲学社会科学版），(2)：142-147.

伯恩斯坦，1992. 超越客观主义和相对主义. 郭小平等译. 北京：光明日报出版社.

布尔迪约 P，帕斯隆 J C，2002. 再生产：一种教育系统理论的要点. 邢克超译. 北京：商务印书馆.

蔡春，扈中平，2002. 从“独白”到“对话”——论教育交往中的对话. 教育研究，(2)：49-52.

戴维·布莱克莱吉，巴里·亨特，1989. 当代教育社会学流派. 王波等译. 北京：春秋出版社.

得特勒夫·霍尔斯特，2000. 哈贝马斯传. 章国锋译. 上海：东方出版中心.

邓友超，2006. 教育解释学论纲. 教育理论与实践，26(12)：1-5.

邓友超，2009. 教育解释学. 北京：教育科学出版社.

董标，2002. 哪里有压迫，哪里就应该有《被压迫者教育学》——试述保罗·费莱雷的“解放教育学”. 比较教育研究，(8)：1-6.

董小英，1994. 再登巴比伦塔——巴赫金与对话理论. 北京：生活·读书·新知三联书店.

杜亮，2009. 鲍尔斯和金蒂斯教育思想探析：“对应原理”及其批判. 比较教育研究，(8)：52-56.

龚孟伟，陈晓端，2008. 试析阿普尔批判教育思想的价值追求与理论局限. 教育研究，(10)：96-100.

郭金秀，2012. 批判与对话：批判教育观照下的大学英语对话式阅读教学模式. 齐齐哈尔师范高等专科学校学报，(1)：146-148.

哈贝马斯，1986a. 解释学要求普遍适用. 高地，鲁旭，孟庆时译. 哲学译丛，(3)：19-34.

哈贝马斯，1986b. 评伽达默尔的《真理与方法》一书. 郭官义译. 哲学译丛，(3)：71-74.

汉斯-格奥尔格·伽达默尔，2007a. 诠释学I：真理与方法. 修订译本. 洪汉鼎译. 北京：商务印书馆.

汉斯-格奥尔格·伽达默尔，2007b. 诠释学II：真理与方法. 修订译本. 洪汉鼎译. 北京：商务印书馆.

何卫平，2012. 建构马克思主义解释学的一种可能的思路——以伽达默尔的思想为参照. 马克思主义哲学研究，(10)：196-201.

贺晓星，2014. 论教育社会学中的新马克思主义——S. 鲍尔斯和 H. 吉丁斯的对应理论及其转向. 南京师大学报（社会科学版），(6)：90-97.

赫施，1991. 解释的有效性. 王才勇译. 北京：生活·读书·新知三联书店.

亨利 A 吉鲁，2008. 教师作为知识分子：迈向批判教育学. 朱红文译. 北京：教育科学出版社.

亨利 A 吉罗克斯，2002. 跨越边界：文化工作者与教育政治学. 刘惠珍等译. 上海：华东师范大学出版社.

洪波，2007. 哈贝马斯交往行为理论的解释学基础. 马克思主义与现实，(1)：150-153.

洪汉鼎，2001a. 诠释学——它的历史和当代发展. 北京：人民出版社.

洪汉鼎，2001b. 理解与解释——诠释学经典文选. 北京：东方出版社.

洪志忠，2011. 批判教育研究的原旨、演展和社会权力架构——美国威斯康星大学阿普尔教授访谈. 全球教育展望，(2)：15-21.

胡春光，2008. 教师角色：从吉鲁的批判教育学中反思. 华中师范大学学报（人文社会科学版），(6)：121-126.

胡春光，2010. 批判教育学：一种反压迫的文化论述和民主教育实践. 教育研究与实验，(1)：8-13，18.

扈中平，2009. 教育的本体解释——评《教育解释学》. 教育研究，(9)：110-111.

霍克海默，1989. 批判理论. 李小兵等译. 重庆：重庆出版社.

江怡，2004. 理性与启蒙——后现代经典文选. 北京：东方出版社.

蒋茵，2006. 批判与反思：批判教育学视野下的教师角色重构. 辽宁教育研究，(6)：70-73.

卡尔-奥托·阿佩尔，2005. 哲学的改造. 孙周兴，陆兴华译. 上海：上海译文出版社.

卡洛斯·阿尔伯托·托里斯，2011. 教育、权力与个人经历：当代西方批判教育学家访谈录. 原青林，王云译. 济南：山东教育出版社.

乐先莲，2010. 理性的重构与公民教育的变革——吉鲁理性视域中的公民教育思想及启示. 全球教育展望，(8)：36-41.

雷蒙德·艾伦·莫罗，卡洛斯·阿尔伯特·托雷斯，2012. 社会理论与教育：社会与文化再生产理论批判. 宇文利译. 上海：上海人民出版社.

李创同，2006. 论库恩沉浮：兼论悟与不可通约性. 上海：上海人民出版社.

李海星，2009. "国民性"批判与"社会主义核心价值体系"建设. 内蒙古大学学报（哲学社会科学版），(1)：60-65.

李其龙，1994. 联邦德国的批判的教育学流派. 外国教育资料，(3)：1-7.

李翔海，1993. 本体诠释学与西方当代诠释学. 中国社会科学，(4)：133-146.

李育球，2011. 主体、政治与教育：当代西方批判教育学思想研究. 北京：北京师范大学.

理查德 E 帕尔默，2012. 诠释学. 潘德荣译. 北京：商务印书馆.

理查德·罗蒂，2003. 哲学和自然之镜. 李幼蒸译. 北京：商务印书馆.

利科尔，1987. 解释学与人文科学. 陶远华等译. 石家庄：河北人民出版社.

连芳芳，2010. 吉鲁的后现代教育学探究. 长春：东北师范大学.

廖炳惠，2006. 关键词 200：文学与批评研究的通用词汇编. 南京：江苏教育出版社.

刘潇璘，2012. 亨利·吉鲁的教师观研究. 济南：山东师范大学.

刘志丹，2012. 哈贝马斯语言哲学思想研究. 吉林：吉林大学.

卢朝佑，扈中平，2014. 英美流派批判教育学的价值诉求和理论局限. 外国教育研究，(10)：15-29.

卢朝佑，扈中平，2015. 批判教育解释学论纲. 比较教育研究，(2)：60-67.

陆炜，1994. 批判解释学何以是批判的——析哈贝马斯的批判解释学思想. 复旦学报（社会科学版），(2)：41-46.

罗云，曾荣光，卢乃桂，2005. 新社会背景下教育与经济生活之关系——再思“符应原则”. 北京大学教育评论，(4)：87-94.

迈克尔 W 阿普尔，2001. 意识形态与课程. 黄忠敬译. 上海：华东师范大学出版社.

迈克尔 W 阿普尔，2005. 文化政治与教育. 阎光才等译. 北京：教育科学出版社.

迈克尔 W 阿普尔，2007. 国家与知识政治. 黄忠敬，刘世清，王琴译. 上海：华东师范大学出版社.

迈克尔 W 阿普尔，2008a. 被压迫者的声音. 罗燕，钟南等译. 上海：华东师范大学出版社.

迈克尔 W 阿普尔，2008b. 教育的“正确”之路：市场、标准、上帝和不平等. 黄忠敬，吴晋婷译. 上海：华东师范大学出版社.

迈克尔 W 阿普尔，2008c. 教育与权力. 第 2 版. 曲囡囡，刘明堂译. 上海：华东师范大学出版社.

迈克尔 W 阿普尔，2012. 全球危机、社会公平和教育. 李慧敏译. 北京：中国政法大学出版社.

迈克尔 W 阿普尔，2014. 教育能够改变社会吗？王占魁译. 上海：华东师范大学出版社.

迈克尔·阿普尔，2004. 官方知识：保守时代的民主教育. 第 2 版. 曲囡囡，刘明堂译. 上海：华东师范大学出版社.

迈克尔·阿普尔，2004. 市场、标准与不平等. 刘丽玲译. 教育研究，(7)：71-77.

迈克尔·阿普尔，2006. 权力、知识与教育改革. 阎光才译. 教育学报，(1)：3-16.

迈克尔·阿普尔，韦恩·欧，2007a. 批判教育学中的政治、理论与现实（上）. 阎光才译. 比较教育研究，(9)：1-8.

迈克尔·阿普尔，韦恩·欧，2007b. 批判教育学中的政治、理论与现实（下）. 阎光才译. 比较教育研究，(10)：1-9.

牛秋业，2010. 不可通约：费耶阿本德的科学哲学研究. 北京：光明日报出版社.

彭静，2004. 批判教育学视域中的教师角色分析. 教育理论与实践，(10)：10-12.

彭正梅，1999. 解放教育的历史发展. 华东师范大学学报（教育科学版），(1)：45-53.

彭正梅，2008. 解放和教育：德国批判教育学研究. 上海：华东师范大学出版社.

乔伊·帕尔默，2008. 教育究竟是什么？100 位思想家论教育. 任钟印，诸惠芳译. 北京：北京大学出版社.

乔治娅·沃恩克，2009. 伽达默尔——诠释学、传统和理性. 洪汉鼎译. 北京：商务印书馆.

琼·温克，2008. 批判教育学——来自真实世界的笔记. 路旦俊译. 长沙：湖南教育出版社.

让·格朗丹，2009. 哲学解释学导论. 何卫平译. 北京：商务印书馆.

沈又红，2005. 话语真实：走向理性批判的门槛——兼论教育学话语失真及其改造. 教育理论与实践，(9)：6-9.

孙启进，2008. 致力于务实的批判教育学——贝瑞·康柏的批判教育学思想述评. 全球教育展望，(8)：35-39.

唐青才，谢长法，2010. 批判教育学的新图景：基于罗蒂新实用主义的重构. 教育理论与实践，(13)：14-17.

托马斯·库恩，2004. 必要的张力：科学的传统和变革论文选. 范岱年，纪树立等译. 北京：北京大学出版社.

托马斯·库恩，2012a. 结构之后的路. 邱慧译. 北京：北京大学出版社.

托马斯·库恩，2012b. 科学革命的结构. 第 2 版. 金吾伦，胡新和译. 北京：北京大学出版社.

托马斯·麦卡锡，2010. 哈贝马斯的批判理论. 王江涛译. 上海：华东师范大学出版社.

万丹，2012. 断裂还是统一：库恩“不可通约性”概念研究. 北京：中国社会科学出版社.

王成龙，2012. 阿普尔批判课程观对中国基础教育课程改革的启示. 郑州师范教育，(6)：10-14.

王娜，2009. 沉默与对话——读《被压迫者的教育学》. 教书育人，(23)：72-73.

王占魁，2010. 阿普尔在中国：回顾与评论. 教育学报，(2)：16-24.

王占魁，2011. 价值选择与教育政治——阿普尔批判教育研究的实践逻辑. 北京：北京师范大学.

王占魁，2012a. 阿普尔批判教育研究的理论来源. 华东师范大学学报（教育科学版），(2)：10-18.

王占魁，2012b. 阿普尔批判教育研究的批判逻辑. 教育研究，(4)：134-139.

魏戈，陈向明，2015. 教师实践性知识研究在荷兰——与波琳·梅耶尔教授对话. 全球教育展望，(3)：3-11，34.

魏宏聚，2005. 批判教育学“批判”方法论解读. 宁波大学学报（教育科学版），(4)：1-5.

魏薇，陈旭远，2011. 西方批判教育理论：师生交往研究的新视域. 外国教育研究，(4)：27-31.

肖恩·加拉格尔，2009. 解释学与教育. 张光陆译. 上海：华东师范大学出版社.

肖绍明，2012. 教育学的话语分析转向. 教育领导研究（第二辑）：10-24.

肖绍明，扈中平，2013. 批判话语研究及其教育学意义. 高等教育研究，(7)：50-55.

辛治洋，2003. 论阿普尔教育理论的批判性. 重庆：西南师范大学.

辛治洋，2006. 批判教育学解读. 比较教育研究，(7)：6-11.

徐湘荷，赵占强，2011. 社会正义抑或生态正义——批判教育学和生态正义教育学之争. 比较教育研究，(4)：73-77.

严奇岩，2005. 西方马克思主义与批判教育学. 上海交通大学学报（哲学社会科学版），(6)：74-78.

阎光才，2005. 你站在谁的一边. 读书，(2)：67-74.

阎光才，2007. 批判教育研究的学术脉络与时代境遇. 教育研究，(8)：80-85.

阎光才，2008. 批判教育研究在中国的境遇及其可能. 教育学报，(3)：10-20.

姚文峰，黄甫全，2012. 异化与重构：批判教育学视野下的师生关系. 现代大学教育，(6)：16-20，111.

伊雷姆•拉卡托斯，艾兰•马斯格雷夫，1987. 批判与知识的增长. 周寄中译. 北京：华夏出版社.

尤尔根•哈贝马斯，1999a. 认识与兴趣. 郭官义，李黎译. 上海：学林出版社.

尤尔根•哈贝马斯，1999b. 作为“意识形态”的技术与科学. 李黎，郭官义译. 上海：学林出版社.

约翰 B 汤普森，2012. 意识形态与现代文化. 第 2 版. 高铦等译. 南京：译林出版社.

张华，1996. 批判理论与批判教育学探析. 外国教育资料，(4)：8-13.

张人杰，1989. 国外教育社会学基本文选. 上海：华东师范大学出版社.

郑金洲，1997. 美国批判教育学之批判——吉鲁的批判教育观述评. 比较教育研究，(5)：15-18.

郑蕾，2012. 批判教育学视野下的美国多元文化教育——访美国加州大学洛杉矶分校 Peter Mclaren 教授. 全球教育展望，(3)：7-11.

中共中央马克思恩格斯列宁斯大林著作编译局，1995. 马克思恩格斯选集：第 1 卷. 第 2 版. 北京：人民出版社.

钟玲，2005. 论批判教育学的后现代主义理论基础及对我国教育研究的启示. 黑龙江高教研究，(3)：17-19.

周文叶，兰璇，2009. 批判教育学视野中的美国教育政策——美国威斯康星大学阿普尔教授访谈. 全球教育展望，(12)：3-6，16.

周文叶，兰璇，2010. 批判教育学与教育改革——美国威斯康星大学阿普尔教授访谈. 全球教育展望，(1)：3-7，40.

周险峰，2009. 文化政治：批判教育理论视域中的教师教育. 教师教育研究，(4)：13-17，26.

周兴国，2001. 卡尔的批判教育理论认识论思想述评. 比较教育研究，(1)：25-29.

Alcoff L，1988. Cultural feminism versus Post-structuralism：The identity crisis in feminist theory. Signs，13(3)：405-436.

Apple M W，1995. Education and Power. New York：Routledge.

Apple M W，1996. Cultural Politics and Education. New York：Teachers College Press.

Apple M W，Beane J A，1995. Democratic Schools. Alexandria：Association for Supervision and Curriculum Development.

Aronowitz S，Giroux H A，1993. Education Still under Siege. 2nd ed. New York：Greenwood Press.

Bourdieu P，Passeron J C，1977. Reproduction in Education，Society，and Culture. London：Sage Publications.

Bowers C A，1991a. Critical pedagogy and the“Arch of social dreaming”：A response to the criticisms of Peter McLaren. Curriculum Inquiry，21(4)：479-487.

Bowers C A，1991b. Some questions about the anachronistic elements in the Giroux-McLaren theory of a critical pedagogy. Curriculum Inquiry，21(2)：239-252.

Bowles S，Gintis H，2011. Schooling in Capitalist America：Educational Reform and the Contradictions of Economic Life. Chicago：Haymarket Books.

Breuing M，2011. Problematizing critical pedagogy. International Journal of Critical Pedagogy，3(3)：1-23.

Christensen L M，Aldridge J，2013. Critical Pedagogy for Early Childhood and Elementary Educators. Dordrecht：Springer Netherlands.

Cole M，1988. Bowles and Gintis Revisited：Correspondence and Contradiction in Educational Theory. New York Routledge.

Darder A，Baltodano M，Torres R D，2003. The Critical Pedagogy Reader. London：Routledge Falmer.

Fairfield P，2011. Philosophical Hermeneutics Reinterpreted：Dialogues with Existentialism，Pragmatism，Critical Theory，and Postmodernism. New York：Continuum.

Fraser N，1997. Justice Interruptus. New York：Routledge.

Freire P，1970. Pedagogy of the Oppressed. New York：Herder and Herder.

Freire P，1974. Education for Critical Consciousness. New York：Sheed and Ward Ltd.

Freire P，2000. Pedagogy of the Oppressed. 30th anniversary ed. New York：Continuum International Publishing Group.

Freire P，Macedo D，1987. Literacy：Reading the Word and the World. South Hadley，MA：Bergin and Garvey.

Gallagher S，1992. Hermeneutics and Education. New York：State University of New York Press.

Giroux H A，1980. Critical theory and rationality in citizenship education. Curriculum Inquiry，10(4)：329-366.

Giroux H A，1981. Pedagogy，pessimism，and the politics of conformity：A reply to Linda McNeil. Curriculum Inquiry，11(3)：211-222.

Giroux H A，1992. Border Crossing：Cultural Workers and the Politics of Education. New York：Routledge.

Giroux H A，1998. Teachers as Intellectuals：Toward a Critical Pedagogy of Learning. Granby，MA：Bergin and Garvey.

Gramsci A，1971. Selections from Prison Notebooks of Antonio Gramsci. London：Lawrence and wishart.

Groenke S L，Hatch J A，2009. Critical Pedagogy and Teacher Education in the Neoliberal Era：Small Openings. Berlin：Springer.

Gur-Ze'ev I，1998. Toward a nonreperssive critical pedagogy. Educational Theory，48(3)：463-486.

Gur-Ze'ev I，2005. Critical theory and critical pedagogy today：Toward a new critical language in education. Haifa：Haifa University.

Habermas J，1971. Knowledge and Human Interests. Trans. ShapiroV J J. Boston：Beacon Press.

Habermas J，1988. On the Logic of the Social Sciences. Trans. Nicholsen S W，Stark J A. Cambridge：The MIT Press.

Kahn R，2010. Critical Pedagogy，Ecoliteracy，and Planetary Crisis：The Ecopedagogy Movement. New York：Peter Lang Publishing Inc.

Kincheloe J，2005. Critical Pedagogy Primer. New York：Peter Lang.

Kirylo J D，2013. A Critical Pedagogy of Resistance：34 Pedagogues We Need to Know. Rotterdam：Sense Publishers.

Laclau E，Mouffe C，1985. Hegemony and Socialist Strategy. London：Verso.

Long D，1998. A radical teacher's dilemma. Response to "Practicing radical pedagogy：balancing ideals with institutional constraints". Teaching Sociology，26(2)：112-115.

Malott C S，2011. Critical Pedagogy and Cognition：An Introduction to a Postformal Educational Psychology. Berlin：Springer.

McCarthy T，1978. The Critical Theory of Haberams. Massachusetts，Cambridge：The MIT Press.

McLaren P，1989. Life in School：An Introduction to Critical Pedagogy in the Foundations of Education. 3rd ed. New York：Longman.

McLaren P，1991. The emptiness of nothingness：Criticism as imperial anti-politics. Curriculum Inquiry，21(4)：459-477.

McLaren P，2007. Life in Schools：An Introduction to Critical Pedagogy in the Foundations of Education. 5th ed. Boston，MA：Allyn and Bacon.

McLaren P，Houston D，2004. Revolutionary ecologies：Ecosocialism and critical pedagogy. Educational Studies，36：27-46.

McNeil L M，1981. On the possibility of teachers as the source of an emancipatory pedagogy：A response to Henry Giroux. Curriculum Inquiry，11(3)：205-210.

Mohanty C T，1990. On race and voice：Challenges for liberal education in the 1990s. Cultural Critique，14：179-208.

Monchinski T，2008. Critical Pedagogy and the Everyday Classroom. New York：Springer.

Morrow R A，Torres C A，2002. Reading Freire and Habermas：Critical Pedagogy and Transformative Social Change. New York：Teachers College Press.

Murphy M，Fleming T，2010. Habermas，Critical Theory and Education. New York：Routledge.

Palmer J A，2001. Fifty Modern Thinkers on Education：From Piaget to the Present Day. New York：Routledge.

Palmer R E，1984. Beyond hermeneutics? Some remarks on the meaning and scope of herneneutics. University of Dayton Review，17：1-5.

Peterson P，Baker E，McGaw B，2010. International Encyclopedia of Educaion. 3rd ed. Oxford：Elsevier.

Sankey H，1994. The Incommensurability Thesis. South Carolina：Athenaeum Press Ltd.

Sweet S，1998a. Practicing radical pedagogy：Balancing ideals with institutional constraints. Teaching Sociology，

26(2)：100-111.

Sweet S，1998b. Reassessing radical pedagogy. Teaching Sociology，26(2)：127-129.

Teodoro A，2003. Paulo Freire，or pedagogy as the space and time of possibility. Comparative Education Review，47(3)：321-328.

Thompson J B，1981. Critical Hermeneutics. Cambridge：Cambridge University Press.

Thompson J B，1984. Studies in the Theory of Ideology. Los Angeles：University of California Press.

Torres C A，1998. Education，Power，and Personal Biography：Dialogues with Critical Educators. New York：Routledge.

Wardekker W L，Miedama S，1997. Critical pedagogy：An evaluation and a direction for reformulation. Curriculum Inquiry，27(1)：45-61.

Wink J，2005. Critical Pedagogy：Notes from the Real World. 3rd ed. Boston，MA：Allyn and Bacon.

后　记

每次我阅读有关批判教育学方面的书籍，都会有一种触动心灵深处的感觉，忧患与梦想交织。批判教育学阐述的多为对教育中的不公的关怀，所追求的是构建理想型的教育图景。

《美国批判教育学的批判解释性研究》一书，是在华南师范大学通过答辩的博士学位论文的修订本。在我读博期间及本书的出版过程中，凝聚了老师、师友、亲人和其他人士太多的心血、奉献和努力，在此深表感谢。

首先要特别感谢我的博士生导师扈中平教授。因为有老师的不弃，收罗门下，才圆了我的博士梦。老师幽默风趣的教学风格，严谨的治学态度，坦诚的待人处事方式，乐观洒脱的人生观令我敬仰；老师敢想敢说，能说会说，洞察敏锐，见解独到，且能在“自由中抒发思想”，具有批判精神的同时更具公共精神和责任担当，呈现在我们面前的是集勇气和大智慧于一身的形象。恩师的人品和学问深深地影响了我，激励着我不断追求、拼搏、奋进。还要特别感谢浪漫又温柔的师母刘朝晖教授，恩师俩对学术和爱情的态度都为学生树立了典范，特别令我敬重和羡慕，感恩的同时也祝福恩师俩永远幸福！博士学位论文的撰写及本书的出版都得到了扈老师的悉心指导。在撰写的过程中，恩师总是循循善诱，尽心尽力。

感谢我的博士任课教师董标教授，董老师博学又严谨的治学风格、笃学的精神和高深的学养令我敬佩，每每回忆起董老师讲学时的情景，抑或翻阅读书笔记时，董老师的风采历历在目，难以忘怀。每当我想要松懈的时候，董老师就犹如在身边无形地鞭策我，使我一直不敢有丝毫懈怠，必须认真、严谨地对待自己的学术研究。

感谢我的硕士生导师赵敏教授，赵老师一直以来的关心、鼓励和帮助让我铭记在心，有她的启蒙和指导，才有了我现在学业的继续。在攻读硕士学位期间，自己深知努力不够，但赵老师能记住学生的点滴进步，令我备受感动。

感谢我的恩师杨林教授。在我读博伊始，杨老师当时身为云南师范大学的校长，现为云南大学党委书记，工作特别繁忙，但他对我的关心却一以贯之，经常如家人一般关心我的学业、工作和生活，在他的时间和空间里一直留有我的位置。本书的出版也得益于杨老师主持项目的鼎力资助。杨老师做人和做学问的态度令我钦佩、尊敬和感动。

感谢我的家人，有他们的支持我才能走到今天。感谢我的母亲和岳父岳母，他们虽然年事已高，却依然不断地鼓励我、关心我；感谢我的女儿对于我少了许多本该给予她的陪伴表示的理解，我们相互鼓励，共同成长；感谢我的夫人刘应兰女士，她的坚强和勇敢，体贴和关心，理解和付出，让我深感歉意和谢意，学业的完成和本书的出版浸透着她每一份心血和汗水。

科学出版社编辑人员倾注了大量的心血和时间，对此，深表钦佩和谢忱。

本书参阅了许多学者的论著和观点，在此再次表示谢意，感谢出版物的作者、编者和出版者。

再次感谢学界前辈、老师、同学和亲人。在我读博期间和本书的出版过程中，要感谢的人太多了，原谅我不能一一道谢，祝福我爱的人和爱我的人幸福！

卢朝佑

2017年7月11日于昆明